JN059140

教科書ガイド

ガイド

啓林館 版

ビジョン・クエスト

English Logic and
Expression II Ace

T E X T

B O O K

G U I D E

文研出版

はしがき

本書は，啓林館が発行する高等学校の論理・表現IIの教科書「Vision Quest English Logic and Expression II Ace」に準拠した教科書解説書として編集されたものです。教科書の内容がスムーズに理解できるよう工夫されています。予習や復習，試験前の学習にお役立てください。

 本書の構成

Topic Introduction	
教科書本文	各 Lesson の本文を掲載。英文・日本語訳にはそれぞれ対応した通し番号「①②③…」を明記。
語句と語法のガイド	教科書に出てくる単語・熟語を，教科書の出現順に掲載。 使用する記号：名 名詞　代 代名詞　形 形容詞 副 副詞　動 動詞　助 助動詞 前 前置詞　接 接続詞　熟 熟語 間 間投詞
解説	各文の解説。文末の **EB1** などは，教科書の Example Bank と同じ文法であることを示している。

Example Bank
「Vision Quest 総合英語」から詳しい解説を抜粋し，新出文法項目をわかりやすく解説。

Try it out	
！ヒント	正解に至るまでの丁寧なヒントを掲載。
練習問題	教科書の Try it out の各小問題に類似した問題を出題。 Try it out の問題を解く際のヒントにもなる。

Expressing, Logic Focus
「聞く」，「話す(やりとり)」，「話す(発表)」，「書く」などの総合的な活動について，ヒントや解答例などを用いながら解説。

補充問題
各 Lesson 範囲の学習事項に関する問題を出題。

＊本書では，教科書の問題の解答をそのまま提示しておりません。

Contents

Lesson 1　What is your future goal?

Topic Introduction

①It is reported that dream jobs for children have changed over the years. ②A few decades ago, **becoming a professional athlete** was popular, but recently **new jobs** have been added to the ranking. ③For example, many children want to be game creators or become online celebrities. ④It seems that technological advances are behind this trend. ⑤This may imply that children and students need to study something different for the future.

①子どもたちの夢の仕事は長年にわたって変化してきていると報じられている。②数十年前は、プロのスポーツ選手になることが人気だったが、最近ではランキングに新しい仕事が加えられた。③例えば、多くの子どもたちはゲームクリエイターやネット上の有名人になりたいと思っている。④この傾向の背景には、技術的な進歩があるようだ。⑤これは子どもたちや学生が将来のために、これまでとは違うものを学ぶ必要があるということを示しているのかもしれない。

語句と語法のガイド

dream job	熟 夢[理想]の仕事
decade [dékeɪd]	名 10 年間
athlete [ǽθlìːt] **アクセント**	名 スポーツ選手　▶ athletic 形 運動競技の
ranking [rǽŋkɪŋ]	名 ランキング，順位付け　▶ rank 名 地位，階級
game creator	熟 ゲームクリエイター　▶ create 動 ～を作る
online celebrity	熟 ネット上の有名人　▶ celebrity 名 有名人
technological [tèknəlá(ː)dʒɪkəl]	形 技術的な　▶ technology 名 科学技術
advance [ədvǽns]	名 進歩，前進　▶ 動 進歩する
imply [ɪmpláɪ] **発音**	動 ～をほのめかす，～を暗示する

解説

① **It is reported that dream jobs for children have changed over the years.**

It is reported that ～で「～ということが報じられている」という意味。主語の it は形式主語。**EB10** is reported は受動態。

have changed は，継続を表す現在完了形。

② **A few decades ago, becoming a professional athlete was popular, but recently new jobs have been added to the ranking.**

前半部分(popular, まで)の主語は，becoming a professional athlete。**EB7**

後半部分(but 以降)の主語は，new jobs。**EB3**

have been added は，完了・結果を表す現在完了形の受動態。add ～ to ... で「～を…に加える」という意味。

④ **It seems that technological advances are behind this trend.**

It seems that ～で「～のようだ，～のように思える」という意味。主語の it は形式主語。

EB10

technological advances を主語にして，次のように to 不定詞を用いて書きかえられる。

➡ Technological advances seem to be behind this trend.

this trend(この傾向)とは，多くの子どもたちがゲームクリエイターやネット上の有名人になりたいと思っていること。

⑤ **This may imply that children and students need to study something different ....**

This は前文の内容を指す。

that は「～ということ」という意味の接続詞。

▌ Listening Task ▌

Circle T for True or F for False.　(正しければ T，間違っていれば F に○をつけなさい。)

(！ヒント)

1. 昔の子どもたちがプロのスポーツ選手になりたいと思うことは一般的だったか。(→②)

2. 数十年前，ネット上の有名人になることは人気だったか。(→②③)

3. 夢の仕事が変化する傾向は技術的な進歩に理由があるのだろうか。(→④)

‹ ══════ ⟫⟫⟫⟫⟫⟫⟫⟫ **Example Bank** ‹‹‹‹‹‹‹‹‹‹ ══════ ›

適切な主語を用いる

A　主語を選択する

1. There are **many things** I want to achieve in the future.

(私は将来実現したいことがたくさんあります。)

2. **Life** has many challenges, and we learn by overcoming them.

(人生は困難がたくさんあり，私たちはそれらを乗り越えることで学ぶのである。)

3. **Life** is filled with ups and downs and the only thing you can change is how you react to them.

(人生は浮き沈みであふれていて，唯一変えられるのはそれらへの反応のしかたである。)

4. **We** will experience many technological advances in our life.

(私たちは生活の中で多くの技術の進歩を経験するだろう。)

5. **The internet** *enables* us *to* find information quickly about various jobs.

(インターネットで様々な職業についての情報を素早く見つけることができます。)

◀ 解説

(主語を選択する)

　主語を違う視点から言いかえることで，同じ意味を表す文をつくることができる。

(There is[are] ～. の文)

1. **There is[are] ～.**「～がある[いる]」は be 動詞の後の名詞(句)が主語になる。There is[are] ～. は「初めて話題に出るもの」「不特定のもの」の存在を表す表現なので，the, this, that, my など「特定のものであることを示す語」が付いた名詞には普通，用いない。

(主語に続く動詞 have[has])

2. life が主語で，「(人生には)～がある」を動詞 has で表している。

Life has many challenges.
主語

➡ There are **many challenges** in <u>life</u>.
　　　　　　　　　　　　主語

話題の中心が主語になる

能動態は「動作をする側」を主語にした言い方で, 受動態(受け身)は「動作を受ける側」を主語にした言い方。

3. be filled with 〜は「〜でいっぱいである」という意味の受動態。

　主語が話題の中心になるので, 同じ内容を伝える文でも何を主語にするかで伝わり方が違ってくる。

　⇨ **Children** filled the room.〈能動態〉

　➡ **The room** was filled with children.〈受動態〉

　　(部屋が子どもたちでいっぱいになりました。)

「一般の人々」を表す語句を用いる

人称代名詞の複数形 we, you, they は特定されない「**一般の人々**」を指すことがある。

4. we は「(話し手を含む)一般の人々」を指す。

　⇨ **We** had a lot of snow here last winter. (昨年の冬, ここでは雪がたくさん降りました。)

　➡ **It** snowed a lot here last winter.

　日本語の「ここでは」に注意する。「ここ」に住んでいるのは「私たち」と考えられる。またこの文は, 「**天候**を表す it を主語にすることもできる。

　you は, 具体的な「あなた」や「あなたたち」を指すのではなく, 漠然と「(聞き手を含む)一般の人々」を指す。

　⇨ **You** never know what the future holds. (未来のことは決してわかりません。)

　they は「(話し手や聞き手を含まない)一般の人々」を指す。

　⇨ In Australia, **they** celebrate Christmas in summer.

　　(オーストラリアでは夏にクリスマスを祝います。)

　「クリスマスを祝う」のはオーストラリアの人々なので, they を主語にする。

無生物主語

5. 主語 the internet は, 「**無生物主語**」の一例である。英語では, 人や動物でない無生物のものを主語にして「**物事が人に〜させる**」という意味の文がよく使われる。〈S + enable + O(人) + to *do*〉は「S は O が〜するのを可能にする」という意味。次のように書きかえることができる。

　➡ **Thanks to** the internet, we can find information quickly about various jobs. (インターネットのおかげで, 私たちは様々な職業についての情報を素早く見つけることができます。)

　無生物主語の構文は, 主語で**原因や理由, 手段**などを表す場合が多い。訳す時は, 無生物主語を副詞的に表し, 目的語となる人を主語にすると自然な日本語になることが多い。

　make は「〜させる」の意味。〈S + make + O +形容詞〉の形で「S のために O は〜になる」などと訳せる。

⇨ **The news** made us happy. (その知らせで私たちはうれしくなった。)

〈S + prevent + O(人)＋ from *doing*〉は「S は O が〜するのを妨げる」という意味。

⇨ **The rain** prevented us from having a barbecue at the riverside.

➡ **Because of** the rain, we couldn't have a barbecue at the riverside.

(雨のために，私たちは川辺でバーベキューをすることができませんでした。)

〈S + show + that 節など〉は「S は〜ということを示す」という意味。

⇨ **Research** shows that having a cup of coffee every day improves your health.

➡ **According to** research, having a cup of coffee every day improves your health.(研究によれば，毎日 1 杯のコーヒーを飲むと健康になります。)

《注意》この構文では, report(報告書), study(研究), result(結果), experiment(実験)などが主語になることが多い。

〈S + bring + O(人)＋ to 〜〉で「S が O を〜に連れて来る[持って来る]」。

⇨ **What** *brought* you to Japan? (あなたはどうして日本に来たのですか。)

➡ **Why** did you come to Japan?

見えない主語の発見

日本語では文脈から推測できる主語は省略されることが多いが，英語では何らかの主語を示す必要がある。

⇨ **I** had a fever last night. (昨日の夜，熱がありました。)

B　主語になる名詞句

6. **One of my dreams** is to own a house with a pool.
(私の夢の 1 つはプール付きの家を所有することだ。)

7. **Studying abroad** will be a unique and rewarding experience.
(留学することは珍しい価値のある経験になるだろう。)

8. **To live** is to learn. (生きることは学ぶことだ。)

🔊 解説

主語になる名詞句

文の主語になるのは(冠詞＋)名詞や代名詞のほか，名詞に相当する働きをする to 不定詞や動名詞などである。

〈前置詞＋名詞〉が後ろから(代)名詞を修飾してできる名詞句

6. 〈of ＋名詞〉が後ろから(代)名詞を修飾して名詞句をつくり，文の主語になっている。

⇨ The flowers in the vase were very beautiful.
(花びんの中の花はとても美しかったです。)

⇨ The picture on the wall was painted by Pablo Picasso.
(壁の絵はパブロ・ピカソによって描かれました。)

動名詞がつくる名詞句

7. 動名詞が名詞の働きをして文の主語になっている。動名詞は動詞的性質があるため，目的語や補語をとったり，副詞で修飾されたりする。

Studying abroad will be a unique and rewarding experience.
　　　　　　　副詞

to 不定詞がつくる名詞句

8. to 不定詞を含む語句が「～すること」という名詞の働きをして，文の中で主語になっている。また，この文では補語も不定詞(to learn「学ぶこと」)である。

不定詞が主語になる場合，普通は形式主語 it を本来の主語の位置に置き，真主語である不定詞は文末に置く(→ C9)。しかし，**8** は主語と補語がともに不定詞であるため，it で書きかえることはできない。また，to 不定詞も動名詞も文の主語になるが，動名詞を主語にするほうがより自然であると考えられている。

C 形式主語

9. It's a good idea for us *to* have clear goals in life.
（人生の明確な目標を持つことは私たちにとって良い考えだ。）

10. It is clear *that* learning computer skills will be very useful to many of us.
（コンピューターのスキルを学ぶことは，私たちの多くにとってとても役に立つことは明らかだ。）

▶️ **解説**

形式主語と真主語

不定詞句や that 節は長くなる場合が多いため，これらが文の意味上の主語となる場合，主語の位置に**形式的に it** を置き，**真主語**(＝意味上の主語)である不定詞句や that 節を後ろに回すことがある。

真主語が不定詞

9. to have clear goals in life の代わりに形式主語 it が置かれている。〈for ＋人(us)〉は **to 不定詞の意味上の主語**で，to 不定詞の直前に置くのが原則。〈It is ～ for ＋人 to *do*〉の形で「A が…するのは～だ」という意味になる。

It's a good idea [for us] *to* have clear goals in life.
　　形式主語　　　　　　　真主語(長い語句は後ろに)

It is ～ to *do* の構文で不定詞の意味上の主語を示す場合，〈It is ～ of ＋人 to *do*〉の形をとるものがある。It is の後に人の性質や人柄，能力を示す形容詞がくる場合には of を用いる。

⇨ **It**'s kind[nice] **of you** *to* help me. （手伝ってくれてありがとう。）

〈It takes ＋(人)＋時間＋ to *do*〉で「(人が)～するのに(時間が)…かかる」という意味になる。

⇨ **It took** me two hours *to* finish my homework.
（私は宿題を終えるのに2時間かかりました。）

真主語が that 節

10. that 節が真主語になっている形式主語 it の文。

It is clear *that* learning computer skills will be very useful to many of us.

➕ 不定詞句や that 節のほかに，動名詞句や疑問詞節が真主語になることもある。

⇨ **It**'s comfortable *living* in such a quiet place as this.
（このような静かな所に住むのは快適である。）

⇨ **It**'s not clear *what* happened. （何が起こったのか明らかではありません。）

‹ ─────── ⟩⟩⟩⟩⟩⟩⟩⟩⟩⟩ **Try it out** ‹‹‹‹‹‹‹‹‹‹ ─────── ›

1   Make sentences by putting the words in order.
（語句を並べ替えて英文を完成させなさい。）

(！ヒント) → EB5,6,7

1. ・無生物主語の文。
   ・〈S + enable + O(人) + to *do*〉「S は O が～するのを可能にする」の形を使う。
   ・「コンピューターのおかげで，私たちは短期間で劇的に進歩することができました。」
2. ・「英語を学習する目的」をひとまとまりの主語と考える。
   ・is と to に着目する。to 不定詞句が補語となる。
   ・「英語を学習する目的は世界各地の人々を直接理解できるようになることです。」
3. ・「明確な目標を持つこと」をひとまとまりの主語と考える。having は動名詞。
   ・first の前に the が付く。
   ・「明確な目標を持つことは成功への第 1 歩です。」

 ▌ **語句と語法のガイド** ▌

drastic [drǽstɪk]	形	劇的な
in a short period of time	熟	短期間で
directly [dəréktli]	副	直接に ▶ direct 形 直接の
goal [goʊl] 発音	名	目標
success [səksés] アクセント	名	成功 ▶ successful 形 成功した

(練習問題①) Make sentences by putting the words in order.

1. (have enabled / to / airplanes / us / travel) all over the world.
   _____ all over the world.
2. (is / the purpose / learning / to / of / a foreign language) communicate with its users.
   _____ communicate with its users.
3. My favorite writer says that (is / making / first / step / the / mistakes) to success in life.
   My favorite writer says that _____ to success in life.

2   You are talking about your future goals with your partner. Change the underlined words to make your own conversations. You can use the words in brackets.
（あなたはパートナーと将来の目標について話しています。下線部の語句を変えて自分たち自身の会話をつくりなさい。[ ]内の語を使っても構いません。）

(！ヒント) → EB Ⓐ Ⓑ Ⓒ

・一般の人々を表す we や動名詞など，適切な主語を用いるように注意する。
・We should make a constant effort to ～. (私たちは～するために継続的に努力をするべきです。)

1. A: I want to read some self-help books. Do you know where I can find them?
   (自己啓発本を読みたいです。どこで見つけられるか知っていますか。)

B: (例) **They** are on the bookshelf near the entrance. ［You］
（入口近くの本棚にあります。）

2. A: **We** have a lot of things to learn to become a doctor. ［There］
（私たちは医者になるために学ぶことがたくさんあります。）

B: That's right. However, I believe it's not impossible because we have a lot of time, too.
（その通りです。しかし，時間もたくさんあるので，不可能ではないと信じています。）

3. A: **We** should make a constant effort to improve. ［It, important］
（私たちは向上するために継続的に努力をするべきです。）

B: (例) I agree. I believe my efforts will pay off.
（同感です。努力が報われることを信じています。）

4. A: What should I do to improve my English?
（私の英語を向上させるためには何をするべきですか。）

B: (例) **Reading a lot of books** is useful. Why don't you try it? ［Watching ...］
（たくさんの本を読むことが役立ちます。試してみてはどうですか。）

■ 語句と語法のガイド ■

self-help book　　　　　　　熟 自己啓発本
impossible ［ɪmpá(ː)səbl］　形 不可能な　▶ 反 possible 形 可能な
improve ［ɪmprúːv］ 発音　動 自 向上する，改善される 他 〜を向上させる，〜を改善する
pay off　　　　　　　　　　熟 報われる，利益［効果］を生む

（解答例）

1. A: I want to participate in the university information session. Do you know where I can apply for it?
（大学説明会に参加したいです。どこで申し込めるか知っていますか。）

B: You can do it online. （オンラインでできます。）

2. A: There are a lot of things to learn in the Faculty of Economics.
（経済学部では学ぶことがたくさんあります。）

B: I agree. First, I think students must study math very hard.
（同感です。まず，学生はとても一生懸命数学を勉強しないといけないと思います。）

3. A: It is important to make a constant effort to achieve your goal.
（あなたの目標を達成するために継続的に努力をすることは大切です。）

B: That's right. I believe I should never give up anything.
（その通りです。どんなことも決してあきらめてはいけないと思います。）

4. A: What should I do to get good marks on the English listening test?
（英語のリスニングテストでよい点数をとるために何をするべきですか。）

B: Watching English movies is useful. I think you can improve your listening skills.
（英語の映画を見ることが役立ちます。リスニング力を向上させることができると思います。）

③　The following table summarizes a questionnaire and shows the top five things that successful people consider important. Tell your classmates about what you can learn from the table. Then, add one thing that you think is important to be successful. (次の表は，アンケートを集約して成功者が重要だと思っている上位5位までのことを示したものです。クラスメートにこの表から学べることを伝えなさい。そして，成功するためにあなたが重要だと思うことを1つ加えなさい。)

！ヒント ➡ **EB** Ⓐ Ⓑ Ⓒ

・according to 〜や〜 shows (that) ... などを使って，アンケート結果を述べる。
・first place(1位)，second place(2位)，third place(3位)などを使う。
・動詞 rank(順位を占める)を用いて，〜 ranks first.(〜が第1位です。)などと述べる。
・表の内容を述べたあと，自分自身が成功するために重要だと思うことを続ける。重要だと思うことは，it is important to *do* や we should 〜などを使って表せばよい。

Rank(順位)	You should ... (…するべきだ)
1	Set clear goals. (明確な目標を設定する)
2	Set small goals. (小さな目標を設定する)
3	Have a manageable timeline. (対応しやすい予定を組む)
4	Keep an open mind. (常に広い心を持つ)
5	Believe in yourself. (自分自身を信じる)

(例) According to the questionnaire, **it** is important *to* set clear goals to become successful. In addition, I think **we** should be punctual because punctual people seem more trustworthy.
(アンケートによれば，成功するには明確な目標を設定することが重要です。その上，時間厳守の人はより信頼できると思われるので，私たちは時間を守るべきだと思います。)

語句と語法のガイド

manageable [mǽnɪdʒəbl]	形	扱いやすい，管理できる ▶ manage 動 〜を扱う
timeline [táɪmlàɪn]	名	予定(表)，スケジュール(表)
according to 〜	熟	〜によれば
questionnaire [kwèstʃənéər]	名	アンケート
in addition	熟	その上，さらに(加えて)
punctual [pʌ́ŋktʃuəl]	形	時間厳守の
trustworthy [trʌ́stwə̀ːrði]	形	信頼[信用]できる ▶ trust 動 〜を信頼する

(解答例)

The result shows that setting clear goals ranks first. I think listening to others is also important though it doesn't rank among the top 5.
(結果は明確な目標を設定することが第1位であると示しています。5位以内にはランキングしていませんが，私は他人の話を聞くことも重要だと思います。)

< ══ >>>>>>>>>> **Expressing** <<<<<<<<< ══ >

STEP 1

問題文の訳

会話を聞いて，下にある要約文の空所を埋めなさい。

!ヒント

3 人の将来の夢について聞き取る。

・Emily の夢は何になることか。

・誰がスポーツジャーナリストになりたいと思っているか。

・Kate は視野を広げるために何を始めたか。

STEP 2

問題文の訳

あなたの目標の 1 つとそれを達成するために今何をしているかを書きなさい。

!ヒント

・自分の目標の 1 つを，One of my goals is to 〜.（私の目標の 1 つは〜です。）などと書く。

・その目標を達成するために自分が今行っていることを，現在形や現在進行形などで書けばよい。

解答例

Your goal: One of my goals is to win the speech contest.

（あなたの目標：私の目標の 1 つはスピーチコンテストで優勝することです。）

Your current efforts towards your goal: I practice speaking in front of other people after school every day. （目標に対するあなたの現在の努力：私は毎日放課後，人前で話す練習をしています。）

STEP 3

問題文の訳

あなたの目標について 3 つの文を書きなさい。文と文のつながりに注意すること。

!ヒント

文と文のつながりに気をつける。（例）では，2 文目の This job が 1 文目の医者の仕事を指している。また，therefore は「そのため，それゆえに」という意味の「つなぎの言葉」。（例）私は将来，医者になりたいです。この仕事は人の健康について多くの知識を必要とします。そのため，私は医学や栄養に関して少なくとも週に 2 冊の本を読むようにしています。

解答例

I want to teach Japanese overseas in the future. In order to realize **this dream**, I must study English as well as Japanese. **In addition**, I have to learn a lot about Japan.

（私は将来，海外で日本語を教えたいです。この夢を実現するために，私は日本語はもちろん英語も勉強しなければなりません。加えて，私は日本について多くを学ばなければなりません。）

◀ ══════ ▷▷▷▷▷▷▷▷▷ Logic Focus ◁◁◁◁◁◁◁◁◁◁ ══════ ▶

■文と文のつながりを意識する

まとまりのある文章を作成するには，文と文のつながりを意識することが重要である。

■代名詞でつなげる

1. My father gave me a book on my birthday. **It** was written by Bill Gates.

   単数 _____

   （父が私の誕生日に本をくれた。それはビル・ゲイツによって書かれたものだった。）

2. I bought some books yesterday. **They** are about using mathematics in daily life.

   複数 _____

   （昨日，本を何冊か買った。それらは日常生活における数学の利用についてだった。）

■内容を this で受ける

3. You will experience many changes in life. **This** *means* you need to be prepared for different situations. （あなたは人生で多くの変化を経験するだろう。これはあなたがさまざまな状況に備えておく必要があることを意味する。）... this は先行する文の内容を指す。this は「もの」だけではなく「こと」(内容)を受ける場合も多く，文と文の結びつきを明確にする上で重要である。mean の他に imply, show, suggest などの動詞がこの形でよく用いられる。

4. I read an English newspaper every day. I started **this practice** last year to improve my reading skills.（私は毎日英字新聞を読みます。読解力を上げるために，昨年この習慣を始めました。）... practice のように this とともに先行する内容を受ける名詞を使うと，文と文の関連性が高くなる。

■つなぎの言葉を使う

5. To become a novelist, I read two or three novels a week. **In addition**, I read news websites every day to get up-to-date information. （小説家になるために，私は週に2, 3冊小説を読みます。加えて，最新の情報を得るために毎日ニュースサイトを読みます。）

6. My dream is to become a professional pianist. **Therefore**, I play the piano for at least five hours a day. （私の夢はプロのピアニストになることです。そのため，私は毎日少なくとも5時間はピアノを弾きます。）

7. I know it is difficult to become an air traffic controller. **Yet**, I will try my best to realize my dream. （航空管制官になることは難しいとわかっています。それでも，夢を実現するために最善を尽くします。）

■代表的な「つなぎの言葉」

順序を示す	first(ly)（第一に），second(ly)（第二に），third(ly)（第三に），finally / last(ly)（最後に），to begin with（初めに），first of all（まず第一に），next（次に），then（それから）
追加の情報を示す	moreover（その上），in addition（加えて），besides（その上），what is more（さらには）
対比する	on the other hand / meanwhile（一方では），in contrast（それに対して），while（～の一方で），yet（しかし）
結果を述べる	so（だから），therefore / thus（したがって），as a result（結果として）

≪ ━━━━━ ≫≫≫≫≫≫≫≫ **補充問題** ≪≪≪≪≪≪≪≪ ━━━━━ ≫

1 次の日本語を，（　　）内の指示に従って英文に直しなさい。

1. あのスーパーマーケットではさまざまな種類の野菜を売っています。(they から始めて)

2. 雪のために私たちの列車は時間通りに着きませんでした。(the snow から始めて)

3. 彼は白髪のせいで，実際の年よりも老けて見えます。(his gray hair から始めて)

4. ここから海岸まで 1 時間で歩くのはほとんど不可能です。(it から始めて)

5. トムが退部するというのは本当ですか。(it を使って)

2 各組の英文がほぼ同じ意味になるように，下線部に適切な語句を補いなさい。

1. There is a large bell in the church.
   The ＿＿＿＿＿＿＿＿＿＿＿＿＿＿＿＿＿.
2. They had a lot of rain in Europe this summer.
   It ＿＿＿＿＿＿＿＿＿＿＿＿＿＿＿＿＿.
3. Thanks to the Shinkansen, we can move very quickly.
   The ＿＿＿＿＿＿＿＿＿＿＿＿＿＿＿＿＿.
4. We can get a lot of experience by traveling abroad.
   Traveling ＿＿＿＿＿＿＿＿＿＿＿＿＿＿＿.

3 あなたの将来の夢は何ですか。また，そのために何かしていることがありますか。あるいはどのような努力をするつもりでいますか。60 語程度の英文で書きなさい。

Lesson 2　What school events do you have?

Topic Introduction

①I think there are three main ways to make new friends at school. ②Firstly, we **move** to a new class in April. ③We can **meet** and **talk** to many students for the first time. ④Secondly, we can make close friends during club activities. ⑤Club members **share** similar interests and develop a sense of connection. ⑥Thirdly, we sometimes change seats in class. ⑦We often **communicate** with other students sitting nearby. ⑧If we make the most of these opportunities, we can make our school life more enjoyable.

①学校で新しい友達を作るのに３つの主な方法があると思います。②第一に、４月に新しいクラスに移ります。③多くの生徒と初めて会って話すことができます。④第二に、クラブ活動中に親しい友達を作ることができます。⑤部員は似たような興味を共有して連帯感が生まれます。⑥第三に、時々クラスで席替えをします。⑦私たちは近くに座っている他の生徒とよくコミュニケーションをとります。⑧これらの機会を最大限、活用すれば、学校生活をもっと楽しくすることができるでしょう。

語句と語法のガイド

club activity	熟	クラブ活動
develop [dɪvéləp]	動	～を発達させる　▶ development 名 発達
connection [kənékʃən]	名	つながり、関係　▶ connect 動 ～をつなぐ
nearby [nìərbáɪ]	副	近くに
make the most of ～	熟	～を最大限に活用する
opportunity [à(:)pərtjúːnəti] アクセント	名	機会　▶ 同 chance

解説

② **Firstly, we move to a new class in April.**
Firstly は「第一に」という意味。学校で新しい友達を作るための３つの主な方法を、Firstly, ... Secondly(第二に), ... Thirdly(第三に), ... と順番に述べている。
move は「移る」という意味の自動詞。 **EB1**

③ **We can meet and talk to many students for the first time.**
meet は他動詞。 **EB4** 　talk は自動詞。 **EB1**

⑤ **Club members share similar interests and develop a sense of connection.**
share は「～を共有する」という意味の他動詞。 **EB3**
sense は「感じ、意識」という意味。a sense of connection で「連帯感」。sense は、他に「感覚、思慮、意味」などの意味を持つ多義語。

⑥ **Thirdly, we sometimes change seats in class.**
Thirdly は「第三に」という意味。
change seats は「席替えをする」という意味。常に「複数(2つ・2人以上)」の存

在が前提とされる行為・状態を表す場合，目的語となる名詞は複数形となる。（例）change trains（列車を乗り換える），make friends with 〜（〜と友達になる），shake hands with 〜（〜と握手する）

⑦ **We often communicate with other students sitting nearby.**

communicate は「コミュニケーションをとる」という意味の自動詞。communicate with 〜で「〜とコミュニケーションをとる」となる。 **EB1**

sitting は other students を修飾している現在分詞の形容詞的用法。

⑧ **... these opportunities, we can make our school life more enjoyable.**
  S V O C

these opportunities（これらの機会）とは，②〜⑦で述べられていることを指す。
主節は第5文型（SVOC）。
enjoyable は「楽しい」という意味の形容詞で，more enjoyable は比較級。

Listening Task

Circle T for True or F for False. （正しければ T，間違っていれば F に○をつけなさい。）
（！ヒント）
1. 学校で新しい友達を作るための方法が主に2つ述べられているのか。（→①）
2. 私たちは似たような興味を持つ部員と友達になれるのか。（→④⑤）
3. 生徒は近くに座っている他の生徒と話をしないのか。（→⑦）

〈 ══ ＞＞＞＞＞＞＞＞＞ **Example Bank** ＜＜＜＜＜＜＜＜＜ ══ 〉

適切な動詞を用いる

A 自動詞

1. Most students **arrive** at school around eight o'clock.
   （ほとんどの生徒は8時ごろ学校に到着する。）
2. The whole class **remained** *quiet* when the teacher was talking.
   （その先生が話していたとき，クラス全体が静かにしていた。）

◀ **解説**

（自動詞と他動詞）
動詞には2種類ある。後ろに目的語(O)がこない動詞を**自動詞**，目的語(O)がくる動詞を**他動詞**という。

（自動詞）
自動詞は後ろに目的語がこない動詞(＝自分だけで動作が完結する動詞)。自動詞で動作の対象を示すには**前置詞**が必要になる。

1. arrive（到着する）は自動詞として使われており，at school と around eight o'clock は修飾語。
   Most students **arrive** at school around eight o'clock.
   　　　　　　　　自動詞　　修飾語　　　　修飾語

（他動詞と間違えやすい自動詞）
apologize は「**謝る**」という意味の自動詞。日本語の「〜に[を]謝る」から，他動詞と

考えないこと。前置詞 to を続けて「(人)に」，for で「(物事)を」を表すことができる。

⇨ I apologized **to** my teammates **for** my error.（私はチームメートにエラーを謝りました。）
　　　　　　　(人)に　　　　　　　(物事)を

他に，agree（with 〜）((人)に)賛成する)，object（to 〜）((〜に)反対する)，complain（to 〜）((〜に)不平を言う)などがある。

SVC（主語＋動詞＋補語）

動詞の後ろに**補語(C)**がくる。補語は主語(S)が「何であるか」「どのような状態であるか」を説明する。**S＝C(S is C)** の関係が成り立つ。動詞は**自動詞**で，代表的なものは be 動詞。

2. remain は「〜のままでいる」という意味。形容詞 quiet「静かな」が補語になっている。

B 他動詞

3. Many students **enjoy** *talking* during breaks between classes.
（多くの学生は授業間の休憩時間におしゃべりを楽しんでいる。）

4. You cannot **enter** *school buildings* at night.
（夜間は学校の建物に入ることはできない。）

5. *Some classroom issues* **were discussed** in homeroom.
（ホームルームでクラスの問題について話し合われた。）

◀ 解説

他動詞

他動詞は後ろに目的語がくる動詞(＝他の何か[誰か]に働きかける動詞)。もし目的語がなければ「何を？」という疑問が残る。

3. **enjoy** は「**〜を楽しむ**」という意味の他動詞。ここでは，後ろに目的語として動名詞 talking がきている。

自動詞と間違えやすい他動詞

日本語の表現に引きずられて他動詞に必要のない前置詞を付けたり，あるいはその逆の間違いをしたりするので注意が必要である。

4. **enter** は「**(場所)に入る**」という意味の他動詞である。他動詞なので直後に目的語をとる。

5. **discuss** は「**〜について話し合う**」という意味の他動詞である。日本語の表現に引きずられて前置詞 about を付けないように注意すること。

➡ We **discussed** *some classroom issues* in homeroom.
（私たちはホームルームでクラスの問題について話し合いました。）

他にも，join（〜に加わる），answer（〜に答える），visit（〜を訪れる），marry（〜と結婚する），attend（〜に出席する）などがある。余計な前置詞を付けないこと。

⇨ Jun **joined**（× to）*the soccer club.*（ジュンはサッカー部に入りました。）

注意すべき自動詞と他動詞

自動詞と他動詞には，それぞれ取り違えやすいものがある。次の例では，「(〜に)着く」という意味で動詞 arrive と reach が使われている。(a)の arrived は自動詞なので，直後に目的語をとらない。ここでは後ろに前置詞句 at the hotel を置いて動作の対象

を示している。(b)の reached は他動詞なので直後に目的語をとる。

⇨ (a) We **arrived** at the hotel around midnight.
⇨ (b) We **reached** *the hotel* around midnight.
    (私たちは夜の 12 時ごろホテルに到着しました。)

自動詞と他動詞の両方の用法を持つ動詞

(a)の left は自動詞として使われており，後ろに目的語がこない。for school, at seven o'clock は修飾語。(b)の left は他動詞として使われており，直後に目的語がくる。

⇨ (a) I left for school at seven o'clock.（私は 7 時に学校に向けて出発しました。）
       自動詞 修飾語   修飾語

⇨ (b) I left my umbrella on the bus.（私はバスに傘を置き忘れました。）
       他動詞   目的語

C 群動詞

6. The air conditioning in the classroom suddenly **broke down**.
   (教室のエアコンが突然故障した。)

7. We **looked after** *the exchange students* on their first day of school.
   (私たちは学校初日の交換留学生を世話した。)

8. I had to **fill in** *all the blanks* on the application form.
   (申込用紙の全ての空欄を埋めなければならなかった。)

9. *All of the students' homework* **was handed in** within the deadline.
   (全ての生徒の宿題は期限までに提出された。)

◀ 解説

群動詞

動詞に副詞，前置詞，名詞などが付いて，「**1 つのまとまり**」で動詞の働きをするものを**群動詞(句動詞)**という。群動詞には「**自動詞の働きをするもの**」と「**他動詞の働きをするもの**」がある。

自動詞の働きをする群動詞

〈動詞＋副詞〉の 2 語のまとまりで，1 つの**自動詞**の働きをするものがある。stay up(起きている)，show up(現れる)，run away(逃げる)，come about(起こる)など。

6. **break down** は「**故障する，壊れる**」という意味。後ろに目的語はこない。

他動詞の働きをする群動詞

〈動詞＋前置詞〉の 2 語からなる群動詞が，1 つの**他動詞**と同じ働きをする。

7. **look after ～**「**～を世話する**」は他動詞として働き，後ろに目的語(the exchange students)をとっている。
   また，〈動詞＋副詞〉の 2 語からなる群動詞が，1 つの**他動詞**と同じ働きをすることがある。

8. **fill in ～**「**(空所など)を埋める**」は他動詞として働き，後ろに目的語(all the blanks)をとっている。
   他に，take off ～ (～を脱ぐ)，hand in ～ (～を提出する)，put off ～ (～を延期する)，turn down ～ (～を断る)，pick up ～ (～を迎えに行く)などがある。目的語の位置

は〈動詞＋副詞＋**目的語**〉または〈動詞＋**目的語**＋副詞〉のどちらでもよい。

⇨ He **handed in** *his paper.* ／ He **handed** *his paper* **in**.

(彼はレポートを提出しました。)

《注意》目的語が代名詞の場合は〈動詞＋**目的語(代名詞)**＋副詞〉の語順になる。

⇨ Please **take** *them* **off** here. (ここでそれらを脱いでください。)

× *take off them*

➕ 群動詞はそれぞれ独自の意味を持つが，その意味は使われている副詞や前置詞など が本来持つ意味から発展したものである。したがって，それらのイメージをつかん でおくと，群動詞の意味も理解しやすい。

out「外へ」	up「上へ」	for「〜に向かって」
break out(起こる，発生 する)，come out(現れる， 出版される)，go out(出か ける)，look[watch] out (気を付ける)，set out(出 発する)，stand out(目立 つ)	bring up(〜(子ども)を育 てる＝raise)，give up(〜 をあきらめる)，look up (〜を(辞書などで)調べる)， pick up(〜を拾い上げる)， turn up(〜(音量など)を 上げる)	ask for(〜を求める)，call for(〜を必要とする，〜を 求める＝require)，care for(〜の世話をする[面倒 をみる])，look for(〜を 探す)，stand for(〜を支 持する)

群動詞の受動態

2語以上の語句が集まって1つの動詞と同じ働きをする群動詞の場合，それらをひとま とめにして受動態を作る。

⇨ A stranger spoke to me yesterday. (見知らぬ人が昨日私に話しかけました。)

↓

➡ I was spoken to by a stranger yesterday. (私は昨日見知らぬ人に話しかけられました。)

9. hand in 〜は「**〜を提出する**」という意味。〈動詞＋副詞〉で他動詞の働きをしている。

〈動詞＋副詞＋前置詞〉の形をとる群動詞

look forward to 〜「〜を楽しみにして待つ」は〈動詞＋副詞＋前置詞〉の形をとる群動 詞。前置詞 to の後には名詞(句)，動名詞がくることに注意する。

⇨ I'm **looking forward to** hearing from you. (あなたからの便りを楽しみにしています。)

➕ 〈動詞＋副詞＋前置詞〉の形をとる群動詞：catch up with 〜 (〜に追いつく)， come up with 〜 (〜を思いつく)，do away with 〜 (〜を廃止する)，get along with 〜 (〜と仲良くやっていく)，look down on 〜 (〜を軽蔑する)，look up to 〜 (〜を尊敬する)，put up with 〜 (〜を我慢する)など。

〈動詞＋名詞＋前置詞〉の形をとる群動詞

take care of 〜「〜の世話をする」は〈動詞＋名詞＋前置詞〉の形をとる群動詞。

⇨ Barbara **took care of** our dog while we were away.

(私たちが留守の間，バーバラは私たちの犬の世話をしてくれました。)

➕ 〈動詞＋名詞＋前置詞〉の形をとる群動詞：catch sight of 〜 (〜を見つける)，find fault with 〜 (〜のあら探しをする)，give birth to 〜 (〜を産む)，give way to 〜 (〜に譲歩する)，make fun of 〜 (〜をからかう)，make use of 〜 (〜を利用

する）, pay attention to ～ （～に注意を払う）, take advantage of ～ （～を活用する）など。

< ══════ >>>>>>>>> **Try it out** <<<<<<<<< ══════ >

1　Which word fits best? You can use the words in the box. If no word is necessary, put in a cross mark. （どの語が最もよく合いますか。ボックス内の語を使えます。もしどの語も必要でなければ、× 印を入れなさい。）

（!ヒント） ➡ **EB** Ⓐ Ⓑ Ⓒ

1. ・raise は「～を上げる」という意味の他動詞。つづり・発音の似た動詞に rise があるが, これは、「上がる」という意味の自動詞。
   ・「もし答えがわかれば手を上げてください。」
2. ・discuss は「～について話し合う」という意味の他動詞。前置詞 about が付かないことに注意すること。
   ・「私たちはクラブのミーティングでその問題について話し合いました。」
3. ・object は「反対する」という意味の自動詞。object to ～ で「～に反対する」という意味。
   ・「何人かの生徒は文化祭に向けての彼の計画に反対しました。」
4. ・stay up は「起きている, 寝ないでいる」という意味の群動詞。stay up late で「夜更かしする」という意味。
   ・「私は決して夜更かししないので, 授業中に眠くなりません。」
5. ・admire は「～を称賛する」という意味の他動詞。
   ・「彼のクラスメート全員が彼の画才を称賛しています。」
6. ・apologize は「謝る」という意味の自動詞。前置詞 to を続けて「（人）に」, for で「（物事）を」を表すことができる。
   ・the mistake (which[that]) he made は目的格の関係代名詞が省略されていて,「彼がした間違い」という意味。
   ・「彼は演劇の際にした間違いについて謝りました。」

┃ 語句と語法のガイド ┃

raise [reɪz]	動	～を上げる
object [əbdʒékt] （アクセント）	動 反対する ▶[á(:)bdʒekt] 名 物体	
admire [ədmáɪər]	動	～を称賛する
apologize [əpá(:)lədʒàɪz]	動 謝る ▶ apology 名 謝罪	
make a mistake	熟	間違いをする

（練習問題①） Which word fits best? You can use the words in the box. If no word is necessary, put in a cross mark.

1. I've left （　　　） my notebook at home.
2. Can anyone answer （　　　） my question?
3. They arrived （　　　） the airport in plenty of time.
4. Jane didn't show （　　　） to the party.
5. She was unable to attend （　　　） the meeting.

6. He apologized （　　　） us for being late.

> at / to / up

2　You are talking about your school life with your classmates. Change the underlined words to make your own conversation. Give reasons and details.
（あなたはクラスメートと学校生活について話しています。下線部の語句を変えて，自分たち自身の会話を作りなさい。理由や詳細を述べなさい。）

（！ヒント）➡ **EB** Ⓐ Ⓑ Ⓒ
自動詞なのか，目的語を必要とする他動詞なのか，注意する。

1. A: How do you come to school? （あなたはどのように学校に来ますか。）
　B:（例）I **come** to school by bike. It takes thirty minutes, but I enjoy riding.
　（私は自転車で学校に来ます。30分かかりますが，私は自転車に乗るのを楽しんでいます。）
2. A: What classes do you enjoy the most? （あなたはどの授業を一番楽しんでいますか。）
　B:（例）I **enjoy** art and music because I love painting and singing.
　（絵を描くことと歌うことが大好きなので，私は美術と音楽を楽しんでいます。）
3. A: What part of the week do you most look forward to?
　（あなたが1週間で一番楽しみにしていることは何ですか。）
　B:（例）I most **look forward to** club activities. I'm on the basketball team, and we have an important game next month. （私はクラブ活動を一番楽しみにしています。私はバスケットボールチームに入っていて，私たちには来月重要な試合があります。）

（解答例）
1. A: How do you come to school? （あなたはどのように学校に来ますか。）
　B: I come to school by train. It takes about one hour, so I can enjoy reading books.
　（私は電車で学校に来ます。約1時間かかるので，私は読書を楽しむことができます。）
2. A: What classes do you enjoy the most? （あなたはどの授業を一番楽しんでいますか。）
　B: I enjoy world history because I want to visit many World Heritage Sites in the future. （将来，多くの世界遺産を訪れたいので，私は世界史を楽しんでいます。）
3. A: What part of the week do you most look forward to?
　（あなたが1週間で一番楽しみにしていることは何ですか。）
　B: I most look forward to having lunch in the cafeteria. There are a lot of dishes on the menu. I love "today's special" on Fridays.
　（私は食堂で昼食をとることを一番楽しみにしています。メニューにはたくさんの料理があります。私は毎週金曜日の「今日のスペシャル」が大好きです。）

3　You are talking about your school festival with a friend from a different class. Practice in pairs, and change the underlined words to make your own conversation. Give reasons and details. （あなたは文化祭について別のクラスの友達と話をしています。ペアで練習しなさい。そして，下線部の語句を変えて，自分たち自身の会話を作りなさい。理由や詳細を述べなさい。）

!ヒント　→EB Ⓐ Ⓑ Ⓒ

・自分が興味のあるクラスを述べる。そして，理由や具体例を続ける。
・perform a play（演劇をする），give a presentation（発表をする）など，動詞に注意。
・未来の事柄について，具体的な準備が進んでいるような場合には，現在進行形を使って表すことができる。

School Festival Plan（文化祭の予定）

Class A（A組）	Class B（B組）	Class C（C組）	Class D（D組）	Class E（E組）
perform a short play（短い演劇をする）	set up a food booth（模擬店を開く）	give a presentation（発表をする）	display the students' work（生徒の作品を展示する）	give a mini dance show（ミニダンスショーをする）

（例）

A: Our school festival **is coming up** in two weeks. What is your class doing?
（僕たちの文化祭が2週間後に近づいているね。君のクラスは何をするの？）

B: We <u>are giving a presentation on sports and the Olympic Games</u>. What is your class doing?
（私たちはスポーツと国際オリンピック大会に関するプレゼンテーションをするの。あなたのクラスは何をするの？）

A: We <u>are performing a short play</u>. <u>The story is original and all of the costumes **were made** by students in the class.</u>
（僕たちは短い演劇をするんだ。ストーリーはオリジナルで，衣装のすべてがクラスの生徒によって作られたんだ。）

B: <u>It **sounds** great. I'll definitely come and see it.</u>
（すばらしいわね。きっと見に行くわ。）

語句と語法のガイド

come up　　熟　（行事などが）近づく
definitely [défənətli]　　副　確かに，間違いなく

解答例

A: Our school festival is coming up in two weeks. What is your class doing?
（僕たちの文化祭が2週間後に近づいているね。君のクラスは何をするの？）

B: We <u>are giving a mini dance show including different types of dances</u>. What is your class doing?
（私たちはさまざまな種類のダンスを含むミニダンスショーをするの。あなたのクラスは何をするの？）

A: We <u>are displaying our work</u>. <u>Some students painted pictures</u>. <u>Others took photos.</u> （僕たちは自分たちの作品を展示するよ。絵を描いた生徒もいれば，写真を撮った生徒もいるんだ。）

B: <u>It sounds interesting. Can you tell me what work you will be displaying?</u>
（おもしろそうね。どんな作品を展示するのか教えてくれる？）

< ═══════ >>>>>>>>>>> **Expressing** <<<<<<<<<<< ═══════ >

▌ STEP 1 ▐

(問題文の訳)

会話を聞いて，ボックスの中からそれぞれの人物が話している学校行事を選びなさい。また，その行事がいつ開かれたかを書きなさい。

(！ヒント)

それぞれの人物がどの学校行事を一番楽しんだか，またその行事がいつ開かれたか，を聞き取る。

[School events（学校行事）] sports day（体育祭）, school festival（文化祭）, skiing practice（スキー訓練）, school excursion（遠足）, singing contest（合唱コンテスト）, medical checkup（健康診断）, swim meet（水泳大会）, volleyball tournament（バレーボール大会）

▌ STEP 2 ▐

(問題文の訳)

あなたの好きな３つの学校行事は何ですか？　下のメモを埋めなさい。

(！ヒント)

次の３つの質問の答えを書く。What is the event?（その行事は何ですか。），When is it?（それはいつですか。），Why do you like it?（あなたはなぜそれが好きなのですか。）

(解答例)

1. Music festival（音楽祭）/ September（9月）/ Listening to music makes me feel good. （私は音楽を聞くと気分がよくなります。）

2. Marathon race（マラソン大会）/ Winter（冬）/ I'm good at running a long distance. （私は長距離を走ることが得意です。）

3. English skit contest（英語寸劇コンテスト）/ Just after the summer holidays（夏休み直後）/ It is a good chance for me to learn English. （私が英語を学ぶよい機会です。）

▌ STEP 3 ▐

(問題文の訳)

何人かの中学生が学校のオープンデーに参加する予定です。最良の３つの学校行事を紹介しなさい。

(！ヒント)

(例) 私の好きな３つの学校行事を紹介したいと思います。第一に，私たちは10月に文化祭を開きます。クラスとして劇を演じたりプレゼンテーションをしたりします。第二に，バレーボール大会があります。とてもわくわくします。第三に，合唱コンテストがあります。中には英語の歌を選ぶクラスもあります。

(解答例)

I would like to introduce my three favorite school events. Firstly, we hold a music festival in September. Some students play music. Other students sing songs. Secondly, we have a marathon race. We can enjoy running around the park. Thirdly, we have an English skit contest. I think it is a good chance for us to use English. （私の好きな３つの学校行事を紹介したいと思います。第一に，私たちは9月に音楽祭を開きます。生徒の中には演奏する者もいますし，歌を歌う者もいます。第二に，マラソン大会があります。私たちは公園の周りを楽しんで走ることができます。第三に，英語寸劇コンテストがあります。私たちが英語を使うよい機会だと思います。）

Logic Focus

■ Paragraph Writing ① ―パラグラフの基本構成 / 列挙・順序―

○パラグラフは，1つの主題(トピック)について述べる，文章全体の中の1つのかたまりである。日本語の文章の「段落」と似ているが，パラグラフは日本語の段落よりも構成がはっきりしている。

○パラグラフの構成：パラグラフには中心になる主題文があり，一般的には「主題文→支持文」あるいは「主題文→支持文→結論文」という構成になる。パラグラフの1行目は3～5字下げる。

●主題文(topic sentence)：主題に関して，書き手が伝えたいメッセージを述べている最も重要な文。パラグラフの冒頭にくることが多い。1つのパラグラフに主題は1つであることに注意する。

●支持文(supporting sentence)：具体例や理由などを示して主題文の主張を支える文。1つのパラグラフに複数の支持文があることが多い。つなぎの言葉が使われることもある。

●結論文(concluding sentence)：支持文の内容を受けて，主題文の主張を言いかえたり，まとめたりしている文。多くの場合,パラグラフの最後に来るが,省略されることもある。

(例)

●主題文：There are three benefits to holding a school festival.

　(文化祭を催すことには3つの有益な点がある。)

　…1つのパラグラフに主題は1つ。このパラグラフの主題は「文化祭」である。

●支持文：**Firstly**, it is a good opportunity to learn about planning and hosting an event. **Secondly**, we learn how important it is to communicate with each other in order to make the event successful. **Thirdly**, we are able to build emotional closeness in our class.

　(第一に，行事を計画したり主催したりすることについて学ぶ良い機会である。第二に，その行事を成功させるためお互いに意思を伝え合うことがいかに大事かを学ぶ。第三に，クラスに感情面の親近感を築くことができる。)

　... firstly, secondly などの項目を数え上げて列挙する語は，挙げられる項目の数が明示されている時に使うことが多い。

●結論文：I think all of these things are important in life.

　(私はこれらのこと全てが人生において大切だと思う。)

○つなぎの言葉

列挙 ・ 順序	to begin with(初めに), first of all(まず第一に), first(ly)(第一に), second(ly)(第二に), third(ly)(第三に), finally / last(ly)(最後に), next(次に), then(それから), before(～の前に), after(～の後で), earlier(以前に), later(後で)

< ━━━━━━ >>>>>>>>> 補充問題 <<<<<<<<< ━━━━━━ >

1　各組の英文がほぼ同じ意味になるように，(　　)に適切な語を入れなさい。

1. They talked about the matter for hours.

They (　　　　) the matter for hours.

2. This report should be submitted by Friday.

This report should be (　　　　) (　　　　) by Friday.

3. How did the accident come about?

How did the accident (　　　　)?

4. Please take care of my dog while I'm away.

Please (　　　　) (　　　　) my dog while I'm away.

5. The students respect Mr. Brown.

The students (　　　　) (　　　　) to Mr. Brown.

2　日本語に合うように，(　　)内の指示に従って下線部に適切な英文を書きなさい。

1. あなたが駅に着いたらすぐに私に電話してください。(as soon as を使って)

_____

2. 彼は昨日，日本に向けてカナダを出発しました。(left を使って)

_____

3. 私は台湾を訪れることを楽しみにしています。(forward を使って)

_____

4. サッカーの試合が来週の土曜日まで延期されました。(the soccer game から始めて)

_____

5. 私たちは先生の言うことに注意を払うべきです。(pay, what を使って)

_____
_____

3　これまでに参加したクラブ活動やほかの課外活動について，よかったと思うことを 60 語程度の英文で書きなさい。

_____
_____
_____
_____

Build Up 1 名詞と冠詞

🔊 解説

1 名詞の数

英語の名詞には、「**数えられる名詞**」(C countable noun **可算名詞**)と「**数えられない名詞**」(U uncountable noun **不可算名詞**)がある。

数えられる名詞

定まった形がイメージできるものを表す名詞。

数えられる名詞は、「**単数**」と「**複数**」の区別をする必要がある。

[複数形の作り方] ①-s または -es を付ける：dog → dogs, dish → dishes
②不規則に変化：child → children, man → men, foot → feet
③単数形と複数形が同じ形(単複同形)：sheep, Japanese(日本人)

The medical team consists of five Americans and three **Japanese**.
(その医療チームは5人のアメリカ人と3人の日本人で構成されている。)

単数形は単独では使えず、必ず冠詞(a / an, the)や my, her, this, that などの限定語を付ける。

Julia is a **friend** from kindergarten.(ジュリアは幼稚園からの友達です。)

What do you have in your **pocket**?(ポケットに何が入っているのですか。)

●**数えられる名詞の例**

自然界のもの	☐ flower(花) ☐ bird(鳥) ☐ dog(犬) ☐ lake(湖) ☐ mountain(山) ☐ star(星) ☐ earthquake(地震)
人工のもの	☐ pencil(鉛筆) ☐ train(列車) ☐ phone(電話) ☐ house(家) ☐ chair(いす) ☐ hotel(ホテル)
人を表すもの, 人の 集合を表すもの	☐ girl(少女) ☐ mother(母) ☐ woman(女性) ☐ family(家族) ☐ class(クラス) ☐ team(チーム)

数えられない名詞

具体的な輪郭や境界がイメージしにくいものを表す名詞。

●**数えられない名詞の例**

自然界のもの	☐ sky(空) ☐ water(水) ☐ air(空気) ☐ land(陸地) ☐ rain(雨) ☐ snow(雪)
人工のもの	☐ soap(せっけん) ☐ bread(パン) ☐ money(お金) ☐ homework(宿題) ☐ furniture(家具) ☐ baggage(手荷物)
抽象的な概念・感情 など	☐ information(情報) ☐ freedom(自由) ☐ damage(被害) ☐ progress(進歩)

数えられない名詞は複数形にできない。また、a / an も付かない。

Water is important.(水は大切です。)

×*Waters are important.* ×*A water is important.*

単独で用いることは可能だが、数量を表す語句を付けることが多い。

Would you like *some* **tea**? (お茶はいかがですか。)

I had *a glass of* mineral **water**.(私はミネラルウォーターを一杯飲んだ。)
本来は数えられない名詞でも，数えられる名詞として用いられることがある。
I'd like a **coffee**, please.([注文で]コーヒーを1つください。)
《注意》数えられない名詞は，容器や形状，単位を表す語を使って数えることができる。
　　　(例) *a cup of* **coffee**(1杯のコーヒー)，*two glasses of* **water**(2杯の水)，
　　　　　　a kilogram of **meat**(1キログラムの肉)，*a piece of* **information**(1つの情報)

両方に用いられる名詞

同じ名詞が意味によって数えられる名詞にも数えられない名詞にもなることがある。
There was a **fire** in my neighborhood last night.(昨夜，近所で火事があった。)→「火事」：**可算名詞**
Animals are afraid of **fire**.(動物は火を怖がる。)→「火」：**不可算名詞**

paper		room		work	
Ⓒ新聞	Ⓤ紙	Ⓒ部屋	Ⓤ余地，空間	Ⓒ作品	Ⓤ仕事

2　冠詞

冠詞には，a / an(**不定冠詞**)と the(**定冠詞**)がある。名詞の前に付いて，「どれでもよい任意のもの」か「特定のもの」かを示すことができる。

	数えられる名詞		数えられない名詞
	単数(1つ)	複数(2つ以上)	
どれでもよい任意のもの	**a** pencil	pencil**s**	meat
特定のもの	**the** pencil	**the** pencil**s**	**the** meat

a / an が使われる場合

a / an は「(いくつもある中の)1つ」を表す。数えられる名詞の単数形の前に付く。
①初めて出てくる語に付く a / an
　話の中で初めて出てくる語に付ける。
　I bought **a new watch** today. It is very nice.(私は今日新しい時計を買った。それはとても素敵だ。)
　「時計を買った」という事実を単に伝えている。聞き手はどの時計かはわからない。
②「1つの〜」を表す a / an
　「1つの〜」という意味を表し，one(1つの〜)と同じ意味で用いられる。
　I stayed in Hokkaido for **a week**[= for **one** week].(私は1週間，北海道に滞在した。)

the が使われる場合

the は後ろにくる名詞が特定できるものであることを示す。
①すでに出てきた語に付く the
　文脈上すでに出てきたものを指す場合，1つのものに決まるため，the が用いられる。
　If you pet **a** dog, **the dog** will like you.
　(あなたがイヌをやさしくなでたら，その犬はあなたのことを気に入るでしょう。)
②状況から特定される語に付く the
　状況から名詞の内容が特定されるものである場合に用いられる。
　"Open **the door**, please." "OK."(「ドアを開けてください。」「いいですよ。」)
　⇨ Would you pass me **the** salt, please?(塩を取っていただけますか。)

<<< >>>>>>>>> **Practice** <<<<<<<<< >>>

1　You are looking at a picture of a café with your classmates. Describe what each person is doing and add some information about them. You can use the words in the box below.

（あなたはクラスメートとカフェの絵を見ています。それぞれの人が何をしているのかを述べて、彼らについて情報を追加しなさい。下のボックスの語句を使っても構いません。）

(!ヒント)

カフェの絵に描かれた人が何をしているのかを述べる。主に現在進行形を使うとよい。さらに、彼らについて情報を追加する。数えられる名詞・数えられない名詞、単数・複数、冠詞に注意すること。例えば、He is taking photos. や He is taking a photo. は正しいが、He is taking photo. は誤り。

(例)

Mary is buying **a cup of coffee**. She has **a book** in her hand.

（メアリーは1杯のコーヒーを買っています。彼女は手に本を持っています。）

take/photo → take a photo（写真を撮る）, counter → in front of the counter（カウンターの前に）, entrance → near the entrance（入口の近くに）, wear/glass → wear glasses（眼鏡をかけている）, hold/smartphone → hold a smartphone（スマートフォンを持つ）, wear/hat → wear a hat（帽子をかぶっている）, give/advice → give advice（アドバイスを与える）, have/pen → have a pen（ペンを持っている）, search/information → search for information（情報を探す）, eat/pasta → eat pasta（パスタを食べる）

(解答例)

Bill is taking photos near the entrance. He wears glasses.

（ビルは入口の近くで写真を撮っています。彼は眼鏡をかけています。）

2　Describe what you can find in your classroom.

（あなたの教室内で見つけられるものを述べなさい。）

(!ヒント)

教室内で見つけられるものについて述べる。数えられる名詞・数えられない名詞、単数・複数、冠詞に注意すること。

(例)

There are many **tables** and **chairs** in this room. We can also find **three pieces of chalk** at **the blackboard**. （この部屋にはたくさんの机と椅子があります。また、黒板に3本のチョークがあるのがわかります。）

(解答例)

There is a whiteboard near the teacher's desk. We can find many books and dictionaries on the shelves at the back of the classroom.

（先生の机の近くにホワイトボードがあります。私たちは教室の後ろの棚にたくさんの本や辞書があるのがわかります。）

< ═══════ >>>>>>>>> 補充問題 <<<<<<<<< ═══════ >

1　日本語に合うように，（　　）に適切な語を入れなさい。

1. マイクは新しい眼鏡を 1 つ買うことにしました。
Mike decided to buy a new (　　　　　) of (　　　　　).

2. 銀行の前に駐車している車は私のです。
(　　　　　) car parked in front of (　　　　　) bank is mine.

3. 見て。そのポットに少しだけ水が入っています。
Look. There is a little (　　　　　) in (　　　　　) pot.

4. 手荷物は座席の下に置いてください。
Please put your (　　　　　) under the seat.

5. 外は暑いですね。水を 1 杯いかがですか。
It's hot outside. Would you like (　　　　) (　　　　) of (　　　　)?

2　次の英文には間違いが 2 か所ずつ含まれています。正しい英文に直しなさい。

1. Oliver found several pieces of nice furnitures on internet.
_____

2. Karina has a lot of homeworks to do after the dinner tonight.
_____

3. Sam gave me some good advices on how to learn foreign language.
_____

4. Mary had two slices of breads for breakfast, watching the news on the TV.
_____

5. Look at a woman playing a piano there.
_____

3　日本語に合うように，下線部に適切な語句を補いなさい。ただし，（　　）内の語を，必要があれば適切な形に変えて使うこと。

1. 鶏肉と豚肉，あなたはどちらの方が好きですか。(like)
Which _____?

2. 私たちは昨年，同じクラスでした。(same)
_____ last year.

3. メアリーはスープに塩を入れすぎました。(put, much)
_____ the soup.

4. トムは毎月，本にたくさんのお金を使います。(spend, on)
_____ every month.

Lesson 3 Who is the best athlete?

Topic Introduction

①Sports **have been** around for a long time. ②For example, an ancient wall painting **shows** that people **enjoyed** wrestling in ancient Egypt. ③In addition, the Olympics **began** in the 8th century B.C.E. in ancient Greece and many people still **enjoy** them today. ④Although people **have enjoyed** sports for a very long time, professional sports are relatively new. ⑤This means that sports **are** still **evolving** and **will** continue to excite people, as well as produce many superstars.

①スポーツは長い間，身近に存在しているものである。②例えば，ある古い壁画は古代エジプトで人々がレスリングを楽しんでいたことを示している。③さらに，オリンピックは紀元前8世紀の古代ギリシャに始まり，現在でも多くの人が楽しんでいる。④人々はとても長い間スポーツを楽しんできたが，プロスポーツは比較的新しい。⑤これはスポーツが今も進化しており，多くのスーパースターを生み出すことはもちろん，これからも人々を楽しませ続けるということを示している。

語句と語法のガイド

be around	熟 存在している，近くにいる[ある]
ancient [éɪnʃənt]	形 古代の　▶反 modern 形 現代の
wrestle [résl] 発音	動 レスリングをする
in addition	熟 さらに　▶ add 動 ～を加える
the Olympics	熟 オリンピック
B.C.E.	熟 紀元前～　▶ before the Common Era の略
Greece [gri:s]	名 ギリシャ　▶ Greek 形 ギリシャの
relatively [rélətɪvli] アクセント	副 比較的(に)　▶ relative 形 比較上の，相対的な
evolve [ɪvá(:)lv]	動 進化する　▶ evolution 名 進化
A as well as B	熟 B はもちろん A も，B 同様 A も
produce [prədjú:s]	動 ～を生み出す　▶ production 名 生産

解説

① **Sports have been around for a long time.**
have been は，継続を表す現在完了形。 **EB3**

② **..., an ancient wall painting shows that people enjoyed wrestling in ancient Egypt.**
shows は現在形。 **EB1** 　show (that) ～は「～ということを示す」という意味。
enjoyed は過去形。 **EB4** 　enjoy *doing* で「～することを楽しむ」という意味。

③ **In addition, the Olympics began in the 8th century B.C.E. in ancient Greece and many people still enjoy them today.**
時制に注意する。in the 8th century B.C.E.(紀元前8世紀)という時を表す語句とともに過去形 began が使われている。 **EB4** 　また，today(現在)とともに現在形 enjoy が使われている。 **EB1**

④ **Although people have enjoyed sports for a very long time, ...**

have enjoyed は，継続を表す現在完了形。 **EB3**

⑤ **... are still evolving and will `continue to` excite people, as well as produce ....**

are evolving は現在進行形。 **EB2**

will continue ～は未来形。 **EB8**

Listening Task

Circle T for True or F for False.　（正しければ T，間違っていれば F に○をつけなさい。）

（**! ヒント**）

1. 古い絵は古代に人々がスポーツを楽しんでいたことを示しているか。（→②）

2. 最初のオリンピックは紀元前 8 世紀にイタリアで始まったか。（→③）

3. プロスポーツはスポーツの始まりからずっと存在しているか。（→④）

⟨ ══════ ⟩⟩⟩⟩⟩⟩⟩⟩ **Example Bank** ⟨⟨⟨⟨⟨⟨⟨⟨ ══════ ⟩

時を表す

A　現在を表す

1. Winter sports **are** very popular in Canada.
（カナダでは冬のスポーツはとても人気がある。）

2. The Tigers and the Hawks **are playing** now.
（タイガースとホークスは今，試合をしている。）

3. She **has held** the number one world ski-jumping ranking for two years.
（彼女はスキージャンプの世界ランク 1 位を 2 年間ずっと保持している。）

◀ **解説**

現在形

1. are は be 動詞。**状態動詞**(ある状態が続いていることを表す動詞)は，ある程度の時間の幅を持った現在の**状態**を表す。know(知っている)，belong(所属している)，have (持っている)，love(愛している)，own(所有している)，believe(信じている)など。
《注意》状態動詞は原則として現在進行形にしない。
　　　× *Kate is knowing how to cook Italian food.*
動作動詞(動作や行為を表す動詞)は，「(いつも)～する」という現在の習慣的・反復的**動作**を表す。
　⇨ He **washes** his car every Sunday. (彼は毎週日曜日に車を洗います。)

現在進行形

2. 現在進行形⟨am / are / is + *doing*⟩で「(今)～している(ところだ)」という現時点において行われている**動作**を表す。
　➕ 現在進行形はある期間に繰り返されている動作も表す。
　　⇨ She **is playing** tennis these days. (彼女は最近，テニスをしています。)

現在完了形

　現在完了形は⟨have[has]＋過去分詞⟩の形で，過去の出来事が現在と結びついている

ことを表す。**「継続」「経験」「完了・結果」**を表す3つの用法に分けられる。

3. 現在までの**状態**の「継続」は現在完了形で表し，「(今まで)**ずっと〜である**」という意味。**動作**の「継続」は，現在完了進行形〈have[has] been + *doing*〉で表す。
「経験」は「(今までに)**〜したことがある**」，「完了・結果」は「(今)**〜したところだ**」「**〜してしまった(今も…だ)**」という意味。

   ⇨ I **have met** her twice. (私は彼女に2度会ったことがあります。)

   ⇨ I **have** just **heard** the news. (私はちょうどその知らせを聞いたところです。)

現在完了進行形

現在までの**動作**の「継続」は，**現在完了進行形〈have[has] been + *doing*〉**で表す。「(今まで)**ずっと〜し続けている**」という意味になる。

   ⇨ He **has been watching** TV since this morning.

   (彼は今朝からずっとテレビを見続けています。)

「〜する」の表現

英語である動作を表す場合，それが習慣なのか，未来の計画なのかなど，その内容や時間的な関係に応じて適切な動詞の形を選ぶ必要がある。

「〜している」の表現

「〜している」行為の内容に応じて適切な動詞の形を選ぶ必要がある。現時点で進行中の動作であれば**現在進行形**を，現在の状態であれば**現在形**を，また，ある状態が過去から継続している場合は**現在完了形**を用いる。

B　過去を表す

4. Nakata Hidetoshi **started** playing soccer when he was eight.
   (中田英寿は8歳の時にサッカーを始めた。)

5. The team **was training** in the gym when the earthquake struck.
   (地震が起きたとき，そのチームはジムでトレーニングをしていた。)

6. He **had been** the world record holder until last Sunday, but his record was broken by a rival runner. (彼は先週の日曜日まで世界記録保持者だったが，彼の記録はライバル走者に破られた。)

📢〈解説

過去形

4. 動作動詞を過去形で用いた場合，「〜した」という**過去の動作や出来事**を表す。
状態動詞を過去形で用いた場合，過去にある程度の期間同じ状態だったことを表す。

   ⇨ Meg **lived** next door to us before. (メグは以前，私たちの隣に住んでいました。)

   《注意》過去形は今と切り離した過去の事柄だけを表す。メグが現在どこに住んでいるかについては述べていない。

過去進行形

5. 過去進行形を用いて，**過去のある時点**(ここでは when the earthquake struck)で**動作が進行中**であったことを「**〜していた**」と表す。

   ➕ 過去進行形は過去における反復的動作を表すこともできる。その場合，期間を表す副詞(句)を伴うことが多い。

⇨ *In those days*, we **were playing** the guitar *all day*.
（そのころ，私たちは一日中ギターを弾いていました。）

過去完了形

　　過去完了形は〈**had ＋過去分詞**〉の形で，過去のある時点とさらに前の過去の時点を結びつける表現である。過去完了形は，現在完了形の「現在」と「過去」の関係を，そのまま「過去」と「さらに過去」へスライドさせたイメージである。

6. 過去のある時点までの**状態**の「継続」は過去完了形で表し，「（過去のある時点まで）**ずっと〜だった**」という意味。**動作**の「継続」は，過去完了進行形〈had been ＋ *do*ing〉で表す。

　　「経験」は「（過去のある時点までに）**〜したことがあった**」，「完了・結果」は「（過去のある時点までに）**〜して（しまって）いた**」という意味。

　　⇨ I **had** never **seen** an opera until I visited Italy.
　　　（私はイタリアを訪れるまで，オペラを見たことがありませんでした。）

　　⇨ The party **had** already **started** when we arrived.
　　　（私たちが到着したとき，パーティーはすでに始まっていました。）

　　過去に起こった２つの出来事を述べるとき，時間的な前後関係を明確に表すため，先に起こった出来事を過去完了形にする。この用法を「大過去」という。

　　⇨ I *heard* that Fred **had returned** to Canada at that time.
　　　（フレッドはそのときにはカナダに帰っていたと聞きました。）

過去完了進行形

　　過去のある時点までの**動作**の「継続」は，**過去完了進行形**〈**had been ＋ *do*ing**〉で表す。「（過去のある時点まで）**ずっと〜し続けていた**」という意味になる。

　　⇨ Nick **had been waiting** at the bus stop for half an hour when the bus came.
　　　（ニックはバスが来るまで 30 分間バス停で待っていました。）

　　《注意》状態動詞を使って状態の継続を表す時は，過去完了形で表す。

　　　　⇨ When I met her, she **had known** them for years.
　　　　　（私が彼女と出会ったときには，彼女は彼らと長年の知り合いになっていました。）

「〜した」の表現

　　日本語の「〜した」に広く対応する英語は**過去形**だが，話者が現在の状態に焦点をあてながら過去とのつながりを表す際には**現在完了形**が用いられるなど，文脈に応じ時制を適切に選ぶ必要がある。

「〜していた」の表現

　　日本語の「〜していた」は，過去のある時点で行われていた動作を示す場合は**過去進行形**で表す。また，「〜していた」内容が過去のある時点とさらに前の過去の時点に結びついている場合は**過去完了形**を用いる。このように，状態や動作の内容により時制を適切に選ぶ必要がある。

C　未来を表す

7. The NBA regular season **starts** in October.
　（NBA のレギュラーシーズンは 10 月に始まる。）

8. He **will** surely win the next marathon.
　（彼はきっと次のマラソンで優勝するだろう。）

9. The tournament **is going to** be held in Australia.
　（そのトーナメントはオーストラリアで開催される予定です。）

10. The table tennis player **will be playing** in China next year.
　（その卓球選手は来年は中国でプレーしているだろう。）

11. She **will have won** the grand slam title four times if she wins the next match.
　（もし次の試合に勝利すれば，彼女はグランドスラムを4回優勝することになるだろう。）

◀【解説

現在で「確定した未来の予定」を表す

7. 出発時刻などのような，現時点で**確定している未来の予定**（変更の可能性が少ない予定）については，**現在形**を使って未来を表す。go, come, start, leave, arrive など，往来・発着を表す動詞がよく使われ，日時を表す語句を伴うことが多い。

〈will ＋動詞の原形〉

8. 「**～だろう，～になる**」という意味で，単なる**未来の予測や自然の成り行き**を表す。このような，主語の意志とは関係がない will を**単純未来**の will という。
　一方，「**～するつもりだ，～する**」という意味で，主語の意志を表す will を**意志未来**の will という。
　⇨ I **will** call you tonight.（私は今夜，あなたに電話します。）

〈be going to ＋動詞の原形〉

9. 「**～する予定だ**」という**前から予定していること**を述べるときに使われる。
　《注意》明らかにその場で決めたことについては，be going to ではなく，will を使う。
　⇨ "Someone is knocking on the door!" "OK. I'll answer it."
　　（「誰かがドアをノックしているよ。」「了解。僕が出るよ。」）
　また，〈be going to ＋動詞の原形〉は「**～しそうだ**」という**近い未来の予測**を表す。
　⇨ The sky is clouded over; I think it **'s going to** rain.
　　（空がすっかり曇っています。雨が降ると思います。）

未来進行形

10. **未来進行形**〈**will be ＋ *doing***〉は，「（未来のある時点において）**～しているだろう**」という，未来のある時点において行われているであろう動作を表す。

未来完了形

　未来完了形は〈**will have ＋過去分詞**〉の形で，未来のある時点での状態を表す。そのため，未来完了形は未来のある時点を示す表現とともに使われることが多い。未来完了形は，現在完了形の「現在」と「過去」の関係を，そのまま「未来」と「それ以前」へスライドさせたイメージである。現在完了形や過去完了形と同様に，「**継続**」「**経験**」「**完了・結果**」を表す3つの用法に分けられる。

11. 「（未来のある時点までに）**～したことになるだろう**」という，未来のある時点までの**経験**を表す。if she <u>wins</u> [×*will win*] the next match は条件を表す副詞節なので，現在形が使われている。

< ═══════════ ⟩⟩⟩⟩⟩⟩⟩⟩ **Try it out** ⟨⟨⟨⟨⟨⟨⟨⟨ ═══════════ >

1　Complete the following conversations using the verb in brackets. ([　　]内の動詞を使って，次の会話を完成させなさい。)

（!ヒント）➡ **EB3,5,6,11**

1.・「何をしていましたか」と過去進行形で尋ねられている。
　・「昨晩，日本が試合に勝ったとき，あなたは何をしていましたか。」「私はお風呂に入っていました。実は私は，サッカーの大ファンではありません。」

2.・for about seven years(約7年間)に注目する。「継続」を表す現在完了形で表す。
　・「彼はいつジャイアンツに入団しましたか。」「彼は約7年間チームにいます。」

3.・「3回優勝することになるだろう」は「経験」を表す未来完了形で表す。
　・「彼女は確かに最も偉大な卓球選手のうちの1人です。」「はい，もしまた勝利すれば，彼女は世界卓球選手権で3回優勝することになります。」

4.・「ジョンソンのタイムが長年，世界記録だった」のは「新たな世界記録が樹立された」時点よりも前のこと。
　・「ニュースを聞きましたか？　ジョンソンのタイムが長年，世界記録でしたが，新たな世界記録が昨日ライバル走者によって樹立されました。」「本当ですか？　驚きです！」

┃┃ 語句と語法のガイド ┃

actually [ǽktʃuəli]　　　　　　副 実は，本当は　▶ actual 形 実際の
win a championship　　　　　熟 (選手権で)優勝する　▶ championship 名 選手権

（練習問題①）Complete the following conversations using the verb in brackets.

1. "You didn't answer my call. What were you doing around eight last night?"
　　"I ＿＿＿＿＿ a tennis match on TV." [watch]
2. "When did he join Real Madrid?" "He ＿＿＿＿＿ on the team for ten years." [be]
3. "That athlete is in pretty good condition." "Yes. If she wins again, she
　　＿＿＿＿＿ three medals." [win]
4. "Did you hear the news about Peaty? His time ＿＿＿＿＿ the world record
　　for years, but a new world record was set yesterday by a rival swimmer."
　　"Really? That's amazing!" [be]

2　You are talking about sports with your partner. Complete the following conversation. Then, change the dotted parts to make your own conversation. (あなたはパートナーとスポーツについて話しています。次の会話を完成させなさい。そして，点線の部分を変えて，自分たち自身の会話を作りなさい。)

（!ヒント）➡ **EB** Ⓐ Ⓑ Ⓒ

・相手の質問に合わせた時制(現在・過去・未来)を使うように注意する。
・belong や like のような状態動詞は進行形にならない。

1. A: Did you play any sports when you were in elementary school?
　　　(小学生のとき，あなたは何かスポーツをしていましたか。)

B:（例）Yes. I **belonged** to the soccer team. I **was** the goalkeeper.
（はい。私はサッカーチームに入っていました。ゴールキーパーでした。）

2. A: Which ball games do you like to watch?
（あなたはどの球技を見るのが好きですか。）

B:（例）I like baseball. **I'm** a big fan of the Dragons.
（私は野球が好きです。ドラゴンズの大ファンです。）

3. A: Can you think of any world record holders in any sport?
（あなたはスポーツの世界記録保持者を誰か思いつきますか。）

B:（例）Yes. Usain Bolt **holds** the world record for the 100-meter dash.
（はい。ウサイン・ボルトは100メートル競走で世界記録を保持しています。）

4. A: What kind of sports will you do after you get a job?
（就職した後，あなたはどんな種類のスポーツをするつもりですか。）

B:（例）I think I **will** continue to do *kyudo*.
（私は弓道をし続けたいと思います。）

語句と語法のガイド

holder ［hóuldər］　　　　　　　名 保持者　▶ hold 動 ～を保持する

100-meter dash　　　　　　　熟 100メートル競走

（解答例）

1. A: Did you play any sports when you were in junior high school?
（中学生のとき，あなたは何かスポーツをしていましたか。）

B: Yes. I belonged to the baseball club. I was the pitcher.
（はい。私は野球部に入っていました。ピッチャーでした。）

2. A: Which team sports do you like to play?
（あなたはどの団体競技をするのが好きですか。）

B: I like playing volleyball. I also like watching volleyball games.
（私はバレーボールをするのが好きです。バレーボールの試合を見るのも好きです。）

3. A: Can you think of any Olympic gold medalists in any sport?
（あなたはスポーツのオリンピック金メダリストを誰か思いつきますか。）

B: Yes. Icho Kaori is a four-time Olympic gold medalist.
（はい。伊調馨はオリンピックで4回金メダルを獲得した人です。）

4. A: What kind of sports will you start playing in the future?
（将来あなたはどんな種類のスポーツを始めるつもりですか。）

B: I think I will start playing tennis at university.
（私は大学でテニスを始めようと思っています。）

3 The following table shows the information about the players in a tennis match on TV. Choose one of the players and describe his profile. Then, tell your partner who you think will win with one or more reasons.
（次の表は，テレビで放送されるテニスの試合に出る選手の情報を示しています。どち

らか1人選手を選び,プロフィールを述べなさい。そして,どちらの選手が勝つと思うか,
1つ以上の理由を添えてパートナーに伝えなさい。)

(!ヒント) →EB Ⓐ Ⓑ Ⓒ

・生まれた年や場所は,was born in ～(～年に[～で]生まれた)で表せばよい。
・身長には,is ～ tall(～の高さである),体重には,weighs ～(～の重さである)を使う
  ことができる。
・どちらの選手が勝つと思うか述べるときに,タイトル数やランクの比較を理由にするこ
  とができる。

	Denis Green (デニス・グリーン)	Peter Miller (ピーター・ミラー)
Birth year / place (生まれた年／場所)	2000 / Canada (2000年／カナダ)	1995 / Australia (1995年／オーストラリア)
Height / Weight (身長／体重)	191cm / 73kg	179cm / 80kg
Tournament titles (トーナメントタイトル)	1	4
Last year's rank(去年のランク)	224	51
Current rank(現在のランク)	121	97

(例) Peter Miller **was** born in 1995 and he is 179 centimeters tall. I think he
  will be the winner because he **has won** four titles while Denis Green **has**
  won once. (ピーター・ミラーは1995年に生まれました。彼の身長は179センチメー
  トルです。デニス・グリーンが1つのタイトルであるのに対して,彼は4つのタイ
  トルを獲得しているので,私は彼が勝者になるだろうと思います。)

┃ 語句と語法のガイド ┃

birth [bə:rθ]　　　　　　 名 誕生　▶ be born 動 生まれる
height [haɪt] **発音**　　　名 身長,高さ　▶ high 形 高い[highは人・動物には用いない]
weight [weɪt] **発音**　　 名 体重　▶ weigh 動 重さが～である
tournament [túɚnəmənt]　名 トーナメント
rank [ræŋk]　　　　　　　名 ランク,順位
current [kə́:rənt]　　　　 形 現在の

(解答例)

Denis Green was born in Canada in 2000. He is 191 centimeters tall, and he
weighs 73 kilograms. I think he will be the winner because he has gone up in
the ranking while Peter Miller has gone down.
(デニス・グリーンは2000年にカナダで生まれました。彼の身長は191センチメートルで,
体重は73キログラムです。ピーター・ミラーがランクを下げているのに対して,彼は上
げてきているので,私は彼が勝者になるだろうと思います。)

>>>>>>>>> Expressing <<<<<<<<<

STEP 1

(問題文の訳) 会話を聞いて，表の空欄に Kei, Jess, Martin に関する情報を記入しなさい。下のボックスの中から，彼らのお気に入りのスポーツ選手とそのスポーツ選手の業績を選びなさい。

(!ヒント) それぞれの人物のお気に入りのスポーツ選手とその選手の業績を聞き取る。

a. won many grand slam titles (多くのグランドスラムで優勝した)
b. held the championship for five years in a row (5 年連続で選手権を制した)
c. won a gold medal at the Sydney Olympics (シドニーオリンピックで金メダルを獲得した)

STEP 2

(問題文の訳) スポーツ選手を 1 人選び，その人の業績を 2 つ挙げなさい。

(!ヒント) She has won 〜(彼女は〜を獲得している)，She is 〜(彼女は〜である)など，業績を述べる際は，時制に注意する。

(解答例)

【お気に入りのスポーツ選手】Osaka Naomi (大坂なおみ)
【そのスポーツ選手の業績】

1. She has won four Grand Slam titles in total.
   (彼女は通算で 4 回グランドスラムのタイトルを獲得しました。)
2. She is the first Asian player to hold the top ranking in singles.
   (彼女はシングルスでランク 1 位になった初めてのアジア人選手です。)

STEP 3

(問題文の訳) あなたのお気に入りのスポーツ選手について，業績を含めて 1 つのパラグラフを書きなさい。

(!ヒント)
・My favorite athlete is 〜. He holds many records. といった文で書き始め，1 つ目の業績を，For example, 〜に続けて述べる。そして In addition(さらに)の後に，2 つ目の業績を述べる。
・He holds 〜(彼は〜を保持している)，He achieved 〜(彼は〜を達成した)など，業績を述べる際は，時制に注意する。

(例) 私のお気に入りのスポーツ選手は鈴木一朗です。彼は日本とアメリカ両方の野球リーグでプレーして，たくさんの記録を保持しています。例えば，彼はシーズン 262 安打記録を保持しています。これは現在の世界記録で，きっと長い間続くだろうと思っています。さらに，彼は 10 シーズン連続で 200 本安打を達成しました。これはこれまでのところ史上最長の記録です。

(解答例)

My favorite athlete is Osaka Naomi. She has achieved many things. For example, she has won four Grand Slam titles in total. I am sure she will win another title in the near future. In addition, she is the first Asian player to hold the top ranking in singles. (私のお気に入りのスポーツ選手は大坂なおみです。彼女は多くのことを達成しました。例えば，彼女は通算で 4 回グランドスラムのタイトルを獲得しました。きっと彼女は近い将来さらにタイトルを獲得すると思います。さらに，彼女はシングルスでランク 1 位になった初めてのアジア人選手です。)

< ━━━━ >>>>>>>>>> **Logic Focus** <<<<<<<<<< ━━━━ >

■ Paragraph Writing ② ―例示・追加―

(例文)

　Cristiano Ronaldo is one of the greatest soccer players in history, holding many remarkable records.　**For example**, he was the first person to win league titles in Spain, England, and Italy.　**In addition**, he received the Ballon d'Or for the best soccer player five times.　He **also** holds the record for the most goals in the UEFA Champions League.（クリスティアーノ・ロナウドは多くの驚くべき記録を持つ(サッカーの)歴史で最も偉大なサッカー選手の1人である。例えば，彼はスペイン，イングランド，イタリアの3か国でリーグ優勝を勝ち取った最初の人物である。加えて，サッカーの世界年間最優秀選手賞であるバロンドールを5度受賞した。彼はさらにUEFAチャンピオンズリーグで最多得点記録を持っている。）

■例示と追加

　あるトピックについて，例を挙げたり，具体的な情報を付け加えたりすることで，自分の意見や主張の説得力を増すことができる。

■パラグラフの構成

　主題文の内容をサポートするために，for example, for instance などの表現を使って具体例を示す。具体例は複数挙げるとより効果的である。in addition, also などを用いて追加の例を示すとよい。

(主題文)
クリスティアーノ・ロナウドは多くの記録を持つ最も優れたサッカー選手の1人である
↓
(支持文)　例示
for example(例えば)：スペイン，イングランド，イタリアのリーグで優勝した最初の人物
↓
(支持文)　追加1
in addition(さらに)：世界年間最優秀選手賞であるバロンドールを5度受賞
↓
(支持文)　追加2
also(また)：UEFA(ヨーロッパサッカー協会連合)チャンピオンズリーグで最多得点記録を保持

■つなぎの言葉

例示	for example / for instance(例えば)，such as ~(~のような)，including ~(~を含む)
追加	too / also(~も)，as well(~もまた)，furthermore(さらには)，besides / moreover / what is more(その上)，in addition(加えて)

‹ ═══════ ≫≫≫≫≫≫≫≫≫ **補充問題** ‹‹‹‹‹‹‹‹‹ ═══════ ›

1 **日本語に合うように，（　　）内の語句を並べ替えて英文を完成させなさい。ただし，下線部の語は必要ならば適切な形に変えること。**

1. 私の祖母は，地元のボランティアクラブに所属しています。
(<u>belong</u> / a / to / local / my grandmother / volunteer club).
_____.

2. 私が公園で彼を見たとき，彼は写真を撮っていました。
(<u>take</u> / saw / I / he / him / in / when / was / the park / pictures).
_____.

3. 私は部屋に携帯電話を忘れてきたことに気がつきました。
(<u>leave</u> / realized that / I / I / in / my room / had / my cell phone).
_____.

4. 会議は3時に始まる予定です。
(<u>start</u> / is / to / at / going / three / o'clock / the meeting).
_____.

5. 明日の今ごろ，私はステージ上でギターを弾いているでしょう。
(<u>play</u> / I / be / will / on the stage / the guitar / this time) tomorrow.
_____ tomorrow.

2 **次の日本語を英語に直しなさい。（　　）内の語を必要ならば適切な形に変えて使いなさい。**

1. 私はいつも早寝早起きをしています。(get)
_____

2. 私がメアリーに初めて会ってから5年が過ぎました。(pass, meet)
_____

3. 彼はこの会社に10年間勤めています。(work)
_____

4. 私が駅に着いたとき，電車はすでに出発していました。(arrive, leave)
_____

3 **友人の Sam がオーストラリアから日本にやって来ます。ぜひ連れて行きたい場所とその理由について，60 語程度で英語のメールを書きなさい。**
Hi, Sam,
_____
_____
_____
Best wishes,
Yoko

Lesson 4 Is social media safe?

Topic Introduction

①Social media has become a big part of our lives. ②By using social media on our smartphones, we can communicate with others anytime in many ways. ③However, we **may** get into trouble if we don't use it appropriately. ④For example, we **must** be careful with any pictures we share on social media. ⑤These pictures **may** contain private information. ⑥In addition, we **should** think carefully about what we say in the messages we post. ⑦Even without intending to, we **could** hurt somebody else. ⑧To avoid unnecessary trouble, we **had better** be careful about things that we post on social media.

①SNS は私たちの生活の多くの部分を占めるようになった。②スマートフォンで SNS を使うことで，ほかの人といつでもいかようにもコミュニケーションができる。③しかしながら，適切に使わないとトラブルに巻き込まれるかもしれない。④例えば，SNS で共有するいかなる写真にも気をつけなければならない。⑤これらの写真には個人情報が含まれているかもしれないからである。⑥さらに，投稿するメッセージの発言内容を注意深く考えるべきだ。⑦意図せずに他の誰かを傷つける可能性がある。⑧不必要なトラブルを避けるために，SNS で投稿するものには気を付けたほうがよい。

語句と語法のガイド

get into trouble	熟 困ったことになる
appropriately [əpróυpriətli] 発音	副 適切に ▶ appropriate 形 適切な
be careful with ～	熟 ～(の扱い)に気をつける
contain [kəntéɪn]	動 ～を含む
post [poυst]	動 ～を投稿する ▶ 名 投稿
intend [ɪnténd] アクセント	動 ～を意図する ▶ intention 名 意図
unnecessary [ʌnnésəsèri]	形 不必要な ▶ 反 necessary 形 必要な

① **Social media has become a big part of our lives.**
日本語では SNS(= social networking service)「ソーシャルメディア(SNS)」という表現がよく使われるが，英語では social media が一般的。

③ **However, we may get into trouble if we don't use it appropriately.**
may は推量を表す助動詞。 EB8

④ **For example, we must be careful with any pictures we share on social media.**
must は義務・必要性を表す助動詞。 EB1
pictures と we の間に目的格の関係代名詞が省略されている。

⑤ **These pictures may contain private information.**
may は推量を表す助動詞。 EB8

⑥ **In addition, we should think carefully about what we say in the messages we post.**
should は義務・必要性を表す助言を表す助動詞。 EB5

what は関係代名詞。what we say は，ここでは「(私たちの)発言内容」と訳している。messages と we の間に目的格の関係代名詞が省略されている。

⑦ **Even without intending to, we could hurt somebody else.**

intend to *do* で「〜するつもりである」という意味。to の後に hurt somebody else が省略されている。

could は推量・可能性を表す助動詞。 **EB7**

⑧ **..., we had better be careful about things that we post on social media.**

had better は命令・忠告・必要性を表す助言を表す助動詞。 **EB4**

that は目的格の関係代名詞。

‖ Listening Task ‖

Circle T for True or F for False. （正しければT, 間違っていればFに〇をつけなさい。）

（!ヒント）

1. SNS はコミュニケーションをとるために使われているか。(→②)
2. 私たちはできるだけ早く SNS で写真を共有するべきか。(→④⑤)
3. 私たちが SNS を安全に使える方法の１つは，SNS の投稿についてよく考えることか。(→⑧)

< ═══════ >>>>>>>>>> **Example Bank** <<<<<<<<<< ═══════ >

義務・必要・推量を表す

A　義務や必要性

1. We **must** be careful about what we post on social media.
   （ソーシャルメディアに何を投稿するかに注意しなければならない。）
2. You **have to** have your smartphone off during the movie.
   （上映中は携帯電話の電源を切っておかなければならない。）
3. I've **got to** reply to a message from my friend.
   （友人からのメッセージに返信しなければならない。）

◀ 解説

義務・必要性を表す助動詞

　　助動詞は，話し手の気持ちや思い，判断を表すことができる。〈助動詞＋動詞の原形〉の形で用いられ，主語が３人称単数であっても語形変化しない。「〜をすべきだ」などと**義務・必要**を表す助動詞は，must ＞ have to ＞ had better ＞ should / ought to の順に義務・必要の度合いが弱くなる。

must

1. **must** は「〜しなければならない」という**義務・必要**を表す。「(話し手が主観的に) 〜しなければならない」と感じている場合に使われる。

   《注意》must には過去形がなく，× *will must* のように助動詞を２つ続けることもできない。過去や未来における義務・必要を表すときは must ではなく have to を用いる。

   〔過去〕⇨ I **had to** wait for two hours.
   　　　　　（私は２時間待たなければなりませんでした。）

   〔未来〕⇨ You **will have to** wait a long time.

（あなたは長時間待たなければならないでしょう。）

must not は「**～してはいけない**」という意味で，強い禁止を表す。短縮形は mustn't [mʌ́snt]である。

⇨ Students **must not** park their bicycles outside the school's parking area.
（生徒は学校の駐輪場の外に自転車を停めてはいけません。）

| have to *do* |

2. **have to *do*** は「**～しなければならない**」という意味で，状況から客観的に判断した**義務・必要**を表す。口語では must よりも好まれる。

《注意》have to *do* の否定形 **don't / doesn't have to *do*** は「**～する必要はない，～しなくてもよい**」という不必要を表す。

⇨ I **don't have to** get up early tomorrow.（明日は早く起きる必要はない。）

➕ have[has] to は状況から判断した義務・必要を，must は話し手が主観的に感じている義務・必要を表す。

⇨ You **have to** study hard.（〔状況から〕君は一生懸命勉強しないといけません。）

⇨ You **must** study hard.（君は一生懸命勉強しないといけません（と私は思います）。）

| have got to *do* |

3. 口語では have to *do* と同じ意味で have got to *do* が使われる。

B　必要性を表す助言

4. You**'d better** stop using your smartphone before going to bed.
（寝る前に携帯電話を使うのをやめた方が良い。）

5. I think people **should[ought to]** respond to emails as soon as possible.
（私はできるだけ早くメールの返事をすべきだと思う。）

6. We **should not[ought not to]** spend a lot of time checking social media.
（ソーシャルメディアを確認するのに多くの時間を費やすべきではない。）

◢📢 解説

| had better *do* |

4. **had better *do*** は「**～しなさい**」「**～するのがよい**」という意味で，**命令・忠告**を表す。短縮形で使われることも多い。否定形は **had better not *do*** となる。

《注意》You を主語にすると命令口調になり無礼な響きを持つことがある。

| should *do* / ought to *do* |

5. **should** は「**～すべきだ，～した方がよい**」という意味で，**義務・助言**を表す。must のような強制的な意味合いはない。ought to *do* もほぼ同じ意味で用いられるが，やや堅い表現。

| should not *do* / ought not to *do* |

6. **should not *do* / ought not to *do*** で「**～すべきでない，～しない方がよい**」という意味。ought to *do* の否定形は **ought not to *do*** となるので注意。

C　推量

7. Spending too much time on smartphones **could** cause health problems.
（携帯電話に時間を使いすぎることは健康問題の原因となり得る。）

8. Research shows social media **may** cause loneliness.
(ソーシャルメディアは孤独をもたらすかもしれないと調査は示している。)

9. Social media **might** be a helpful way to get the latest information.
(ソーシャルメディアは最新の情報を得るのに役立つ手段であるかもしれない。)

◢ 解説

|推量を表す助動詞|

助動詞の機能は**話し手の気持ち**を表すことである。He is a painter.(彼は画家です。)は**客観的な事実を**述べているが，助動詞を用いると，He may be a painter.(彼は画家かもしれない。)や He must be a painter.(彼は画家に違いない。)のように，**話し手の個人的な推量を**述べることができる。推量の確信の度合いは must > will > would > should / ought to > can > may > might / could の順に低くなる。

|must|

must は「**〜に違いない**」という**確信**を表す。「(周りの状況から判断すると)間違いなく〜だ」という断定的な推量を表す。

《注意》must(〜に違いない)の反意表現は can't / cannot(〜のはずがない)。

He **must** be tired. (彼は疲れているに違いありません。)
⇔ He **can't** be tired. (彼は疲れているはずがありません。)

➕ must に続く動詞が動作を表す意味を持つ場合は「義務・必要」を，状態を表す意味を持つ場合は「確信」を表すことが多い。

⇨ You **must** *keep* the secret. (君は秘密を守らなければならない。)［義務］
⇨ You **must** *be* tired after a long journey. (長旅の後でさぞお疲れでしょう。)［確信］

|should / ought to|

should / ought to は「**〜のはずだ，〜するはずだ**」という**推量**を表す。話し手が「そうあるべきだ［そうあってほしい］」と期待することについての推量。must や will よりも確信度は低い。

⇨ It **should** be very cold in winter in Moscow. (モスクワの冬はきっと非常に寒いはずです。)

|can / could|

7. **can / could** は「**〜はあり得る**」という**可能性**を表す。could のほうが確信度は低い。could は過去形だが**現在**のことを表すことに注意。

can't / couldn't は「〜のはずがない」という**不可能性を**表す。couldn't のほうが確信度は低い。

⇨ Jack's story **can't** be true. (ジャックの話は本当であるはずがない。)

|may / might|

8. 9. **may / might** は「**〜かもしれない**」という意味で，**現在の推量**を表す。否定形の may［might］not は「〜ではないかもしれない」という否定の推量を表す。確信度が低い推量には might を用いる。might は過去形だが**現在**のことを表すことに注意。

➕ 〈may / might have ＋過去分詞〉は「**〜したかもしれない，〜だったかもしれない**」と過去のことについての現在の推量を表す。

⇨ I **may**［**might**］**have left** the key at home. (私は家に鍵を置き忘れたのかもしれません。)

■「過去」を表さない助動詞の過去形

助動詞の過去形は必ずしも過去の出来事を表すわけではない。形は「過去」だが現

在の意味を表す場合も多い（⇒ Lesson 9 仮定法）。

- ●「推量」の表現で could, might, would を使うと，**確信度が低い，控えめな推量**になる。
- ⇨ He **may** be at home.（彼は家にいるかもしれない。）
- ⇨ He **might** be at home.（ひょっとすると，彼は家にいるかもしれない。）
- ●「依頼」の表現で could, would を使うと，**丁寧な言い方**になる。
- ⇨ **Can〔Will〕** you open the door?（ドアを開けてくれますか。）
- ⇨ **Could〔Would〕** you open the door?（ドアを開けていただけますか。）

D　助動詞＋ have ＋過去分詞

10. I **should have checked** the email address before sending the message.
   （そのメッセージを送る前にメールアドレスを確認するべきだった。）
11. It **might have been** a mistake to post a picture of my friends on social media.
   （ソーシャルメディアに友達の写真を投稿するのは間違いだったかもしれない。）

◀ 解説

〈should / ought to have ＋過去分詞〉

10. 〈**should / ought to have ＋過去分詞**〉は「**〜すべきだったのに（しなかった）**」という**過去の行為についての非難・後悔**を表す。主語が I や we（つまり 1 人称）のときは**後悔**を，それ以外のときは**非難**の気持ちを表すことが多い。
   《注意》否定文は「〜すべきではなかったのに（した）」の意味になる。
   - ⇨ They **should** not have bought that house.
   - ➡ They **ought** not to have bought that house.
     （彼らはあの家を買うべきではなかったのに（買った）。）

〈may / might have ＋過去分詞〉

11. 〈**may / might have ＋過去分詞**〉は「**〜したかもしれない，〜だったかもしれない**」と**過去のことについての現在の推量**を表す。might のほうが確信度は低い。
   「〜しなかったかもしれない，〜でなかったかもしれない」は，〈**may / might not have ＋過去分詞**〉で表す。
   - ⇨ He **might not have known** about it.
     （ひょっとすると彼はそのことを知らなかったのかもしれません。）

〈must have ＋過去分詞〉

〈**must have ＋過去分詞**〉は「**〜したに違いない，〜だったに違いない**」という意味で，**過去のことについての現在の確信**を表す。
   - ⇨ Someone **must have taken** my umbrella by mistake.
     （誰かが間違えて私の傘を持って行ったに違いありません。）

〈can't / couldn't have ＋過去分詞〉

〈**can't / couldn't have ＋過去分詞**〉の形で，「**〜したはずがない，〜だったはずがない**」という意味で，**過去のことについての現在の推量**を表す。couldn't の方が確信度が低い。
   - ⇨ She **can't〔couldn't〕 have made** such a mistake.
     （彼女がそんな間違いをしたはずがありません。）

◁ ══════ ▷▷▷▷▷▷▷▷▷ **Try it out** ◁◁◁◁◁◁◁◁◁ ══════ ▷

1 Which word or phrase fits best?（どの語(句)が最もよく合いますか。）

(!ヒント) → EB1,4,5,7,10,11

1. ・「〜すべきだったのに(しなかった)」という過去の行為についての非難を表すには
　〈should / ought to have ＋過去分詞〉を使う。
　・「彼はまた遅刻しました。最新の予定をオンラインでチェックするべきだったのに。」

2. ・「〜したかもしれない，〜だったかもしれない」と過去のことについての現在の推量
　を表すには〈may / might have ＋過去分詞〉を使う。might の方が確信度は低い。
　・「私のスマートフォンが見つかりません。電車に置き忘れたのかもしれません。」

3. ・「〜してはいけない」と強い禁止を表すには must not を使う。
　・「SNS アカウントのパスワードは誰にも言ってはいけません。」

4. ・「〜はあり得る」という可能性を表すには can / could を使う。could の方が確信度
　は低い。could は過去形だが現在のことを表すことに注意。
　・「適切に使用すれば，スマートフォンはよい学習の道具となる可能性があります。」

5. ・「〜しなさい」「〜するのがよい」という命令・忠告を表すには had better *do* を使う。
　短縮形で表すことも多い。
　・「不必要なトラブルを避けるために，私たちは SNS の投稿に注意したほうがよいです。」

6. ・「〜すべきだ，〜した方がよい」という義務・助言を表すには should を使う。must
　のような強制的な意味合いはない。
　・「あなたはこの新しい SNS アプリを試すべきです。おもしろくて便利ですよ。」

┃ 語句と語法のガイド ┃

updated [ʌpdéɪtɪd]　形 更新した，最新の　▶update 動 〜を更新する
online [ɔ́:nlaɪn]　副 オンラインで　▶形 オンラインの
account [əkáunt]　名 アカウント
tool [tuːl]（発音）　名 道具
properly [prɑ́(:)pərli]（アクセント）　副 適切に　▶proper 形 適切な
app [æp]　名 アプリ　▶application [æplɪkéɪʃən]の略

(練習問題①) Which word or phrase fits best?

1. She's going to be late because the train stopped for an hour. She _____ taken an earlier train.
2. He can't log in to the website. He _____ forgotten his password.
3. You _____ upload the phone number, email address or any other contact details of any other person.
4. LINE _____ be a good communication tool if it is used properly.
5. We _____ save data to a memory card or a USB memory stick before we turn off the computer.
6. You _____ use this online dictionary. It's useful when you study English.

> could / had better / might have / must not / should / should have

2 You are talking with your classmate who has set up their first social media account. Complete the following conversations using *must, have to, should, could,* or *had better*. Give reasons and examples. (あなたは初めてSNSアカウントを作ったクラスメートと話しています。must, have to, should, could, had better を使って，次の会話を完成させなさい。理由や例を述べなさい。)

(!ヒント) → EB A B C

must, have to, should, could, had better など，適切な助動詞を用いるように注意する。

1. A: I've finally created my own social media account. It's really fun, but <u>I think I **should have asked** for some advice.</u> (ついに私は自分のSNSアカウントを作りました。本当に楽しいのですが，私はアドバイスを求めるべきだったと思っています。)

   B: (例) <u>You **have to** be careful with your pictures. They **may** contain private information.</u> (あなたは自分の写真に注意しなければなりません。それらには個人情報が含まれているかもしれません。)

2. A: I've made a lot of social media friends. I want to build a good relationship with them. What do you think I **should** do? (SNSの友達がたくさんできました。私は彼らとよい関係を築きたいです。私は何をするべきだと思いますか。)

   B: (例) <u>You **shouldn't** use offensive language. They **may** hurt your friends' feelings.</u> (あなたは攻撃的な言葉を使うべきではありません。友達の感情を傷つけるかもしれません。)

■■ 語句と語法のガイド ■■

relationship [rɪléɪʃənʃìp]   名 関係

offensive [əfénsɪv]   アクセント   形 攻撃的な，不快な   ▶ offend 動 〜の気分を害する

(解答例)

1. A: I've finally created my own social media account. It's really fun, but <u>I think I should have asked for some advice</u>. (ついに私は自分のSNSアカウントを作りました。本当に楽しいのですが，私はアドバイスを求めるべきだったと思っています。)

   B: <u>You have to make your password as strong as possible. It must not include your personal information, such as your name, birthday, and address.</u> (あなたはパスワードをできるだけ強くしなければいけません。それには自分の名前，誕生日，住所のような個人情報が含まれていてはいけません。)

2. A: I've made a lot of social media friends. I want to build a good relationship with them. What do you think I should do? (SNSの友達がたくさんできました。私は彼らとよい関係を築きたいです。私は何をするべきだと思いますか。)

   B: <u>You should think twice before you share something like pictures with them. What you want to share may cause trouble in your relationship.</u> (写真のようなものを彼らと共有する前に，あなたはよく考えるべきです。あなたが共有したいものがあなたたちの関係に問題を引き起こすかもしれません。)

3 You are talking about social media problems and their major causes with your classmate. Which do you think is the most crucial for high school students? What can you do to avoid

it? Tell your classmates about your idea. Use *must, have to, should,* or *had better*.

(あなたはクラスメートと SNS の問題とその主な原因について話しています。どれが高校生にとってきわめて重要だと思いますか。それを避けるために何ができますか。あなたの考えについてクラスメートに伝えなさい。must, have to, should, had better を使いなさい。)

(!ヒント) ➡ EB A B C

・高校生が最も気を付けるべきことは，In my opinion, 〜 is the most important thing for high school students. などと述べることができる。

・問題を避けるためにできることやするべきことは，must, have to, should, had better など，適切な助動詞を使って表せばよい。

Problems（問題）	Major cause（主な原因）
Flaming （炎上）	Causing a lot of negative and offensive reactions to social media posts (SNS の投稿に対して否定的で攻撃的な多くの反応を引き起こすこと)
Information leaks （情報漏洩）	Posting something including a lot of personal information （多くの個人情報を含むものを投稿すること）
Stalking （ストーカー行為）	Making posts that reveal where you are or where you live (あなたのいるところや住んでいるところを明らかにする投稿をすること)
Hacking （ハッキング）	Overuse of simple passwords that are highly predictable to others (他人にとって十分に予測可能な単純なパスワードの過度の使用)

(例) 私の意見では，プライバシーを保護することが高校生にとって最も重要だと思います。これは多くの 10 代のユーザーが頻繁に SNS に自分たちの写真を投稿するからです。トラブルを避けるために，私たちは自分たちの投稿に個人情報が含まれていないことを確認しなければいけません。そのような情報はあなたが知らない人たちに見つけられる可能性があり，あなたや友達を危険にさらすかもしれません。

語句と語法のガイド

flaming [fléImIŋ] 　　　　　名 炎上　▶ flame 動 (ネット上で)ののしる

leak [liːk] 　　　　　名 漏洩，流出　▶ 動 漏れる

stalking [stɔ́ːkIŋ] （発音）　名 ストーカー行為　▶ stalk 動 〜にしつこく近づく

reveal [rIvíːl] 　　　　　動 〜を明らかにする

predictable [prIdíktəbl] 　形 予測可能な　▶ predict 動 〜を予測する

(解答例)

In my opinion, it is most important for us to avoid overusing simple passwords. This is because it can help protect us against hackers or other privacy invasions. I think we **must** use different passwords for different accounts. In addition, we **have to** make passwords that are hard to guess and change them more often.

(私の意見では，私たちが単純なパスワードを使いすぎることを避けることが最も重要だと思います。そうすることは私たちをハッカーや他のプライバシー侵害から保護する助けとなるからです。私たちは異なるアカウントには異なるパスワードを使わなければいけないと思います。さらに，私たちは推測しづらいパスワードを作り，より頻繁に変更しなければいけません。)

< ━━━━━ >>>>>>>>> **Expressing** <<<<<<<<<< ━━━━━ >

STEP 1

問題文の訳

会話を聞きなさい。SNS についての彼らの意見はどのようなもので，彼らはどのように SNS を使っているのか。下のボックスの中から，彼らの意見と使用法を合致させなさい。

!ヒント

それぞれの人物の SNS についての意見(A ~ C)と使い方(a ~ c)を聞き取る。

A. Social media is good. (SNS はよい。)

B. Social media isn't good. (SNS はよくない。)

C. Social media is not good but not bad. (SNS はよくも悪くもない。)

a. Not using social media (SNS を使っていない)

b. Talking with friends (友達と話している)

c. Posting photos (写真を投稿している)

STEP 2

問題文の訳

SNS の利点と欠点は何か。あなた自身の考えを書きなさい。あなたの考えをグループ内で共有しなさい。

!ヒント

SNS の利点と欠点を書く。文の形でなくてもよい。

(例)・**利点**：easy access to the latest news (最新のニュースが簡単に手に入る)
　　・**欠点**：getting addicted (依存症になる)

解答例

・**利点**：a very convenient communication tool (とても便利なコミュニケーションツール)
・**欠点**：a source of stress(ストレスの元)

STEP 3

問題文の訳

ソーシャルメディアの利点と欠点のいくつかについて 1 つのパラグラフを書きなさい。

!ヒント

・There are advantages and disadvantages to using social media. が主題文。
・接続詞 but や副詞 however などのつなぎの言葉を使って，利点と欠点の切り替わりがはっきりと分かるようにするとよい。

(例) SNS を使うことには利点と欠点があります。

(**利点**) SNS の利点の 1 例は，それが情報を集める効果的な方法になり得ることです。SNS では，私たちは多種多様な人々をフォローすることができ，広範囲な情報につながることができます。

(**欠点**) しかし，同時に，SNS 依存症になってしまう危険性が常にあります。多くの新しい情報が常時 SNS に投稿されます。ひとたび何かをフォローし始めると，やめることが難しいかもしれません。

(解答例)

There are advantages and disadvantages to using social media. One example of the advantages of social media is that it can be a very convenient communication tool. Once we become friends on social media, we can exchange messages anytime, anywhere. At the same time, however, social media use can be a source of stress. We might constantly check our mobile phones to know what other people are doing. Our friends might send us too many messages, so we could be too busy reading and responding to them.

(SNSを使うことには利点と欠点があります。SNSの利点の1例は、それがとても便利なコミュニケーションツールになり得ることです。ひとたびSNSで友達になれば、私たちはいつでもどこでもメッセージを交換できます。しかし、同時に、SNSの使用はストレスの元になり得ます。私たちは他の人が何をしているのか知るために絶えず携帯電話をチェックするかもしれません。友達があまりにも多くのメッセージを送ってくるかもしれないので、私たちはそれらを読んだり返信したりするのに忙殺されるかもしれません。)

< ══════ >>>>>>>>>> **Logic Focus** <<<<<<<<<<< ══════ >

■ Paragraph Writing ③ ─比較・対照─

複数の事柄を比較・対照するパラグラフを書く場合は，1つのパラグラフの中に，対照となるもの(例えば利点と欠点)を並べる。(▨▨▨：利点，＿＿＿：欠点)

(例文の訳)

ソーシャルメディアを使用する利点と欠点は何か？

　ソーシャルメディアは，今日，最もよく使われるコミュニケーションの手段で，私たちの生活のあり方に変化をもたらしてきた。例えば，私たちの意見や考えを他者と共有できるようになった。このおかげで，私たちは新しいコミュニティに属する人々と，以前よりもずっと簡単に友達になれるようになった。しかしながら，私たちは起こり得るリスクにも注意を払うべきである。ソーシャルメディアを通して，私たちの個人情報は世の中に知れ渡ってしまうことになり，その結果，予期せぬトラブルにつながってしまうかもしれない。例えば，友達や自分自身をオンライン上の見知らぬ人からの危険にさらしてしまう可能性もある。そのため，私たちはソーシャルメディアの使い方には十分に気をつけなくてはならない。

■パラグラフの構成

　比較・対照のパラグラフでは，however のようなつなぎの言葉を使って，両者の切り替わりがはっきりと分かるようにする。

(主題文)

Social media is today's most popular means of communication and has changed the way we live.

パラグラフ内で書き手が最も伝えたいメッセージを表す文。このパラグラフでは，SNSの利点と欠点を比較することで，SNSがどのように生活に影響を与えたのかを以下で述べている。

(支持文)

(利点の支持文)

For example, it enables us to share our own opinions and thoughts with others.

(欠点の支持文)

However, we should be aware of the possible risks.

(結論文)

Thus, we must be careful with how we use social media.

■比較・対照のつなぎの言葉

however (しかしながら), in contrast (対照的に), on one hand (一方で), on the other hand(他方で), whereas / while (〜の一方で), although (〜にもかかわらず), unlike(〜とは異なり), likewise (同様に), similarly (同様に)

>>>>>>>>> 補充問題 <<<<<<<<<

① **日本語に合うように，下線部に適切な語句を補いなさい。**

1. ここで靴を脱ぐ必要はありません。
   You _____ your shoes here.

2. この情報は誰にも話さないほうがよいです。
   You _____ to anybody.

3. 彼がアメリカにいるはずがありません。先週から日本で働いているのだから。
   _____ America.
   He has been working in Japan since last week.

4. ジェーンがまだ来ていません。彼女は電車に乗り遅れたに違いありません。
   Jane hasn't come yet. She _____.

② **次の日本語を英語に直しなさい。**

1. 私たちはバスを１時間待たなければなりませんでした。
   _____

2. あなたは正しいかもしれませんが，私は違った意見を持っています。
   _____

3. 事故はいつでも起こり得るので，あなたは注意するべきです。
   _____

4. 私は間違った答えを書いたかもしれません。
   _____

5. 試合がすでに始まっています。あなたはもっと早く家を出るべきだったのに。
   _____

③ **正月，節分，こどもの日，七夕などの日本の年中行事の中から１つを選び，60 語程度の英文で説明しなさい。**

   _____
   _____
   _____
   _____

Build Up 2　主語と動詞の呼応・時制の一致

📣 解説

1　主語と動詞の呼応

英語では，主語によって動詞の形が変わる。主語が下記のような場合には注意が必要である。

①見た目は複数形でも単数扱いする名詞

学問の名前，国名や機関名は，複数形で表されるものがあるが単数扱い。

学問の名前	□ mathematics（数学）　□ politics（政治学）　□ statistics（統計学） □ physics（物理学）　□ economics（経済学）
国名	□ the United States（アメリカ合衆国）　□ the Philippines（フィリピン）
機関名	□ the United Nations（国際連合）

②主語が後ろから修飾を受ける場合

動詞の形は直前の修飾語句ではなく，修飾されている主語そのものによって決まる。主語が後ろから修飾を受ける場合，主語と動詞が離れるので注意する。

1. The books on the desk **are** my father's.（机の上の本は父のものです。）
　　S（複数）　　修飾語句　　主語の The books に合わせる

2. One of the main dish options **is** roast beef.（主菜の選択肢の1つはローストビーフです。）

③まとまりとしての時間・距離・金額

時間・距離・金額を，〈数詞＋複数名詞〉の形で「1つのまとまり」として認識する場合は単数扱いする。

1. Three hours **is** enough to finish my homework.（3時間あれば宿題を終えられる。）
2. Ten miles **is** equal to 16.1 kilometers.（10 マイルは 16.1km に相当する。）

④either A or B など

either A or B, neither A nor B が主語になる場合，動詞は B の名詞と呼応させるのが原則。

1. Either you or John **is** wrong.（あなたかジョンのどちらかが間違っている。）
2. Neither you nor I **am** wrong.（あなたも私も間違っていない。）

主語	動詞
□ A or B（A または B）　□ either A or B（A か B のどちらか） □ neither A nor B（A も B も〜ない） □ not only A but (also) B（A だけでなく B も） □ B as well as A（A だけでなく B も） □ not A but B（A ではなくて B）	B に合わせる
□ A and B（A と B）　□ both A and B（A も B も）	複数扱い

《注意》「A だけでなく B も」あるいは「A ではなくて B」という文の場合，強調される
もの(B)を基準にする。特に B as well as A は間違えやすいので注意。

2 時制の一致

主節の動詞が**過去形**になると，それに合わせて従属節の動詞が**過去形**や**過去完了形**になる
ことを**時制の一致**という。

(1) 現在形→過去形

I think (that) she **is** angry. (彼女は怒って**いる**と思う。)

I thought (that) she **was** angry. (彼女は怒って**いる**と**思った**。)

(2) 過去形→過去完了形

I think (that) she **was** angry. (彼女は怒って**いた**と思う。)

I thought (that) she **had been** angry. (彼女は怒って**いた**と**思った**。)

(3) will → would(過去形)

I think (that) she **will be** angry. (彼女は**怒る**と思う。)

I thought (that) she **would be** angry. (彼女は**怒る**と思った。)

時制の一致を行わない場合(時制の一致の例外)

時の流れに関係のない内容を述べる際には，主節の動詞が過去形になっても時制の一致を
行わない。

①不変の真理・ことわざ(従属節の動詞は現在形のまま)

(a) The kids **know** light **travels** faster than sound.
(その子どもたちは光が音よりも速く伝わることを知っている。)

(b) The kids **knew** light travels faster than sound.
(その子どもたちは光が音よりも速く伝わることを知っていた。)

②現在の事実・習慣(従属節の動詞は現在形のまま)

(a) He **says** he **goes** to the gym twice a week. (週に2回ジムに通っていると彼は言っている。)

(b) He **said** he **goes** to the gym twice a week. (週に2回ジムに通っていると彼は言った。)

③ 歴史上の事実(従属節の動詞は過去形のまま)

(a) She **knows** the Second World War **ended** in 1945.
(彼女は第二次世界大戦が1945年に終わったことを知っている。)

(b) She **knew** the Second World War **ended** in 1945.
(彼女は第二次世界大戦が1945年に終わったことを知っていた。)

④その他

従属節の内容が発話時にもあてはまることを明示したい場合は，時制の一致を行わないこ
ともある。

I said she **was/is** kind. (彼女は親切で**ある**と言った。)

< ══════ >>>>>>>>> **Practice** <<<<<<<<< ══════ >

1　あなたは友達と歴史について話しています。彼／彼女にあなたが学んだ印象的な歴史的事実1つとそれについてあなたがどう感じたか，または，どう感じるかを伝えなさい。

(！ヒント)

I learned that に続く従属節で，歴史的事実を述べればよい。時制の一致を行わない場合に当たるので，過去完了形ではなく過去形を使うことに注意する。

(例)

A: 私はペリーが1853年に浦賀にやって来たことを学びました。

B: きっとそこにいた人々は怖かったと思います。彼は大きな黒い軍艦とともに来ました。

A: はい，人々はその光景にショックを受けたに違いありません。

(解答例)

A: I learned that Martin Luther King Jr. gave his "I Have a Dream" speech in 1963.
（私はマーティン・ルーサー・キング・Jr. が1963年に『私には夢がある』という演説を行ったことを学びました。）

B: It's very famous. The following year, he won the Nobel Peace Prize.
（それはとても有名です。翌年，彼はノーベル平和賞を受賞しました。）

A: Yeah, he did a lot of things as a leader in the civil rights movement. Judging from his speech, I thought he was a strong and passionate person.
（はい，彼は公民権運動の指導者としてたくさんのことを行いました。彼の演説から判断すると，彼は強くて情熱的な人だと思いました。）

2　あなたはクラスメートとあなたの興味を引く学術分野について話しています。下のボックス内の分野を使っても構いません。理由や詳細を述べなさい。

(！ヒント)

economics や linguistics などの学問名は単数扱いすることに注意する。

economics（経済学）, genetics（遺伝学）, linguistics（言語学）, mathematics（数学）, physics（物理学）, politics（政治学）, statistics（統計学）

(例)経済学は私に大変興味を起こさせます。人々がどのようにしてお金を使う決心をするかについて興味を持っているからです。私は将来それを専攻したいと思います。

(解答例)

Linguistics interests me very much. This is because I'm interested in the structure and development of English. I'd like to major in it and study English scientifically in the future. (言語学は私に大変興味を起こさせます。これは私が英語の構造や発達に興味を持っているからです。私は将来それを専攻して英語を科学的に研究したいと思います。)

(練習問題①) (　　)内の動詞を必要があれば適切な形に変えなさい。

1. I didn't know that she (call) me an hour before.

2. The teacher always tells us that time (is) money.

3. I thought that Karen (stay) at home, but she didn't.

4. Did you know the sun (set) in the west when you were a child?

5. We learned that the light bulb (is) invented by Edison.

>>>>>>>>> **補充問題** <<<<<<<<<

1　日本語に合うように，（　　）に適切な語を入れなさい。

1. その調査は，市内の交通事故発生件数がこの3年間で減少したことを示しています。

The research (　　　　　) that the number of traffic accidents in our city (　　　　　) decreased over the last three years.

2. 終えるべき宿題がたくさんありました。

There (　　　　　) a lot of (　　　　　) to finish.

3. マイクか私のどちらかが明日その会議に出席します。

Either Mike (　　　　　) I (　　　　　) going to attend the meeting tomorrow.

4. 私たちは，そのレストランが2か月前に店じまいしたことを教えられました。

We were told that the restaurant (　　　　　) (　　　　　) closed down for two months.

5. ジェーンはピアノのレッスンを週に2回受けていると言いました。

Jane (　　　　　) she (　　　　　) piano lessons twice a week.

2　次の英文には間違いが1か所ずつ含まれています。該当する部分のみを訂正しなさい。

1. Twenty thousand yen are enough to buy that camera.

_____ ⇒ _____

2. All the students knew Mt. Everest was the highest mountain in the world.

_____ ⇒ _____

3. I thought John will like the present from us.

_____ ⇒ _____

4. Neither Jill nor I has to make a speech at the party.

_____ ⇒ _____

3　次の日本語を英文に直しなさい。ただし，（　　）内の語句を使うこと。

1. この箱の中の手紙の何通かは英語で書かれています。（some）

_____

2. 彼はその日の午後，サトシと会う予定だと言っていました。（be going to）

_____

_____

3. その少年は木星(Jupiter)が太陽系で最大の惑星であることを知っていました。

（planet, the solar system）

_____

_____

Lesson 5 ｜ How does overusing energy affect us?

Topic Introduction

①There is a **strong** connection between our energy use and the environment. ②There are **increasing** signs that our planet is being damaged and our energy use is a major cause of this. ③In order to create electricity, for example, power plants burn fossil fuels and produce carbon dioxide, which traps hot air in our atmosphere and causes **rising** temperatures. ④Therefore, overusing energy **generated by burning fossil fuels** can lead to **serious** global warming.

①エネルギーの使用と環境は大いに関係がある。②我々の惑星はダメージを受けているという兆候がますます見られるが，エネルギーの使用がその主な原因である。③例えば，電気を生み出すため，電力発電所は化石燃料を燃やして二酸化炭素を排出する。そしてそれは温まった空気を大気中でとらえて気温を上昇させるのである。④したがって，化石燃料を燃やすことで生成されたエネルギーを過剰に利用することは，深刻な地球温暖化を引き起こすのである。

┃ 語句と語法のガイド ┃

energy [énərdʒi] **アクセント**	名	エネルギー	
damage [dǽmɪdʒ] **発音**	動	〜にダメージを与える	▶ 名 損害
electricity [ɪlèktrísəti] **アクセント**	名	電気	▶ electric 形 電気の
power plant	熟	電力発電所	▶ plant 名 工場
fuel [fjúːəl]	名	燃料	▶ fossil fuel 熟 化石燃料
dioxide [daɪá(ː)ksàɪd]	名	二酸化物	▶ carbon dioxide 熟 二酸化炭素
trap [trǽp]	動	〜をとらえる	▶ 名 わな
atmosphere [ǽtməsfìər] **アクセント**	名	大気	
therefore [ðéərfɔ̀ːr]	副	したがって，それゆえに	
generate [dʒénərèɪt]	動	〜を生成する	
lead to 〜	熟	〜を引き起こす	▶ 同 cause 動
global [glóʊbəl]	形	地球(規模)の	▶ global warming 熟 地球温暖化

🔊 解説

① **There is a strong connection between our energy use and the environment.**
形容詞 strong が名詞 connection を修飾。 **EB4**

② **There are increasing signs that our planet is being damaged ....**
increasing は signs を修飾する現在分詞の形容詞的用法。 **EB1**
that 節は，signs(兆候，きざし)の内容を説明している。〈名詞＋ that 節〉の形で「〜という…」という意味を表し，同格の that と呼ばれる。
is being damaged は現在進行形の受動態。

③ **... carbon dioxide, which traps hot air ... and causes rising temperatures.**
which は関係代名詞の非限定用法。先行詞は carbon dioxide。
rising は temperatures を修飾する現在分詞の形容詞的用法。 **EB1**

④ ..., [**overusing** energy |generated by burning fossil fuels|] can lead to ....

overusing は overuse（～を使いすぎる）の動名詞。文の主語は overusing ～ fuels。
generated は energy を修飾する過去分詞の形容詞的用法。 **EB4**

▌ Listening Task ▌

Circle T for True or F for False. （正しければ T, 間違っていれば F に○をつけなさい。）
（！ヒント）
1. エネルギーの使用と環境は大きく関係していないか。（→①）
2. 我々の惑星はダメージを受けているという兆候をあまり示していないか。（→②）
3. 化石燃料を燃やすことで生成されたエネルギーを過剰に使用することが，深刻な地球温暖化を引き起こす可能性があるか。（→④）

‹ ═══ ›››››››››› **Example Bank** ‹‹‹‹‹‹‹‹‹ ═══ ›

情報を加える(1)
A　形容詞・分詞・前置詞句による修飾
1. There is **growing** concern about climate change. （気候変動について懸念が高まっている。）
2. This country might still have to depend on **imported** oil in the future.
（この国は将来においても輸入された石油に頼る必要があるかもしれない。）
3. There are some scientists **researching new forms of energy**.
（新しい形のエネルギーを研究している科学者がいる。）
4. Global warming is a **serious** problem **caused by human activity**.
（地球温暖化は人間の活動によって引き起こされる深刻な問題だ。）
5. Japan is a country **with** few energy resources. （日本はエネルギー資源がほとんどない国だ。）

◥◣ 解説
形容詞
形容詞が名詞を直接修飾する用法を形容詞の**限定用法**と呼ぶ。名詞を前から修飾する場合と後ろから修飾する場合がある。
形容詞が 1 語の場合は**名詞の前**に置く。
⇨ That is a very **serious** problem. （それはとても深刻な問題です。）
形容詞の後ろに修飾語句を伴う場合は**名詞の後ろ**に置く。
⇨ We got on a train full of passengers. （私たちは乗客でいっぱいの列車に乗りました。）

something, anything, nothing のような -thing で終わる代名詞や -one, -body の付く代名詞の場合，形容詞は 1 語であっても**代名詞の後ろ**に置かれる。
⇨ I want to try something new. （私は何か新しいことを試みたいです。）
分詞の前置修飾
1. 2. 分詞が形容詞の働きをして名詞を修飾し，その意味を限定する用法（**限定用法**）で，修飾する分詞が 1 語の場合，普通は**名詞の前**に置かれる。この時，分詞と名詞との間に意味上の主語と動詞の関係がある。

growing concern → <u>concern</u> <u>is growing</u>（懸念が高まっている）[**能動**]
　　　　　　　　　　S′　　V′

imported oil → <u>oil</u> <u>is imported</u>（石油が輸入される）[**受動**]
　　　　　　　S′　　V′

形容詞化した分詞

　形容詞として用いられるようになった分詞を**分詞形容詞**と呼ぶ。感情に影響を与える他動詞は分詞形容詞になっているものが多い。

⇨ When the light turned green, he drove away with **surprising** speed.
（信号が青に変わると, 彼の車は驚くべきスピードで走り去りました。）

➕ 分詞形容詞は, 補語としても用いられる。

⇨ The game will be **exciting**.（その試合ははらはらするものになるでしょう。）
⇨ The fans in the train were **excited**.
（その列車の中にいたファンは興奮していました。）

●感情を示す形容詞化した分詞

exciting / excited（興奮させる／興奮した）, boring / bored（退屈させる／退屈した）, pleasing / pleased（喜ばせる／喜んだ）, satisfying / satisfied（満足させる／満足した）, confusing / confused（混乱させる／混乱した）, disappointing / disappointed（失望させる／失望した）, surprising /surprised（驚くべき／驚いた）, amazing / amazed（驚嘆すべき／驚嘆した）, shocking / shocked（衝撃的な／ショックを受けた）, interesting / interested（興味深い／興味を持った）

➕ その他, 形容詞化した分詞には次のようなものがある。
a used car（中古車）, a boiled egg（ゆで卵）, scrambled egg（スクランブルエッグ）, iced tea（アイスティー）, frozen food（冷凍食品）, fried chicken（フライドチキン）

分詞の後置修飾

3. 4. 分詞が目的語や補語や副詞句を伴い, 2語以上の句（分詞句）である場合, 分詞句は**名詞の後ろ**に置かれる。**3**の文では researching new forms of energy が直前の some scientists を, **4**の文では caused by human activity が直前の a serious problem を修飾している。修飾される名詞と修飾する分詞との間には意味上の主語と動詞の関係がある。

➡ 3. There are <u>some scientists</u> *who* <u>are researching new forms of energy</u>. [**能動**]
➡ 4. Global warming is <u>a serious problem</u> *which*[*that*] <u>is caused by human activity</u>.
このように関係代名詞を使って表すこともできる。　　　　　　　　　[**受動**]

〈名詞＋前置詞句〉

5. 前置詞句や形容詞句など, 修飾語句が2語以上になる場合, **名詞の後ろ**に置く。前置詞句 with few energy resources が, 名詞 a country を後ろから修飾している。

⇨ I got a postcard with a photo of Mt. Fuji on it.
　　　　　　　　　　　前置詞句　　（富士山の写真付きのはがきをもらいました。）
⇨ Kyoto is a city famous for its shrines and temples.
　　　　　　　　　　　　形容詞句　　（京都は神社仏閣で有名な都市です。）

B 不定詞による修飾（形容詞用法）

6. We couldn't find enough evidence **to support our theory**.
（私たちの理論を支えるのに十分な証拠を見つけられなかった。）

7. We have a lot of work **to do** to solve environmental problems.
（環境問題を解決するためにするべき仕事がたくさんある。）

8. There are a variety of matters **to be discussed** at the next conference on forest destruction. （次の森林破壊に関する会議で話し合われるべきさまざまな問題がある。）

9. Sustainable energy is an important topic **to talk about** in modern society.
（持続可能なエネルギーは現代社会で話し合うべき重要な話題だ。）

10. They made an attempt **to reduce the amount of plastic use**.
（彼らはプラスチックの使用量を減らそうとした。）

◀ 解説

不定詞の形容詞的用法

　不定詞を含む語句が直前の名詞や代名詞を後ろから修飾し、「**〜する…**」「**〜すべき…**」「**〜するための…**」という意味を表すことがある。このような用法を不定詞の**形容詞的用法**と呼ぶ。

名詞が不定詞の主語の働きをする

　⇨ He was the first person **to reach** the North Pole .（彼は北極に到達した最初の人でした。）
　　　　　　　　　　　不定詞［**主語と動詞の関係**］

6. to support 〜は名詞 evidence を修飾している。ここでは evidence が不定詞の意味上の主語になっている。

　evidence **to support** our theory
　　　　　　　不定詞［evidence supports our theory という**主語と動詞の関係**］

関係代名詞を使って次のように表すことができる。

　➡ We couldn't find enough evidence **which**[**that**] supported our theory.

8. to be discussed は不定詞の受動態。

　a variety of matters **to be discussed**

　　　　　不定詞［a variety of matters should be discussed という**主語と動詞の関係**］

名詞が不定詞の目的語の働きをする

7. to do 〜は名詞 a lot of work を修飾している。ここでは a lot of work が不定詞の目的語の働きをしている。

　a lot of work to do 〔do a lot of work という**動詞と目的語の関係**〕
　　　　　　　　不定詞

　➕ 形容詞的用法でも不定詞の意味上の主語を〈for ＋ (代) 名詞〉の形で不定詞の前に置くことができる。

　　⇨ There are a lot of tasks *for me* to do today.
　　　（今日，私がやるべき作業がたくさんあります。）

名詞が前置詞の目的語の働きをする

9. to talk about が an important topic を後ろから修飾している。an important topic は前置詞 about の目的語の働きをしており，不定詞の後の about は省略できない。

前置詞 about の目的語
... is an important topic to talk about in modern society.

[talk about an important topic という**前置詞とその目的語の関係**]

《注意》表す内容によって前置詞が異なる。

⇒ Bring something to write with. (何か〔それで＝ with〕書くものを持ってきて。)

write with a pencil (鉛筆で書く)

⇒ Bring something to write on. (何か〔その上に＝ on〕書くものを持ってきて。)

write on a piece of paper (紙〔の上〕に書く)

不定詞が直前の名詞の内容を説明する

10. to reduce ～は an attempt の具体的な内容を説明している。不定詞と直前の名詞のこのような関係は**同格の関係**と呼ばれる。

an attempt = to reduce the amount of plastic use [同格の関係]

➕ 不定詞と同格の関係で使われる名詞は限定されており，attempt(試み)，chance [opportunity](機会)，decision[determination](決心，決意)，plan(計画)，tendency(傾向)，wish(願望)，ability(能力)，curiosity(好奇心)，freedom(自由)，time(時間)，way(方法)，right(権利)などがある。

⇒ I didn't have enough *time* **to eat**. (食事をする十分な時間がありませんでした。)

⇒ My *plans* **to travel** in Europe were canceled.
(私のヨーロッパ旅行の計画が中止になりました。)

⇒ You have the *freedom* **to act** as you like. (あなたには好きなように行動する自由があります。)

同格を表す of

⇒ I've given up on the idea of visiting my friend in Hokkaido this summer.
(この夏に北海道の友人を訪ねるという考えはあきらめました。)

of visiting my friend ～は the idea を修飾している。この前置詞 of は**同格の of** と呼ばれ，ここでは the idea の内容を説明している。

名詞を説明する接続詞の that

⇒ The news **that** Julia would come back from Spain delighted her parents.
(ジュリアがスペインから帰ってくるという知らせに彼女の両親は喜びました。)

that 節が the news の内容を説明している。この接続詞 that を**同格の that** と呼ぶ。

➕ 同格の that を使うことができる名詞には，fact(事実)，news(知らせ，ニュース)，report(報告)，idea(考え)，opinion(意見)，suggestion(提案)，decision(決定)，conclusion(結論)，hope(希望)，expectation(期待)などがある。

〉〉〉〉〉〉〉〉 **Try it out** 〈〈〈〈〈〈〈〈〈

① Which word or phrase fits best? (どちらの語(句)が最もよく合いますか。)

(！ヒント) ➡ EB1,4,5,9,10

1. ・deal with ～で「～に対処する」という意味。
　・the issues が前置詞 with の目的語の働きをしている。
　・「大気汚染は対処すべき問題の1つです。」

2. ・shock は「〜に衝撃を与える」という意味の動詞である。現在分詞と過去分詞のどちらを用いるかを考える。
   ・「それは多くのエネルギー資源を輸入している国にとって衝撃的なニュースでした。」
3. ・carry out 〜で「〜を行う」という意味。
   ・the experiment と carry out 〜の関係が，能動か受動かを考える。
   ・「先日行われた実験は成功しませんでした。」
4. ・a chance to *do* で「〜する機会」という意味。
   ・「その研究所には新しい科学技術を試す機会がありました。」
5. ・前置詞句が an article を修飾している。
   ・on には about と同様に「〜について」という意味がある。
   ・「私たちは地球温暖化についての記事を読みました。」

■ 語句と語法のガイド ■

pollution [pəlúːʃən]	名	汚染，（汚染による）公害
import [ɪmpɔ́ːrt]　**アクセント**	動	〜を輸入する　▶ [ímpɔːrt] 名 輸入
resource [ríːsɔːrs]	名	〔普通は複数形で〕資源
experiment [ɪkspérɪmənt]	名	実験
institute [ínstɪtjùːt]　**アクセント**	名	研究所

2 You are speaking about environmental problems in class. Tell your classmates the supporting reasons for each statement. You can use the expressions in brackets. (あなたはクラスで環境問題について話しています。それぞれの発言に対して支持する理由をクラスメートに伝えなさい。[　　]内の表現を使っても構いません。)

(！ヒント)　→ **EB** Ⓐ Ⓑ

・because の後には〈主語＋動詞〉の節が続くことに注意する。
・[　　]内の表現には分詞や不定詞の形容詞的用法が使われていることを確認する。

1. We need to develop ways to have enough clean water because (例)there still isn't **enough** water **to drink** globally. For example, I'm interested in utilizing sea water. (地球全体としてまだ十分な飲み水がないので，私たちはきれいな水を十分に確保するための方法を開発する必要があります。例えば，私は海水を利用することに興味があります。)
   [**enough** water **to drink**]（十分な飲み水）
2. We must find more ways to reduce air pollution because 〜 (〜ので，私たちは大気汚染を減らすためのより多くの方法を見つけなければなりません。)
   [**contaminated** air]（汚染された大気）
3. In Japan, electricity is mainly generated by burning natural resources such as fossil fuels, but we should find alternative ways to create it because 〜
   (日本では，電気は主に化石燃料のような天然資源を燃やすことで生成されますが，〜ので，私たちは電気を作り出す代わりの方法を見つけるべきです。)
   [natural resources **to support major cities**]（主要な都市を支える天然資源）
4. Global warming will affect our eating habits. For example, I'm worried that we might not be able to eat rice every day in the future because 〜

（地球温暖化は私たちの食習慣に影響を与えるでしょう。例えば，〜ので，将来，私たちは毎日お米を食べることができなくなるかもしれないと心配しています。）

［farmers **growing it**］（それを育てている農家）

▌ 語句と語法のガイド ▌

globally [glóʊbəli]	副 地球全体に，全世界的に　▶ global 形 地球（規模）の	
utilize [júːtəlàɪz]	動 〜を利用する	
reduce [rɪdjúːs]	動 〜を減らす	
contaminate [kəntǽmɪnèit] **アクセント**	動 〜を汚染する　▶ contamination 名 汚染	
mainly [méɪnli]	副 主に　▶ main 形 主な	
alternative [ɔːltə́ːrnətɪv]	形 代わりの	
affect [əfékt]	動 〜に影響を与える	

〔解答例〕

1. We need to develop ways to have enough clean water because some countries suffer from a serious shortage of drinking water. I think it will become a more serious problem in the future.（深刻な飲み水の不足に苦しんでいる国もあるので，私たちはきれいな水を十分に確保するための方法を開発する必要があります。それは将来，より深刻な問題になると思います。）

2. We must find more ways to reduce air pollution because air pollution is getting worse in many countries. We know for certain that it causes various health problems.（大気汚染は多くの国で悪化しているので，私たちは大気汚染を減らすためのより多くの方法を見つけなければなりません。それがさまざまな健康問題を実際に引き起こすことは確かです。）

3. In Japan, electricity is mainly generated by burning natural resources such as fossil fuels, but we should find alternative ways to create it because the earth has a limited amount of resources. It is particularly important for countries which have poor resources, like Japan.（日本では，電気は主に化石燃料のような天然資源を燃やすことで生成されますが，地球の資源には限りがあるので，私たちは電気を作り出す代わりの方法を見つけるべきです。それは日本のような資源の乏しい国にとって特に重要です。）

4. Global warming will affect our eating habits. For example, I'm worried that we might not be able to eat rice every day in the future because we could have a poor crop of rice due to climate change caused by global warming. I think most Japanese will continue to live on rice.（地球温暖化は私たちの食習慣に影響を与えるでしょう。例えば，地球温暖化によって引き起こされる気候変動のせいで米が不作になる可能性があるので，将来，私たちは毎日お米を食べることができなくなるかもしれないと心配しています。ほとんどの日本人は米を主食にし続けると私は思っています。）

3 　You are talking about electricity consumption with your friend. Tell your friend what you can learn from the following graphs focusing on Japan. Then, give your opinion.（あなたは友達と電力消費について話し合っています。友達に次のグラフからあなたがわかることを日本に焦点を当てて伝えなさい。そして，あなたの意見を述べなさい。）

!ヒント　→EB Ⓐ Ⓑ

日本に焦点を当てて，グラフからわかることを述べる。さらに，自分の考えを述べる。

Electricity consumption per person in 2017 (2017年の1人当たりの電力消費量)

Primary energy self-sufficiency in 2017 (2017年の1次エネルギー自給率)

(例)

Japan consumes more energy than average, but it doesn't have **enough** resources **to produce energy** itself. Electricity consumption is an **important** topic **to be discussed**. We must save as much energy as possible.

(日本は平均よりも多くのエネルギーを消費していますが，自国でエネルギーを生み出す十分な資源がありません。電力消費は議論されるべき重要なトピックです。私たちはできるだけ多くのエネルギーを節約しなければなりません。)

|| 語句と語法のガイド ||

consumption [kənsʌ́mpʃən]　名 消費　▶ consume [kənsjúːm] 動 ～を消費する

per person　熟 1人当たり　▶ per 前 ～につき

primary [práɪmèri]　形 第1の, 主要な　▶ primary energy 熟 1次エネルギー

self-sufficiency [sélfsəfíʃənsi] アクセント　名 自給自足　▶ self-sufficient 形 自給できる

average [ǽvərɪdʒ] 発音　名 平均

解答例

In Japan, electricity consumption per person is larger than in Germany and the U.K. However, Japan is only 9.6% self-sufficient in primary energy, while the U.K. is 68.2% and Germany is 36.9% self-sufficient. I think we should use this limited energy more carefully in Japan.

(日本では，1人当たりの電力消費量がドイツや英国よりも多いです。しかし，1次エネルギー自給率は日本はたったの9.6%ですが，英国では68.2%，ドイツでは36.9%です。日本はこの限られたエネルギーをもっと慎重に使うべきだと思います。)

《 ════ ＞＞＞＞＞＞＞＞＞＞＞ **Expressing** ＜＜＜＜＜＜＜＜＜＜＜ ════ 》

|| STEP 1 ||

問題文の訳

エネルギー使用についての会話を聞いて，どの考えがそれぞれどの人のものなのか選んで，空欄に記入しなさい。

!ヒント

それぞれの人物のエネルギー使用についての考えを聞き取る。

A. 私たちは地球温暖化によって引き起こされる問題のために化石燃料の使用を減らさなければなりません。

B. 日本では，私たちは主に化石燃料で生み出される電気に頼っているので，それらなしで暮らすことは簡単ではありません。

C. いくつかの国は十分なエネルギー資源を輸入できなくなるかもしれないので，持続可能なエネルギーを作り出す，より多くの方法が必要とされています。

|| STEP 2 ||

問題文の訳

ペアで練習しなさい。ボックス内の表現を使っても構いません。

！ヒント

下線部分には，〈主語＋動詞〉の形の節［文］が入る。

A: In Japan, fossil fuels are extremely important because _____. (日本では，〜ので，化石燃料はきわめて重要です。)

B: I see your point, but I believe we shouldn't rely on fossil fuels too much. For one thing, _____. (あなたの言いたいことはわかりますが，私たちは化石燃料にあまり頼りすぎるべきではないと強く思っています。1つには，〜。)

A: That's true. In addition, _____. Thus, _____. (その通りです。さらに，〜。したがって，〜。) rely on(〜に頼る), global warming caused by the overuse of fossil fuels(化石燃料の過剰な使用によって引き起こされる地球温暖化), import enough fossil fuels(十分な化石燃料を輸入する), unstable international relations(不安定な国際関係), reduce the use of fossil fuels(化石燃料の使用を減らす)

STEP 3

問題文の訳

エネルギーの過剰な使用によって引き起こされる可能性のある問題について1つのパラグラフを書き，あなた自身の意見を加えなさい。

！ヒント

・for one thing(1つには)，for another(また1つには)といったつなぎの言葉を使う。

・最後に，thus(したがって)などの後で自分の意見をまとめればよい。

(例)私たちは化石燃料に頼りすぎるべきではないと私は強く思っています。**1つには**，私たちは化石燃料の過剰な使用によって引き起こされる深刻な地球温暖化の危機に直面しているからです。**また1つには**，私たちは不安定な国際関係**のために**他の国から十分な化石燃料を輸入できなくなるかもしれないからです。**したがって**，持続可能な生活を送るために化石燃料の使用を減らす努力をすることが重要です。

解答例

Fossil fuels play an important role in our lives, but we have to be more careful when using them. For one thing, harmful gases generated by burning fossil fuels have bad effects on our environment. For another, fossil fuels are not man-made resources but limited natural resources. Thus, we should think more seriously about how to avoid using fossil fuels for a better environment and for future generations.

(化石燃料は私たちの生活で重要な役割を果たしていますが，それらを使う際はもっと慎重になるべきです。1つには，化石燃料を燃やすことによって生み出される有害なガスは私たちの環境に悪影響を及ぼしているからです。もう1つは，化石燃料は人工の資源ではなく，限りある天然資源だからです。したがって，私たちはよりよい環境と未来の世代のためにどのように化石燃料の使用を避けるべきかについてもっと真剣に考えるべきです。)

< ══ >>>>>>>>>> **Logic Focus** <<<<<<<<<< ══ >

■ Paragraph Writing ④ ―原因・理由・結果―

理由を説明したり，物事の因果関係について述べたりする。以下の例では，「原因→結果」の順で述べている。

例文の訳 **地球温暖化によって引き起こされる深刻な問題**

地球温暖化は深刻な問題である。地球温暖化の原因の１つは，主に人間の活動によって生じる二酸化炭素量の増加である。地球温暖化によって引き起こされる主要問題は，作物に害を与えることである。ある地域で気候が変動すると，その地域の作物は十分に成長できず，質や生産量が低下することになる。したがって，そのような作物を栽培する農家は仕事を失い，私たちはその作物を食べることが困難になってしまうかもしれない。もう１つの問題は，水不足である。地球温暖化は，雨量の減少をもたらすと考えられている。十分な雨量がないと，世界中の多くの土地は乾燥した状態になる。このことは，私たちがそれぞれの必要性に応じて十分な量の水を使用できないことを意味する。結果として，将来的に深刻な水不足をもたらす可能性があるだろう。

■パラグラフの構成

主題文 　地球温暖化は深刻な問題である。

支持文
原因 **One of the causes is ～** CO₂ の増加　　主な原因 **mainly because of** 人間の活動

【地球温暖化が引き起こす問題点(1)】
原因 　気候が変わり，農作物が十分に成長できずに生産品質が低下する。
結果 **Accordingly** 農家が職を失ったり，私たちが農作物を食べられなくなったりするかもしれない。

【地球温暖化が引き起こす問題点(2)】
原因 　降雨量が減少し，乾燥化が進む。
結果 **As a result** 深刻な水不足をもたらすかもしれない。

■比較・対照のつなぎの言葉

原因・理由	because / since(～なので)，because of ～(～の理由で)，due to ～ / owing to ～(～のために)，for these reasons(これらの理由で)，for one thing(１つには)，for another(また１つには)，this is because ～(これは～だからである)，one of the causes is ～(原因の１つは～である)
結果	so(だから)，therefore / thus / accordingly(したがって)，as a result / consequently(結果として)，that's why ～(そういうわけで～)

>>>>>>>>>>> **補充問題** <<<<<<<<<

1　日本語に合うように，下線部に適切な **4語** を補いなさい。ただし，1〜3は
（　　）内の動詞を適切な形に変えて使うこと。

1. 彼はその女の子をその燃えている家から救い出しました。(burn)

He rescued the girl _____.

2. 芝生の上で寝ている男性は私の父です。(lie)

_____ the grass is my father.

3. 私はその美術館でピカソが描いた絵を数点見ました。(paint)

I saw _____ Picasso in the museum.

4. 長い髪の女性が彼に質問をしました。

A _____ asked him a question.

2　日本語に合うように，**to 不定詞** を使って，下線部に適切な語句を補いなさい。
ただし，3，4は（　　）内の語を使うこと。

1. 私には，私が状況を理解するのを助けてくれる人が必要でした。

_____ the situation.

2. どの都市にも見るべき場所がたくさんあります。

Every _____.

3. 今日終わらせるべき仕事がたくさんあります。(done)

There _____

4. 彼はあなたに話すことがあります。(talk)

_____ with you.

5. 私が将来，彼にもう一度会う機会はないかもしれません。

_____ in the future.

3　環境と健康の視点から，サイクリングについてのあなたの意見を 60 語程度の
英文で書きなさい。

_____

_____

_____

_____

Lesson 6　What are some cultural differences?

Topic Introduction

①Travelers to foreign countries often discover cultural differences **that** can come as a surprise. ②In the U.S., people are expected to tip after meals unlike in many Asian countries. ③Japan is a country **where** people take off their shoes inside the home, **which** is not a usual custom in many Western countries. ④Each country has various customs **which** are important parts of their culture. ⑤When talking with people from other cultures, we should keep an open mind and respect their customs and ways of thinking.

①外国への旅行者は，しばしば驚きの文化の違いを発見する。②アメリカでは，多くのアジア諸国とは違って食事の後にチップを払うことが期待されている。③日本は家の中で靴を脱ぐ国であり，それは多くの西洋諸国では一般的な習慣ではない。④それぞれの国が文化の重要な部分となるさまざまな習慣を持っている。⑤別の文化に属する人と話すときは，偏見のない心を持ち，習慣と考え方を尊重すべきだ。

語句と語法のガイド

discover [dɪskʌ́vər]	動 ～を発見する	▶ discovery 名 発見
come as a surprise	熟 驚きである	
tip [tɪp] 発音	動 チップを払う	▶ 名 チップ
custom [kʌ́stəm] 発音	名 慣習，習慣	
keep an open mind	熟 常に広い心を持つ，先入観を持たない	

解説

① Travelers to foreign countries often discover cultural differences that can come as a surprise.
　that は主格の関係代名詞。EB2

② In the U.S., people are expected to tip after meals unlike in many Asian countries.
　be expected to do は「～することが期待されている」という意味の受動態。

③ ... a country where people take off their shoes inside the home, which is not ....
　where は関係副詞。EB6
　which は関係代名詞の非限定用法。先行詞は「人々が家の中で靴を脱ぐ」こと。EB5

④ Each country has various customs which are important parts of their culture.
　〈each ＋単数名詞〉の形で「それぞれの～」という意味を表し，単数扱い。
　which は主格の関係代名詞。EB2

⑤ When talking with people from other cultures, we should keep an open mind ....
　（we are）
　when, while, if などの接続詞に導かれる副詞節では，主語が主節と同じ場合，〈主語 ＋ be 動詞〉が省略されることがある。

Listening Task

Circle T for True or F for False. （正しければ T，間違っていれば F に○をつけなさい。）

〔!ヒント〕

1. 旅行者はしばしば彼らを驚かすような文化の違いを経験するか。（→①）

2. アジア諸国では，レストランの店員にチップを払うことが期待されているか。（→②）

3. 西洋人は，まさに日本人がするように，家の中で靴を脱ぐか。（→③）

< ═══════ >>>>>>>>> **Example Bank** <<<<<<<<< ═══════ >

情報を加える(2)

A　関係代名詞

1. In Singapore, people **who** throw trash on the road will be fined.
（シンガポールでは，道にごみを捨てる人は罰金を課される。）

2. There are some countries **which** are heavily dependent on tourism.
（観光に大いに依存している国がある。）

3. Switzerland is a country **whose** languages and cultures differ over short distances.
（スイスは短距離間で言語と文化が異なる国だ。）

4. **What** is most known about Japan is perhaps its unique culture of manga and anime.
（日本について最も知られていることは，おそらくその独特な漫画とアニメの文化だ。）

5. Certain cultures have strict dress codes, **which** means you need to be careful about what to wear on some occasions.（厳しい服装規定を持つ国があるが，それは時として何を着るべきかに注意する必要があることを意味する。）

📣 解説

〔関係代名詞を使って情報を加える〕

　　関係代名詞は，直前の名詞（**先行詞**）と直後の節（**関係詞節**）をつなげる。関係代名詞は関係詞節の中で代名詞の働きをする。

〔主格の関係代名詞〕

　　関係代名詞が関係詞節の中で**主語**の働きをしている。先行詞が**人**の時は **who**，先行詞が**人以外**の時は **which** を用い，**that** はどちらの場合も使える。

1. ..., people who throw trash on the road will be fined.
　　　人　　　S'　　V'　　　O'

2. ... some countries which are heavily dependent on tourism.
　　　　　人以外

〔目的格の関係代名詞〕

　　関係代名詞が関係詞節の中で**目的語**の働きをしている。先行詞が人の時は **whom** か **who**（口語では who の方が多い），人以外の時は **which** を用い，**that** はどちらの場合も使える。目的格の関係代名詞は省略されることが多い。

　⇨ There are many countries (which[that]) I want to visit someday.
　　　　　　　人以外　　　　　　　　O'　　　S'　V'

　　（いつか訪れてみたい国がたくさんあります。）

[所有格の関係代名詞]

3. 先行詞が所有するものについて説明する際に，〈**whose ＋名詞**〉の形で使われる。先行詞が人か人以外かにかかわらず **whose** を用いる。

[前置詞の目的語になる関係代名詞]

先行詞が前置詞の目的語の場合，関係代名詞は目的格を使う。前置詞が後ろに残る場合（→(1)）と前置詞を関係代名詞の前に置く場合（→(2)）がある。(1)の場合が多く，(2)の前置詞を前に置く形は文語的な表現。

(1) 関係代名詞を省略することも，which や that を用いて表すことも可能。

This is the book .　＋　I told you **about it**.

➡ This is the book (**which**[**that**]) I told you **about**.

(2) 関係代名詞を省略することはできない。また，that は使えない。

This is the book .　＋　I told you **about it**.

➡ This is the book **about which** I told you.（これは私があなたに話した本です。）

[関係代名詞 what]

4. what は**先行詞を含んだ**関係代名詞で，先行詞なしで用いる。常に名詞節をつくり，普通，単数扱いとなる。次のように書きかえることもできる。

➡ **The thing that**[**which**] is most known about Japan is perhaps its unique culture of manga and anime.

what が導く節は，名詞節として，文中の主語や目的語，補語の働きをする。

⇨ I didn't hear **what** she said.（私は彼女が言ったことが聞こえませんでした。）
O

⇨ That's **what** I want to know.（それが私の知りたいことです。）
C

[関係代名詞の非限定用法]

非限定用法はコンマの前でいったん内容が完結し，続く関係代名詞節で追加の説明を加える。**that** にこの用法はない。

⇨ Tony lent me this book, **which** I found very touching.
（トニーが私にこの本を貸してくれましたが，とても感動的でした。）

➡ Tony lent me this book, **and** I found **it** very touching.

5. 関係代名詞 which は非限定用法。先行詞は直前の節[文]全体。

Certain cultures have strict dress codes, **which** means you need to be careful ....
先行詞　　　　　　　　　　　↑ = and it means you need to ....

非限定用法の which の注意すべき用法として，直前の節[文]全体，またはその一部を先行詞とするものがある。

⇨ He said he was a lawyer, **which** wasn't true.
節が先行詞　（彼は弁護士だと言いましたが，それは本当ではありませんでした。）

[複合関係代名詞]

関係代名詞に -ever が付くと，「**～ならどんなものでも**」という意味を表し，**名詞節を**

導く。これらは**複合関係代名詞**と呼ばれる。先行詞を含むことに注意。

複合関係代名詞	意味	主な書きかえ
whoever	～する人は誰でも	anyone who ～
whichever	～するものはどれ［どちら］でも	any one［ones］that ～ either (one) that ～
whatever	～するものは何でも	anything that ～

⇨ You can order **whatever** you like. It's on me.
（何でも好きなものを注文していいですよ。私のおごりですから。）

⇨ We want to help **whoever** needs help.
（助けを必要としている人であれば誰でも助けたいと思います。）

➕ 複合関係代名詞が副詞節を導き，「～しようとも」と譲歩の意味を表す用法もある。
　⇨ **Whichever** you choose, you'll be satisfied.
　　（どれを選んだとしても，満足していただけるでしょう。）

B　関係副詞

6. India is a country **where** a wide variety of religions and cultures can be found.
（インドは多種多様な宗教や文化が見られる国だ。）

7. In Japan, *Golden Week* is a time **when** many people travel.
（日本ではゴールデンウイークは多くの人が旅行をする時期だ。）

8. One reason **why** you should learn about local cultures is to make a trip more enjoyable.（地域文化を学ぶべき１つの理由は旅をより楽しくすることだ。）

◀ 解説

関係副詞を使って情報を加える

　関係副詞は，**先行詞**と**関係詞節**をつなげる。関係副詞は関係詞節の中で副詞の働きをする。

関係副詞 where

　関係副詞の **where** は**場所**を表す先行詞を修飾する。

　⇨ The hotel was wonderful.　＋　We stayed **there**［＝ at the hotel］.
　　　　関係副詞　　　　　　　　　　　　　　　　　　副詞

　➡ The hotel **where** we stayed was wonderful.（私たちが泊まったホテルはすばらしかったです。）

6. 先行詞（a country）を関係詞節（a wide variety of religions and cultures can be found）が修飾している。can be found in the country と言えるので，〈前置詞＋ which〉で書きかえられる。

　➡ India is a country **in which** a wide variety of religions and cultures can be found.

　➕ 関係副詞の where は先行詞が省略されて用いられることもある。また，先行詞に place が使われる時は関係詞 where のほうを省略することもできる。
　　⇨ That's the place (**where**) the game will be held next year.
　　　（そこが来年試合が開催される所です。）

関係副詞 when

　関係副詞の **when** は**時**を表す先行詞を修飾する。

⇨ I remember the day .　+　I first met you **then**[= on the day].
関係副詞　　　　　　　　　　　　　　　　　副詞

➡ I remember the day **when** I first met you.
（私は初めてあなたに出会った日を覚えています。）

7. ここでは when 以下が a time を修飾している。

➕ 関係副詞の when は先行詞なしで用いられることもある。また，先行詞を残して，関係副詞 when を省略することもある。

　　⇨ Now is the time (**when**) you should start it. （今こそそれを始めるべきです。）

関係副詞 why

8. 関係副詞 **why** は reason を先行詞とし，**理由**を表す節を導く。

One reason is to make .... + You should learn about local cultures **for the reason**.
関係副詞　　　　　　　　　　　　　　　　　　　　　　　副詞句

One reason **why** you should learn about local cultures is to make ....

➕ That is the reason why 〜（そういうわけで〜）の意味で，先行詞のない That's why 〜が用いられる。また，先行詞の the reason(s) を残して，why が省略されることもある。This is why 〜（こういうわけで〜）という形も使われる。

　　⇨ I had the flu. ←原因　　**That is why** I was absent last week. ←結果
　　　（私はインフルエンザにかかっていました。それで先週休んでいました。）

《注意》This[That] is because ... は「これ[それ]は…だからです」という意味を表す。
　　　　This[That] is why ... とは原因と結果が逆になることに注意。

　　⇨ I was absent last week. ←結果　　**That's because** I had the flu. ←原因
　　　（先週, 私は休んでいました。それはインフルエンザにかかっていたからです。）

関係副詞 how

　　関係副詞の **how** は先行詞なしで用いられ，関係詞節全体で「〜する方法[やり方]」という意味の**名詞節**になる。**That's how ...**（そのようにして…）や **This is how ...**（このようにして…）という形で，事のなりゆきや方法を表すことが多い。

　　⇨ **That's how** the accident happened. （そのようにして事故は起こりました。）

関係副詞の非限定用法

　　関係副詞の where と when には**非限定用法**があり，先行詞に追加の説明を加える。where は「…, そしてその場所で〜」など，when は「…, そしてその時〜」などの意味を表す。why と how には非限定用法はない。

　　⇨ We stayed in Paris, **where** we met Tom.
　　　（私たちはパリに滞在し，そこでトムに出会いました。）

　　⇨ In 2008, **when** I lived in Tokyo, I met Maria.
　　　（2008 年に私は東京に住んでいたのですが，その時マリアに出会いました。）

‹ ════ ›››››››› **Try it out** ‹‹‹‹‹‹‹‹ ════ ›

1　Complete the following sentences. （次の文を完成させなさい。）

!ヒント　→ EB1,4,5,8

1.・先行詞は People である。

・People have the custom of putting a kind of orange into a bath in winter. / They live in this area. の 2 文を 1 文にすると考える。
・「この地域に住む人々は，冬にある種類のオレンジを風呂の中に入れる慣習があります。」
2. ・先行詞は the reason である。「～する理由」という意味になるように，関係副詞を使う。
・「モアイ像が建てられた理由について意見の一致はありません。」
3. ・先行詞は直前の Japanese people eat raw eggs with rice である。
・非限定用法の which の用法として，直前の節[文]全体，またはその一部を先行詞とするものがある。that にこの用法はない。
・「日本人はご飯とともに生の卵を食べますが，そのことは他文化の人々にとってときに奇妙に思われます。」
4. ・experience は動詞で，目的語が必要。先行詞を含む関係代名詞を使う。
・「あなたは海外旅行をするとき，ガイドブックに書かれていないことを経験するかもしれません。」

┃ 語句と語法のガイド ┃

agreement [əgríːmənt]　　　名 一致，同意　▶ agree 動 同意する
statue [stǽtʃuː]　　　　　　名 像
raw [rɔ́ː]　**発音**　　　　　　形 生の　▶ (sliced) raw fish 熟 刺身

(練習問題①) Complete the following sentences.
1. This is important to people (　　　　) live abroad.
2. There are good reasons (　　　　) this song is popular all over the world.
3. The student said nothing, (　　　　) made his teacher angry.
4. The book shows (　　　　) is helpful when you visit Japan.

2 You are talking about Japanese culture with your partner. Complete the following conversation by providing information. Then, change the dotted parts to make your own conversation. (あなたはパートナーと日本の文化について話しています。情報を示すことによって次の会話を完成させなさい。そして，点線の部分を変えて，自分たち自身の会話を作りなさい。)

(!ヒント) ➡ EB Ⓐ Ⓑ
関係代名詞 who, which, whose や関係副詞 when の使い方に注意する。
1. A: Can you explain about a *katanakaji*? (刀鍛冶について説明してもらえますか。)
　B: It's a person **who** (例) makes and repairs Japanese swords.
　(日本刀を作ったり修理したりする人です。)
2. A: Which is the most famous temple in Japan? (日本で最も有名な寺はどれですか。)
　B: Well, I think it's *Horyuji*. It's a temple **which** ＿＿＿＿
　(えーと，法隆寺だと思います。それは～した寺です。)
3. A: What do people do on New Year's Eve? (人々は大晦日に何をしますか。)
　B: It's a day **when** ＿＿＿＿ (それは～する日です。)

4. A: What does a *rakugoka* do?（落語家は何をしますか。）

　　B: That's a person **whose** job is ＿＿＿＿（それは〜することが仕事の人です。）

■ **語句と語法のガイド** ■

sword [sɔːrd] **発音**　　　名 刀，剣

- -

（解答例）

①

2. B: Well, I think it's *Horyuji*.　It's a temple which was built in the 7th century.

　　（えーと，法隆寺だと思います。それは 7 世紀に建てられた寺です。）

3. B: It's a day when the temple bells are rung 108 times.

　　（それは寺の鐘を 108 回つく日です。）

4. B: That's a person whose job is telling funny stories.

　　（それはおもしろい話をするのが仕事の人です。）

②

1. A: Can you explain about a *nakodo*?（仲人について説明してもらえますか。）

　　B: It's a person who（例）tries to arrange marriages between two people.

　　（2 人の縁談をまとめようとする人です。）

2. A: Which is the most famous lake in Japan?（日本で最も有名な湖はどれですか。）

　　B: Well, I think it's Lake Biwa.　It's a lake which was formed over 4 million years ago.（えーと，琵琶湖だと思います。400 万年以上前に形成された湖です。）

3. A: What do people do on the day of *Tanabata*?（人々は七夕の日に何をしますか。）

　　B: It's a day when they write their wishes on colorful strips of paper called *tanzaku* and hang them on bamboo branches.

　　（自分たちの願いごとを短冊と呼ばれる色付きの紙に書いて笹竹につるす日です。）

4. A: What does a *gyoji* do?（行司は何をしますか。）

　　B: That's a person whose job is making sure that the rules are followed in professional sumo wrestling in Japan.（それは日本の大相撲において規則が守られていることを確認するのが仕事の人です。）

③　The following table shows the five countries with the most UNESCO's World Heritage Sites（as of 2020）.　Describe these countries to your classmates using the following phrases.　Then, describe one World Heritage Site in Japan.（次の表は（2020 年時点で）ユネスコの世界遺産を最も多く有する 5 つの国を示しています。次の語句を使って，あなたのクラスメートにこれらの国について説明しなさい。そして，日本の世界遺産の 1 つについて説明しなさい。）

（！ヒント）　→ **EB A B**

表の内容を説明する際，関係代名詞 that，what や関係副詞 where の使い方に注意する。［… is a country **where** there are …, … is a country **that** has …, **What** is remarkable about … is …］（…は…がある国だ，…は…を有する国だ，…について注目すべきことは…だ）

ランク	国	数	例
1	Italy（イタリア）	55	Piazza del Duomo of Pisa（ピサのドゥオモ広場）, Historic Centre of Florence（フィレンツェ歴史地区）
1	China（中国）	55	The Great Wall（万里の長城）, The Historic Centre of Macao（マカオ歴史地区）
3	Spain（スペイン）	48	Historic Centre of Cordoba（コルドバ歴史地区）, Works of Antoni Gaudí（アントニ・ガウディの作品群）
4	Germany（ドイツ）	46	Aachen Cathedral（アーヘン大聖堂）, Cologne Cathedral（ケルン大聖堂）
5	France（フランス）	45	Mont-Saint-Michel and its Bay（モン・サン・ミシェルとその湾）, Palace and Park of Versailles（ヴェルサイユの宮殿と庭園）

(例) Italy is a country **that** has 55 World Heritage Sites including the Piazza del Duomo of Pisa, **which** is known for the Leaning Tower of Pisa.
The Hiroshima Peace Memorial is one of Japan's World Heritage Sites. It's the place **where** an atomic bomb was first dropped during the Second World War.
(イタリアは，ピサの斜塔で有名なピサのドゥオモ広場を含めて，55 の世界遺産を有する国です。
広島平和記念碑は日本の世界遺産の１つです。それは第２次世界大戦中，原子爆弾が最初に落とされた場所です。)

■ 語句と語法のガイド ■

historic [hɪstɔ́(:)rɪk]　アクセント　形 歴史的に有名な

centre [séntər]　　　　　名 中心地，拠点　▶ = center，centre は《英》

cathedral [kəθíːdrəl]　発音　名 大聖堂

heritage [hérətɪdʒ]　　　名 遺産

site [saɪt]　　　　　　　名 場所　▶ World Heritage Site 熟 世界遺産

memorial [məmɔ́ːriəl]　アクセント　名 記念碑，記念物

atomic bomb　　　　　　熟 原子爆弾　▶ bomb [bɑ(:)m] 名 爆弾

(解答例)
China is a country that has 55 World Heritage Sites including the Great Wall, which is said to be the largest man-made construction in the world. Itsukushima Shrine is one of Japan's World Heritage Sites. The island where it is located is known as one of the three most famous scenic spots in Japan.
(中国は，世界で最も大きな人工建造物と言われている万里の長城を含めて，55 の世界遺産を有する国です。厳島神社は日本の世界遺産のうちの１つです。神社のある島は日本三景の１つとして知られています。)

< ═══ >>>>>>>>>> **Expressing** <<<<<<<<<< ═══ >

STEP 1

(問題文の訳) 英文を聞いて次の質問に答えなさい。

(！ヒント) 次の質問に答えるのに必要な情報を聞き取る。

1. Which country is described in the passage?（英文ではどの国が説明されていますか。）

2. What are some things travelers cannot bring to this country?
（旅行者がこの国に持ち込むことができないものは何ですか。）

3. What is unique about the language?（そこの言語は何が特有ですか。）

STEP 2

a. あなたがいつか訪れたい国を1つ選びなさい。

b. あなたがその国を訪れたい理由を書きなさい。

c. ネットを見て，その国の文化について情報を見つけなさい。また，情報源を書きなさい。

d. 旅行者が注意するべきことがあれば，アドバイスを書きなさい。

(！ヒント) ネット上の情報は，情報源とともに書き留めるようにする。

(解答例)

a. I want to visit Australia.（私はオーストラリアに行きたいです。）

b. It has many UNESCO World Heritage Sites including the Great Barrier Reef and Blue
Mountains.（そこにはグレートバリアリーフやブルーマウンテンズを含む多くのユネスコ世界遺産があります。）

c. Australia is a country where we can enjoy swimming and snorkeling.
（オーストラリアは水泳やシュノーケルが楽しめる国です。）
Information source [Tourism Australia]（情報源[オーストラリア政府観光局]）

d. As the sunlight is really strong in Australia, visitors should wear appropriate
clothing and use sunscreen outdoors in order to protect against ultraviolet
damage.（オーストラリアは日光が本当に強い国なので，紫外線によるダメージから身
を守るために，観光客は屋外で適切な衣服を身に着けて日焼け止めを使用するべきです。）

STEP 3

(問題文の訳) あなたの選んだ国を紹介する1つのパラグラフを書きなさい。

(！ヒント) 情報源をきちんと示した上で文章を書くようにする。

(例) カッパドキアとエフェソスを含む多くのユネスコ世界遺産があるので，私はいつかトル
コに行きたいです。外務省によると，トルコは多くのイスラム教徒がいる国です。観光客は，
特に公共の場では，着るものや，食べたり飲んだりしようとするものについて注意するべきです。

(解答例)

I want to visit Australia someday because it has many UNESCO World Heritage Sites including
the Great Barrier Reef and Blue Mountains. According to Tourism Australia, Australia is
a country where we can enjoy swimming and snorkeling. As the sunlight is really strong in
Australia, visitors should wear appropriate clothing and use sunscreen outdoors in order to
protect against ultraviolet damage.（グレートバリアリーフとブルーマウンテンズを含む多くのユネスコ
世界遺産があるので，私はいつかオーストラリアに行きたいです。オーストラリア政府観光局によると，オー
ストラリアは水泳やシュノーケルが楽しめる国です。オーストラリアは日光が本当に強い国なので，紫外線に
よるダメージから身を守るために，観光客は屋外で適切な衣服を身に着けて日焼け止めを使用するべきです。）

■ Citing information ―主張や理由の根拠を示す―

■主張を客観的な根拠で裏付ける

　主張や理由を客観的に裏付けるため，記事の内容やデータ，研究結果，専門家の言葉を引用すると，より説得力の高い文章となる。

(例文の訳)

　異なる文化について学ぶことは非常に重要である。第一に，文化的な知識は他人をよく理解し，良い人間関係を築くことに役に立つ。第二に，文化的な知識はビジネスでの成功の鍵である。<u>有名なアメリカのビジネス雑誌の記事によると</u>，「文化的知性」を持つ従業員はチームのメンバー間のギャップを埋めることで国際的な組織では重要な役割を果たす。最後に，文化を学ぶということは自分自身について学ぶことを意味する。<u>アメリカの文化人類学者の Edward T. Hall は</u>「自分自身を知る最も効果的な方法の１つは他者の文化を真剣に考えることである。それによって，あなたとその文化に違いをもたらす生活様式の詳細に注意を向けざるを得なくなる」<u>と主張する</u>。結論として，文化的な知識とは，良い人生を過ごすための重要な能力の１つである。

■パラグラフの構成

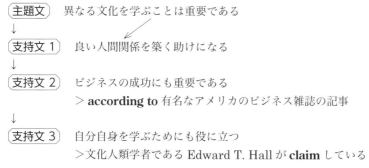

(主題文)　　異なる文化を学ぶことは重要である
↓
(支持文1)　　良い人間関係を築く助けになる
↓
(支持文2)　　ビジネスの成功にも重要である
　　　　　　　> **according to** 有名なアメリカのビジネス雑誌の記事
↓
(支持文3)　　自分自身を学ぶためにも役に立つ
　　　　　　　>文化人類学者である Edward T. Hall が **claim** している

(結論文)　　文化的な知識は良い人生のための鍵である

■出典を示す表現

情報の出典を示す	according to ～（～によると），A report [An article] says (that) ～（報告書[記事]は～と言っている），based on ～（～に基づくと）
他の人の主張を示す	～ claim [argue] that ...（～は…と主張する），～ point out that ...（～は…と指摘する），～ believe [think] that ...（～は…と考えている）

>>>>>>>>>> 補充問題 <<<<<<<<<<

1　次の各文の下線部を，関係代名詞を使った表現に直しなさい。

1. Look at the horses running in the field.
   Look at _____.
2. The house with a red roof is Tom's.
   _____ is Tom's.
3. The important thing is to do your best.
   _____ is to do your best.
4. She suddenly left the club, and it surprised us.
   She suddenly left the club, _____.

2　次の日本語を英語に直しなさい。ただし，1，2は関係代名詞，3～5は関係副詞を使うこと。

1. 祖母に自分の席を譲ってくれた若い男性はとても背が高かったです。
   _____

2. 彼は彼女に言ってしまったことをすまないと思いました。
   _____

3. 私たちが滞在しているホテルは海の眺めがよいです。
   _____

4. 私たちが初めて会った日のことを私は決して忘れないでしょう。
   _____

5. 彼が昨日学校を休んだ理由を教えてください。
   _____

3　電車やバスの優先席(priority seats)でのマナーについて，あなたの考えを100語程度の英文で書きなさい。
   _____
   _____
   _____
   _____

Build Up 3 ◀ 英語の情報構造

▶ 解説

1　「新情報」は後にくる

英文を書く場合，「旧情報（＝相手が知っていること）→新情報（＝相手が知らないこと）」という流れが基本となる。その結果，相手にとって**価値の高い新情報は英文の後のほうにくる**ことが多い。

SVOO と〈SVO ＋ to[for] A〉

SVOO と〈SVO ＋ to[for] A〉は言いかえ可能な場合が多いが，情報構造の観点から自然なほうが選ばれる。

旧情報を代名詞で受ける

(1) **1.** "What did he give Sally for her birthday?" "He gave **her a ring**."

買ったもの（新情報）

（「彼はサリーの誕生日に何をあげましたか。」「彼は彼女に指輪をあげました。」）

「サリー」という情報はすでに質問で出ているため，その応答では旧情報として扱っている。質問の答えになる「指輪」が，価値の高い新情報である。

旧情報を代名詞で受ける

2. "Who is he going to give the ring to?" "He is going to give **it to Sally**."

与える相手（新情報）

（「彼はその指輪を誰にあげるつもりですか。」「彼はそれをサリーにあげるつもりです。」）

「指輪」という情報はすでに質問で出ているため，その応答では旧情報として扱っている。質問の答えになる「サリー」が，価値の高い新情報である。

受動態

下の2つの文では，旧情報から新情報へつながっており情報の流れが自然である。

旧情報を代名詞で受ける

(2) **1.** My favorite novel is Botchan. **It** was written by **Natsume Soseki**.

作家の名前（新情報）

（私の好きな小説は『坊っちゃん』です。それは夏目漱石によって書かれました。）

1文目で話題として示された『坊っちゃん』を，2文目では旧情報として扱っている。新しく出てきた「夏目漱石」という情報が，価値の高い新情報である。

旧情報を代名詞で受ける

2. My favorite novelist is Natsume Soseki. **He** wrote ***Botchan***.

作品名（新情報）

（私の好きな小説家は夏目漱石です。彼は『坊っちゃん』を書きました。）

2文目では，旧情報である「夏目漱石」を代名詞 He で言いかえ，新情報である『坊っちゃん』は強調するために後に置かれている。

2 「長い語句」は後ろへ

形式主語・形式目的語の it

(1) 英語では「**短い語(句)**」→「**長い語句**」という流れが好まれる。形式主語や形式目的語として it が用いられるのは,「長い語句」を後ろに置くためである。

短い語 ↓   長い語句

1. **It** is necessary **to eat vegetables every day** . (毎日, 野菜を食べることが必要です。)
形式主語   真主語

短い語 ↓   長い語句

2. I think **it** important **that we all do our best** .
形式目的語   真目的語

(全員が全力を尽くすことが重要だと思う。)

群動詞〈動詞+副詞〉の目的語の位置

〈動詞+副詞〉で他動詞の働きをする群動詞の場合, 目的語の位置は〈動詞+副詞+名詞(目的語)〉か〈動詞+名詞(目的語)+副詞〉のどちらでも可能。目的語が長い場合は副詞の後ろに置くのが普通。目的語が代名詞の場合には,〈動詞+代名詞(目的語)+副詞〉の語順にする。

長い場合は副詞の後ろに置く

(2) I turned on **the lights on the Christmas tree I decorated** ,

and the next morning, I turned **them** off. × *turned off them*

代名詞の場合は副詞の前に置かなければならない。

(私は飾り付けたクリスマスツリーの明かりをつけ, 次の日の朝に消した。)

cf. I turned the lights on. / I turned on the lights . (私は明かりをつけました。)

⟨ ═══ ⟩⟩⟩⟩⟩⟩⟩⟩⟩ **Practice** ⟨⟨⟨⟨⟨⟨⟨⟨⟨ ═══ ⟩

1 You are talking about a gift you bought for someone. In pairs, practice the conversation, then change the underlined parts into your own words. You can use the words in the boxes. (あなたは誰かに買った贈り物について話しています。ペアで, 会話を練習しなさい。そして下線部分をあなた自身の言葉に変えなさい。ボックス内の語句を使っても構いません。)

!ヒント

相手が知っていること(旧情報)から相手が知らないこと(新情報)へという流れを意識すること。

(例)

A: Yesterday I bought a new T-shirt. (昨日, 新しい T シャツを買ったの。)

B: For yourself? (自分用に?)

A: No, I **bought** it for my brother. (いいえ, それは兄[弟]に買ったの。)

B: That reminds me. My sister's birthday is coming up. I want to **give** her a pair of athletic socks, because she plays basketball.

(それで思い出したよ。姉[妹]の誕生日がもうすぐなんだ。彼女にスポーツソックスをあげたいんだ。バスケットボールをしているから。)

gift(贈り物)：a pencil case(筆箱), a headphone(ヘッドフォン), a backpack(バックパック), a box of chocolate(チョコレート 1 箱), a bouquet(花束), a novel(小説), a mug(マグカップ)

event(イベント)：Christmas(クリスマス), Mother's [Father's] Day(母[父]の日), Respect for the Aged Day(敬老の日), Valentine's Day(バレンタインデー)

(解答例)

A: Yesterday I bought <u>a new skirt</u>. (昨日，新しいスカートを買ったの。)

B: For yourself? (自分用に？)

A: No, I **bought** it **for** <u>my sister</u>. (いいえ，それは姉[妹]に買ったの。)

B: That reminds me. <u>Father's Day</u> is coming up. I want to **give** <u>him a new pair of shoes</u>, because <u>he likes jogging</u>. (それで思い出した。父の日がもうすぐだよ。彼に新しいシューズをあげたいんだ。ジョギングが好きだから。)

2　Tell your group or class about a place you visited before. Change the underlined parts to talk about your own experience.

(これまでに訪れた場所についてあなたのグループやクラスに伝えなさい。下線部分を変えて，あなた自身の経験について話しなさい。)

(！ヒント)

be located in 〜(〜にある)や be known for 〜(〜で知られている)といった表現を使って，これまでに行った場所を説明すればよい。

(例)

I went to <u>Osaka Science Museum</u> <u>with my father</u> when <u>I was 10 years old</u>. It **is located** <u>in Nakanoshima, Osaka</u>. <u>The museum</u> **is known** for <u>its big planetarium</u>. <u>We enjoyed some planetarium shows. They were full of spectacular images and facts about the universe.</u>

(10 歳のとき，私は父と一緒に大阪市立科学館に行きました。それは大阪の中之島にあります。科学館はその大きなプラネタリウムで知られています。私たちはプラネタリウムショーを楽しみました。それらは宇宙に関する壮大な映像と事実でいっぱいでした。)

(解答例)

I went to <u>Tokyo Disneyland</u> <u>with some of my friends</u> when <u>I was a junior high school student</u>. It is located <u>in Urayasu, Chiba</u>. <u>The amusement park</u> is known for <u>its seasonal decorations and parades</u>. <u>We tried to visit all of the themed attractions, but we couldn't. There were too many things we wanted to do and see.</u>

(中学生のとき，私は何人かの友達と一緒に東京ディズニーランドに行きました。それは千葉の浦安にあります。その遊園地は季節ごとの装飾やパレードで知られています。私たちはそのすべてのアトラクションに行こうとしましたが，行けませんでした。したいことや見たいものがあまりにもたくさんありました。)

‹ ═══════ ›››››››››› **補充問題** ‹‹‹‹‹‹‹‹‹ ═══════ ›

1 日本語と英語の情報構造に注意しながら，下線部に適切な語句を補いなさい。

1. その写真に写っている女性はメイヤーさんです。彼女は私たちの音楽の先生です。
The woman in the picture is Ms. Mayer. _____

2. 将棋をするのはとてもおもしろいです。
It is _____.

3. キッチンの明かりを消してくれますか。
Will you _____?

4. 私は大阪に住んでいます。私はこちらにこの前の3月に引っ越してきました。
I live in Osaka. _____

2 次の書き出しに続けて，下線部に英文を自由に書きなさい。

1. Last week I went to see a movie. It _____
_____.

2. The mountain over there is Mt. Fuji. It _____
_____.

3. I found it interesting to _____
_____.

4. It is difficult for me to _____
_____.

5. It is strange that _____
_____.

3 次の日本語を英語に直しなさい。ただし，（　　）内の語句を必要ならば形を変えて使うこと。

1. 彼女はコートを脱いでそれをソファの上に放り投げました。(take)
_____

2. 私は放課後にミキを訪ねて，スケジュールの変更について話すつもりです。(call on)
_____

3. 彼があれほどひどい事故から生還したのは奇跡です。(miracle)
_____

4. ジュディーは，自分のクレジットカードが使えないのはおかしいと思いました。
(work)
_____

5. ジャックは，推理小説を読むのはわくわくするとわかりました。
(exciting, mystery novels)
_____

Lesson 7 ▷ Do all Japanese people need to speak English?

Topic Introduction

①You might think that English is the most spoken language in the world. ②**However**, this is not correct **if** you are talking about only native speakers. ③The language that is most spoken as a mother tongue is Chinese. ④Spanish also ranks highly. ⑤**If** you take into account speakers of second and foreign languages, English is the most common. ⑥**When** you communicate in English, you are more likely to talk to non-native speakers.

①英語が世界で最もよく話されている言語と思っているかもしれません。②しかし、母語話者だけの話になると、これは正しくありません。③母語として最も話されている言語は中国語です。④スペイン語も上位にランキングされています。⑤第二言語と外国語の話者を考慮に入れると、英語が最も一般的です。⑥英語でやりとりする時、英語の非母語話者と話す可能性の方が高いでしょう。

語句と語法のガイド

native [néɪtɪv]	形 生まれつきの ▶ native speaker 熟 母語話者
tongue [tʌŋ] 発音	名 国語，言語，舌 ▶ mother tongue 熟 母語
rank [rǽŋk]	動 (順位を)占める ▶ 名 位
take ～ into account	熟 ～を考慮に入れる
common [kɑ́(ː)mən]	形 一般的な，誰でも使っている
be likely to *do*	熟 ～しそうだ

解説

② **However, this is not correct if you are talking about only native speakers.**
however は「しかし」という意味の副詞。**EB5**
if は接続詞。「もし～ならば」という条件を表す副詞節をつくる。

③ <u>**The language that is most spoken as a mother tongue**</u> is Chinese.
　　　　　　　　　　　　　　　　S　　　　　　　　　　　　　V　　C

that は主格の関係代名詞。
most は副詞 much の最上級。

⑤ **If you take into account speakers of second and foreign languages, ...**
if は接続詞。
take ～ into account(～を考慮に入れる)の「～」部分が長い語句のため、account の後にきている。
second language(第二言語)とは、母語に次いで使用する言語のこと。

⑥ **When you communicate in English, ... to non-native speakers.**
when は接続詞。「～するときに」という時を表す副詞節をつくる。
non- は「非～，不～，無～」という意味を表す接頭辞。(例)non-smoker(非喫煙者)

Listening Task

Circle T for True or F for False. （正しければT,間違っていればFに○をつけなさい。）

!ヒント

1. 英語は世界の言語の中で母語話者の数が最も多いか。(→①②③)

2. 中国語は母語として最もよく話されている言語か。(→③)

3. 英語で話すとき，英語の母語話者と話す可能性の方が高いだろうか。(→⑥)

⟨ ══ ⟩⟩⟩⟩⟩⟩⟩⟩⟩ **Example Bank** ⟨⟨⟨⟨⟨⟨⟨⟨⟨ ══ ⟩

情報を加える(3)

A　不定詞(副詞的用法)

1. Misaki uses a paper dictionary **to look up English words**.
　（美咲は英単語を調べるために紙の辞書を使う。）

2. I'm glad **to find some useful language learning websites**.
　（役に立つ言語学習サイトをいくつか見つけられてうれしい。）

3. Peter liked movies, and grew up **to be a subtitle translator**.
　（ピーターは映画が好きで，成長して字幕翻訳者になった。）

📢 **解説**

不定詞の副詞的用法

不定詞を含む語句が**目的**や**原因**を表して**動詞や形容詞を修飾する**のが不定詞の副詞的用法。

目的を表す不定詞

1. 不定詞が動作や行為の**目的**「～するために」を表す。in order to *do* や so as to *do* を用いると目的の意味をより明確に示すことができる。

感情の原因を表す不定詞

2. 不定詞が感情を表す形容詞と結びついて**感情の原因**「…して～」を表す。⟨be ～ to *do*⟩ の形で，glad[happy, delighted, pleased]，sorry，disappointed，proud，thankful，upset などの形容詞が用いられる。

➕ 不定詞の副詞的用法にはほかに，**判断の根拠**を表すものがある。

　⇨ How *careless* he is **to do such a thing**!
　　（そんなことをするなんて，彼はなんて不注意なんだ！）

結果を表す不定詞

3. 不定詞が動作や行為の**結果**「…して(その結果)～」を表すことがある。

　⇨ My grandfather **lived to be ninety**. （祖父は90歳まで生きました。）

独立不定詞の慣用表現

不定詞が文のほかの要素から離れて独立した位置に置かれ，文全体を修飾することがある。この用法を**独立不定詞**と呼ぶ。

●独立不定詞の慣用表現

to make matters worse(さらに悪いことには)，to tell (you) the truth(実を言うと)，to begin[start] with(まず第一に)，to be frank with you(率直に言うと)

B　副詞・副詞句・副詞節

4. I **regularly** teach Japanese to international students.
   （私は留学生に定期的に日本語を教えている。）

5. **Surprisingly**, our teacher can remember a lot of nursery rhymes.
   （驚いたことに，私たちの先生は童謡をたくさん覚えている。）

6. My father manages to read Portuguese **with a dictionary at his side**.
   （父は傍らに辞書を置いてポルトガル語をなんとか読むことができる。）

7. English is **so** widespread **that** it is hard to deny its usefulness.
   （英語はとても普及しているのでその有用性を否定するのは難しい。）

8. **Although** many Americans speak English, it is not an official language in the
   United States. （多くのアメリカ人が英語を話すが，アメリカでは公用語ではない。）

◀ 解説

副詞・副詞句・副詞節の働き

副詞・副詞句・副詞節は**動詞，形容詞，副詞，文などを修飾**し，文にさまざまな意味を加える。前置詞句が副詞の働きをすることもある。

⇨ I study English <u>hard</u> <u>to work in a global company</u> <u>after I graduate from college</u>.
　　　　　　　　副詞　　　　　副詞句　　　　　　　　　副詞節

（私は大学を卒業した後，世界的企業で働くため，一生懸命英語を勉強しています。）

動詞を修飾する副詞

fast（速く），fluently（流ちょうに）といった様態を表す副詞は，原則として自動詞の直後，または他動詞の目的語の後に置く。be 動詞の場合はその直後に置く。

4. 頻度を表す副詞は，**一般動詞の直前**に置かれ，be 動詞を含む文の場合，**be 動詞の直後**に置かれる。助動詞がある場合，**助動詞の直後**に置かれる。

文全体を修飾する副詞

5. surprisingly（驚くべきことに）など，**文全体を修飾**し話者の判断や気持ちを表す副詞がある。文頭に置かれることが多いが，文中や文末に置くこともできる。このような副詞はほかに，luckily[fortunately]（幸運にも），clearly[obviously, evidently]（明らかに），naturally（当然），unfortunately（不運にも）などがある。

付帯状況を表す副詞句

6. with は，「ある状況を伴って」という**付帯状況**を表す。〈with ＋名詞 ～〉の形で，ここでは at his side（彼のそばに）という前置詞句がきている。

⇨ He was sleeping **with** his mouth **open**. （彼は口を開けたまま眠っていました。）
　　　　　　　　　　　　　　　　形容詞

〈**with ＋（代）名詞＋過去分詞[現在分詞]**〉で「～が…された[している]状態で」という意味を表す。with の後の（代）名詞が分詞の意味上の主語の働きをしている。分詞が現在分詞になるか過去分詞になるかは，意味上の主語と分詞が能動の関係か受動の関係かによって決まる。

⇨ He waited for her to come back **with** *the engine* **running**. （エンジンをかけたまま，彼は彼女が戻ってくるのを待ちました。）→ <u>the engine</u> was <u>running</u>[能動の関係]

⇨ Kate was waiting for me **with** *her arms* **crossed**. （ケイトは腕組みをして私を待っていました。）
→ her arms were crossed［受動の関係］

時や条件を表す副詞節

節とは〈**主語＋動詞**〉を含む語のまとまりのことを言い，**副詞節**は副詞の働きをして主節（の動詞）を修飾し，**時や条件などの意味**を付け加える。時と条件を表す副詞節では，未来のことであっても現在形を用いることに注意する。

⇨ Please call me **when** you arrive at the hotel. （ホテルに着いたら電話をください。）
S′　V′　×*will arrive*

so ～ that ...

7. **so ～ that ...** は，「とても～なので…，…なほど～」という意味で，**結果や程度**を表す。so の後ろには形容詞か副詞がくる。口語では that が省略されることもある。

譲歩を表す副詞節

譲歩とは，自分の意見と相手の意見との折り合いをつけることをいい，英語では「～だけれども」といった意味の表現を指す。

8. **although[though]** は**譲歩**を表す接続詞。although のほうがやや堅い。文頭に置く場合は although のほうが好まれる。even though は though の強調表現。
   whether A or B は「A であろうと B であろうと」という意味。**whether A or not** は「A であろうとなかろうと」という意味。名詞節の whether A or not（A かどうか）とは区別すること。

複合関係詞

複合関係詞	意味	主な書きかえ
whoever	誰が[誰を]～しようとも	no matter who ～
whichever	どれ[どちら]が[を]～しようとも	no matter which ～
whatever	何が[何を]～しようとも	no matter what ～
whenever	～する時はいつでも	any time ～
	いつ～しようとも	no matter when ～
wherever	～するところはどこへ[で]でも	(at) any place ～
	どこへ[で]～しようとも	no matter where ～
however ＋形・副	どんなに～でも	no matter how 形・副 ～

⇨ He never gives up, **however difficult** the situation is.
（どんなに状況が困難でも，彼は決してあきらめません。）

C　分詞構文

9. The Canadian teacher talked about his hometown, **using photos**.
   （写真を使いながら，そのカナダ人の先生は故郷について話した。）

10. **Written in plain English**, this novel is good for beginners in the language.
    （わかりやすい英語で書かれているので，この小説は英語初心者に良い。）

◀ 解説

分詞構文

分詞構文は，分詞の導く句が**文を修飾し，副詞の働き**をする。分詞構文は**付帯状況，時，原因・理由，条件，譲歩**といった意味を表す。文脈に応じて意味をとる必要がある。

[付帯状況を表す分詞構文]

「**〜しながら，〜の状態で**」と，2つの動作が同時に進行する状態を**付帯状況**という。分詞構文の中では最もよく使われる用法であり，話し言葉でも使われる。付帯状況を表す分詞構文は文末に置くことが多い。

9. talked about his hometown と using photos が**同時**に行われていたことを表す分詞構文。

➕ 分詞構文は文中にくることも多い。

⇨ The girl, **closing her eyes**, listened to the music.
（その女の子は目を閉じて音楽を聞きました。）

[時を表す分詞構文]

分詞構文が「**〜する時に，〜している時に**」という意味を表す。when や while などの接続詞を用いて書きかえることができる。

⇨ **Playing** soccer, he hurt his leg.（サッカーをしている時に，彼は脚にけがをしました。）

➡ **While** *he was playing* soccer, he hurt his leg.

[理由を表す分詞構文]

分詞構文が「**〜なので，〜だから**」とう原因や理由を表す。because, since, as などの接続詞を用いて書きかえることができる。

⇨ **Feeling** sick, I went to see a doctor.
（気分が悪かったので，私は医者に診てもらいました。）

➡ **Because**[**Since, As**] *I felt* sick, I went to see a doctor.

10. Written in plain English が this novel is good for beginners in the language を副詞句として修飾している，過去分詞を使った分詞構文。ここでは「**〜なので，〜だから**」と**原因**や**理由**を表している。Because[Since, As] it is written in plain English, ... と書きかえることができる。

[慣用的な独立分詞構文]

分詞構文の主語が主節の主語と一致しない場合，意味上の主語を明確にするために，分詞の前に意味上の主語を置く。このような分詞構文を独立分詞構文と呼ぶ。

⇨ **All things** considered, it is the best way.
（あらゆることを考えると，それが最善の方法です。）

➡ **If** *all things are considered*, it is the best way.

分詞の意味上の主語が，一般の人を表す we, you, they などのとき，文の主語と異なっていても，慣用的に省略することがある。

⇨ **Judging from** this picture, he is very tall.
（この写真から判断すると，彼はとても背が高いです。）

●慣用的な独立分詞構文

considering 〜（〜を考慮すれば），generally [frankly, strictly] speaking（一般的に[率直に，厳密に] 言えば），compared with 〜（〜と比較すると）

‹ ══════ ››››››››› **Try it out** ‹‹‹‹‹‹‹‹‹ ══════ ›

1 Which word fits best?（どちらの語が最もよく合いますか。）

(!ヒント) → EB2,5,6,8,10

1. ・理由を表す分詞構文（付帯状況を表すとも考えられる）。主節の主語「私」は励ますのか，それとも励まされるのかを考え，現在分詞か過去分詞かを決めればよい。
　・「アメリカ人の先生に励まされ，私はアメリカの大学に出願しました。」

2. ・時を表す分詞構文。「～する時に，～している時に」という意味を表す。
　・「留学生と話をしている時に，私は自分が英語を話すのを楽しんでいることに気づきました。」

3. ・「～だけれども」という譲歩の意味を表す接続詞を使う。
　・「その単語の発音は難しかったのですが，私は自分の意思を伝えました。」

4. ・「～して…」という感情の原因を表す不定詞の副詞的用法。
　・「彼は先週開かれたスピーチコンテストで優勝して誇らしく思っていました。」

5. ・unfortunate は「不運な」という意味の形容詞。unfortunately は「不運にも」という意味の，文全体を修飾する副詞。
　・「不運にも，私たちのグループはいかにして少数言語を保護するべきかについてのディベートで負けました。」

6. ・〈with ＋(代)名詞＋現在分詞[過去分詞]〉で「～が…している[された]状態で」という意味。his legs were crossed といえることに着目する。
　・「彼は足を組んで新聞を読んでいました。」

■ 語句と語法のガイド ■

encourage [ɪnká:rɪdʒ] **発音**	動 ～を励ます	▶ encouragement 名 励まし	
apply to ～	熟 ～に申し込む		
pronunciation [prənÀnsiéɪʃən]	名 発音	▶ pronounce 動 ～を発音する	
make oneself understood	熟 自分の意思を伝える		
minority [mənó:rəti]	名 少数(派) ▶ minor 形 小さな	▶ minority language 熟 少数言語	

(練習問題①) **Which word fits best?**

1. (Written / Writing) in plain English, the book is easy to read.

2. (Walk / Walking) my dog, I hit upon a new idea.

3. (Whether / Although) he was born in France, he cannot speak French very well.

4. We are glad (to / that) hear of her success in the exam.

5. (Unfortunate / Unfortunately), I failed EIKEN Grade Pre-2.

6. The man was watching the English news program with his arms (folding / folded).

(練習問題②) **日本語に合うように，下線部に適切な語句を補いなさい。**

1. 夕食後，彼女は宿題をしに２階へ行った。
　After dinner, she ＿＿＿＿＿＿＿＿＿＿＿＿＿＿＿＿＿＿＿＿＿＿＿＿.

2. 彼は荒い息づかいをしながらビンから水を飲んだ。
　He drank water from the bottle, ＿＿＿＿＿＿＿＿＿＿＿＿＿＿＿＿＿＿＿＿＿.

3. 道路が霧で隠れたので，私たちは車の運転を続けることができなかった。

_____, it was impossible for us to continue driving.

4. 彼は足を組んだまま，ベンチにじっと座っていた。

He was sitting on a bench quietly _____.

2 　You are talking with your classmate about learning a foreign language, other than English. Practice the conversation in pairs, then change the underlined parts into your own words. (あなたは英語以外の外国語を学ぶことについてクラスメートと話しています。ペアで会話を練習しなさい。そして，下線部分を自分たち自身の言葉に変えなさい。)

(!ヒント) ➡ **EB** Ⓐ Ⓑ Ⓒ

・I want to learn ～ to _do_ の to _do_ は目的を表す副詞的用法の不定詞。
・so ～ that ... は，「とても～なので…」「…なほど～」という意味。so の後ろは形容詞か副詞がくる。

A: What foreign language do you want to learn, other than English?
　(英語以外で，あなたはどんな外国語を学びたいですか。)
B: (例) I want to learn Korean **to** understand Korean pop songs.
　(私は韓国のポップスを理解するために韓国語を学びたいです。)
A: Do you think it is difficult to learn Korean?
　(あなたは韓国語を学ぶことは難しいと思いますか。)
B: (例) Korean is **so** popular **that** we can learn it easily on social media.
　(韓国語はとても人気があるので，ソーシャルメディアで簡単に学ぶことができます。)

▌ 語句と語法のガイド ▌
other than ～　　　　　　　　　 熟 ～以外に，～以外の

(解答例)
A: What foreign language do you want to learn, other than English?
　(英語以外で，あなたはどんな外国語を学びたいですか。)
B: I want to learn Portuguese to become a soccer player in Brazil.
　(私はブラジルでサッカー選手になるためにポルトガル語を学びたいです。)
A: Do you think it is difficult to learn Portuguese?
　(あなたはポルトガル語を学ぶことは難しいと思いますか。)
B: Portuguese is not so popular that we might not easily find a place to learn it.
　(ポルトガル語はあまり一般的ではないので，それを学ぶための場所を容易には見つけられないかもしれません。)

3 　You are talking about why people learn English. Practice the conversation in pairs, then change the underlined parts into your own words. (あなたは人々がなぜ英語を学ぶのかについて話しています。ペアで会話を練習しなさい。そして，下線部分を自分たち自身の言葉に変えなさい。)

！ヒント ➡ **EB** **Ⓐ** **Ⓑ** **Ⓒ**

・I think (that) it's because ～は「私はそれは～だからだと思う」という意味。because の後に節〈主語＋動詞〉が続くことに注意する。
・What do you want to do, using English? は分詞構文で using は「付帯状況」を表す。

Five reasons to learn English（英語を学ぶ5つの理由）

1. English is a global language.（英語は世界言語です。）
2. Learning English can help you get a job.
   （英語を学ぶことはあなたが仕事を得ることに役立つでしょう。）
3. Learning English can help you meet new people.
   （英語を学ぶことはあなたが新しい人々に出会うことに役立つでしょう。）
4. English is the language of the internet.（英語はインターネットの言語です。）
5. Traveling is a lot easier with English.（英語を使うと旅行がずっと簡単になります。）

A: Why do you think many people learn English?
   （あなたはなぜ多くの人々が英語を学ぶのだと思いますか。）
B: I think it's **because** English is a global language.　English is used all over the world.（英語は世界言語だからだと思います。英語は世界中で使われています。）
A: What do you want to do, **using** English?（あなたは英語を使って何をしたいですか。）
B: I want to study abroad to learn engineering.　It's my dream to work as an engineer on a world scale.（工学を学ぶために海外留学したいです。世界レベルで技師として働くことが私の夢です。）

▌ 語句と語法のガイド ▐

help ～ *do*	熟 ～が…するのを助ける
engineering [èndʒíníɛ́rɪŋ]　**アクセント**	名 工学　▶ engineer 名 技師
on a ～ scale	熟 ～規模で　▶ on a global scale 名 地球規模で

解答例

A: Why do you think many people learn English?
   （あなたはなぜ多くの人々が英語を学ぶのだと思いますか。）
B: I think it's because learning English can help you meet new people.　When you communicate with them, it is useful as a common language.
   （英語を学ぶことは新しい人々に出会うことに役立つからだと思います。あなたが彼らとコミュニケーションをとるとき、それは共通の言語として役に立ちます。）
A: What do you want to do, using English?（あなたは英語を使って何をしたいですか。）
B: I want to make a lot of friends all over the world.　I hope to go on to a university in Australia and make many foreign friends there.
   （世界中にたくさんの友達を作りたいです。私はオーストラリアの大学に進学して、そこでたくさんの外国人の友達を作りたいです。）

< ━━━━━ >>>>>>>>>> **Expressing** <<<<<<<<<< ━━━━━ >

記事の訳

　すべての日本人が英語を話す必要があるかどうかという問題には２つの側面があります。2000年に，英語は日本の第２公用語であるべきかどうかということについての全国的な議論がありました。その年に出された報告書は，英語を国の第２公用語にすることを提案しています。「すべての日本人が英語の実用的な知識を習得するべきだ」とその報告書には書かれていました。

　その考えに賛成する人々は，それは英語を使うことができる人々の数を効果的に増やすことになるだろうと言いました。彼らはまた，それは日本を本当にグローバルな国にする助けとなるだろうと言いました。一方で，その考えに反対する人々は，すべての日本人が使えるレベルの英語を身につけることは不可能だろうと主張しました。さらに，社会が日本語に基づいており，日本ですべての日本人に英語を使うように強制することは道理に合わないでしょう。

　日本の第２公用語としての英語についての議論は，政治的・教育的な問題だけでなく，文化的・経済的な問題も含みます。

STEP 1

問題文の訳

1. 記事のキーワードやキーフレーズは何ですか。

2. 記事全体の主題文を見つけなさい。

！ヒント

・キーワード／キーフレーズとは，その文章の主題(トピック)を表す語句で，文章の中で繰り返されることが多い。第１パラグラフと第３パラグラフで複数回使用されている語句に注目する。

・主題文とは，書き手が伝えたいメッセージを述べている最も重要な文である。第１パラグラフの第１文に注目する。

STEP 2

問題文の訳

1. 対照的な考えのそれぞれを支持するポイントを書き留めなさい。

2. 記事全体の結論文を見つけなさい。

！ヒント

・第２パラグラフの on the other hand (一方で) というつなぎの言葉に着目する。その前の２つの文で賛成の意見，その後の２つの文で反対の意見が書かれている。

・結論文とは，主題文の主張を言いかえたりまとめたりする文。第３パラグラフに注目する。

STEP 3

問題文の訳

STEP1 と **STEP2** を使って，50語から60語で記事の要約を書きなさい。

！ヒント

・**STEP1** より，主題文で要約を書き始める。

・**STEP2** より，支持文→結論文の順番で，要約を書き進める。細かな具体例や説明は要約に含めないことに注意する。

・必要に応じて元の表現を自分なりに言いかえる。また，キーワード／キーフレーズを使うようにする。

<　════　>>>>>>>>>> **Logic Focus** <<<<<<<<< ════　>

■ Summarizing ① ―リーディングの要約―

(例文の訳)

　英語を学ぶ時，学習者は２つの読解方法を練習する必要がある。１つは精読で，学習者は英文を一文一文，ゆっくりと丁寧に読み，言語に集中することによって学ぶ。内容理解問題に答えたり，新たな語いや文法を学んだり，特定の読解テクニックを練習したりするだろう。

　対照的に，多読は楽しみのために簡単なレベルの英文をたくさん読むだけである。学習者は，容易に理解できる英文を読むため，辞書を必要としない。適切なレベルで楽しむ本を読むだけで，彼らの英語は上達する。

　成功する言語学習のためには，どちらの読解方法も役に立つ。もし英文を正しく能率的に，読めるようになりたければ，この２つの読解方法を身につけることで勉強を効率よく進めることができる。

■要点・要約を書く手順

①キーワードを見つける：キーワードとは，その文章の主題(トピック)を表す語句で，文章の中で繰り返されることが多い。
②主題文を見つける
③重要な支持文を見つける：細かな具体例や説明は要約に含めない。
④結論文を見つける
⑤まとめる：①～④をもとに，パラグラフ構成を考え，つなぎの言葉を使って簡潔にまとめる。その際，必要に応じて元の表現を自分なりに言いかえる。

(要約文の例の訳)

　２種類の読解がある。精読は英文を一文一文，ゆっくりと丁寧に読む。対照的に，多読は楽しみのために簡単なレベルの英文を単にたくさん読むことである。あなたの英語を上達させるためには，両方の読解方法が役に立つ。

■つなぎの言葉

言いかえ	in other words(言いかえると), that is (to say)(つまり), namely(すなわち)
要約	in short / in brief(要するに), in a word(一言で言うと), in summary / to sum up(要約すると)
結論	in conclusion / to conclude(結論として)

■複数パラグラフ

　複数のパラグラフからなる文は，通常，１つのパラグラフ内の英文構成と類似の「序論(Introduction)→本論(Body)→結論(Conclusion)」という構成を持つ。要約する場合は，各パラグラフの主題文と重要な支持文，結論文を見つけ，文章全体の構成を意識しながら，それらを使ってまとめる。序論のパラグラフの主題文は文章全体の主題文となり，結論のパラグラフの主題文は文章全体の結論文となるのが普通である。

< ━━━━━ >>>>>>>>> **補充問題** <<<<<<<<< ━━━━━ >

1　日本語に合うように，下線部に適切な語句を補いなさい。ただし，（　　）内の語数に合わせること。

1. 彼はある朝目が覚めたら，自分自身が有名になっていることに気がつきました。(4 語)

He awoke one morning ＿＿＿＿＿＿＿＿＿＿＿＿＿＿＿＿＿＿＿.

2. 男の子が手をポケットに入れたまま歩いていました。(6 語)

A boy was walking ＿＿＿＿＿＿＿＿＿＿＿＿＿＿＿＿＿＿＿.

3. 私たちはよく将来の計画について話しながらベンチに座っていました。(5 語)

We would often sit on the bench, ＿＿＿＿＿＿＿＿＿＿＿＿＿.

4. 遠くから見ると，その島は巨大なクジラのように見えます。(4 語)

＿＿＿＿＿＿＿＿＿＿＿＿＿＿, the island looks like a huge whale.

2　日本語に合うように，下線部に適切な語句を補いなさい。ただし，（　　）内の語を使うこと。

1. 彼は始発のバスに乗るために，昨夜は早く寝ました。(to)

＿＿＿＿＿＿＿＿＿＿＿＿＿＿＿＿＿＿＿.

2. 彼女がまた日本にやってくることを聞いて私たちは喜びました。(to)

＿＿＿＿＿＿＿＿＿＿＿＿＿＿＿＿＿＿＿.

3. 驚くべきことに，彼は時間通りに姿を現しました。(time)

＿＿＿＿＿＿＿＿＿＿＿＿＿＿＿＿＿＿＿.

4. その箱はあまりにも重かったので，私には持ち上げられませんでした。(so)

＿＿＿＿＿＿＿＿＿＿＿＿＿＿＿＿＿＿＿.

5. 私たちはこのオーブンを 10 年間使っているけれども，まだよく動きます。(oven)

＿＿＿＿＿＿＿＿＿＿＿＿＿＿＿, it still works well.

3　高校生のボランティア活動について，あなたの考えを 100 語程度の英文で書きなさい。

＿＿＿＿＿＿＿＿＿＿＿＿＿＿＿＿＿＿＿＿＿＿＿
＿＿＿＿＿＿＿＿＿＿＿＿＿＿＿＿＿＿＿＿＿＿＿
＿＿＿＿＿＿＿＿＿＿＿＿＿＿＿＿＿＿＿＿＿＿＿
＿＿＿＿＿＿＿＿＿＿＿＿＿＿＿＿＿＿＿＿＿＿＿

Lesson 8 Is Japan open enough?

Topic Introduction

①After returning to Japan from America, my aunt **told** me that there were some problems with the Japanese work environment. ②For example, although Japanese workers are aware of the importance of family time, they tend to work long hours. ③Her boss **tells** her that she shouldn't leave the office while he is still at work. ④Moreover, there are few female managers in her workplace. ⑤**It is said that** Japan is still a male-dominated society, in which few female employees take on leadership roles. ⑥I hope that Japanese companies will make their work environment more comfortable to everyone.

①私の叔母は，アメリカから日本に戻ってきた後，私に日本の労働環境には問題があると話してくれました。②例えば，日本人労働者は，家族の時間は大切と思っているけれども，長時間働く傾向があります。③彼女の上司は，彼がまだ仕事をしている間は帰るべきではないと言います。④さらに，彼女の職場には，ほとんど女性の管理職がいないそうです。⑤日本はまだ男性中心の社会と言われており，指導的な役割を担う女性従業員がほとんどいません。⑥日本の会社は，労働環境をすべての人にとってもっと快適なものにすると良いと思います。

語句と語法のガイド

be aware of ~	熟 ～に気づいている
tend to _do_	熟 ～する傾向がある　▶ tendency 名 傾向
female [fíːmeɪl]	形 女性の，雌の　▶ 反 male 形 男性の，雄の
manager [mǽnɪdʒər] アクセント	名 (組織・集団を)管理運営する人　▶ manage 動 ～を管理する
workplace [wə́ːrkplèɪs]	名 職場
dominate [dá(ː)mɪnèɪt]	動 ～を支配する
society [səsáɪəti]	名 社会　▶ social 形 社会の
employee [ɪmplɔ́ːiː] アクセント	名 従業員　▶ 反 employer 名 雇用者
take on ~	熟 ～を引き受ける
role [roʊl]	名 役割

解説

① **..., my aunt told me that there were some problems with ....**
　間接話法の形。 EB2
　→〈直接話法〉..., my aunt said to me, "There are some problems with ...."

③ **Her boss tells her that she shouldn't leave the office while he is still at work.**
　間接話法の形。 EB2
　→〈直接話法〉Her boss says to her, "You shouldn't leave the office while I am ...."

④ **Moreover, there are few female managers in her workplace.**

few は数えられる名詞(可算名詞)に付いて，「(数が)ほとんどない」という意味。

⑤ **It is said that Japan is still a male-dominated society, in which few female employees take on leadership roles.**

It is said that 〜は「〜と言われている」という意味。 **EB9**

in which のような〈前置詞＋関係代名詞〉も非限定用法で使用される。ここでは，in which は関係副詞 where で書きかえられる。, in which ... ＝ **and** few female employees take on leadership roles there(＝ **in the male-dominated society**)

‖ Listening Task ‖

Circle T for True or F for False. （正しければ T，間違っていれば F に○をつけなさい。）

（！ヒント）

1. 著者の叔母さんは以前アメリカに住んでいたか。(→①)
2. 上司は彼女に早く帰るように促しているか。(→③)
3. 彼女は自分の会社にたくさんの女性の管理職がいて幸せに思っているか。(→④)

‹ ━━━━ ››››››››› **Example Bank** ‹‹‹‹‹‹‹‹‹ ━━━━ ›

情報を伝える

A　直接話法と間接話法

1. My father **said** *to me*, "You are free to decide how to lead your life."
   （父は私に「どう生きるかは好きに決めていい」と言った。）
2. My father **told** *me that* I was free to decide how to lead my life.
   （父は私がどう生きるかは好きに決めていいと言った。）

◀ 解説

（直接話法）

1. 発言者の話したことを**そのままの言葉で**伝えるのが**直接話法**。引用符(" ")で囲み，引用符内の時制は発言で使われていた時制をそのまま用いる。

（間接話法）

2. 発言内容の代名詞や時制などを**話し手の視点からとらえ直して**伝えるのが**間接話法**。ここでは told の後の that 節の中で表されている。発言者の言葉(**被伝達部**)を伝える時に使う「(人が)〜と言う[話す]」という意味の say や tell などの動詞を**伝達動詞**という。

●直接話法から間接話法への転換の基本的な手順

①伝達動詞の選択

②発言内容(" "の内容)を that 節で導く。(that は省略可)

③人称[指示]代名詞を変える：発言中の人称代名詞は，話し手から見た人称に変える。また，指示代名詞は，話し手の視点からとらえた距離のある表現に言いかえる。(this → that，these → those)

④時制の一致を適用する：S said 〜 と**過去の発言**を伝える時，従属節の時制は**1つ前の時制にずれる**。

⑤時と場所を表す表現を変える：here → there，now → then，〜 ago → 〜 before，today → that day，tonight → that night，yesterday → the day before /

the previous day, last night → the night before / the previous night, tomorrow → (the) next day / the following day など

《注意》時・場所の表現は機械的に変更するのではなく，状況に応じて話し手の視点で適切に表現する。

［直接話法］Julia said to me, "I called you last night."
［間接話法］Julia told me that she had called me the previous night.

✚ 直接話法の発言内容が and や but などの等位接続詞で結ばれている場合，間接話法では接続詞の直後に that を入れる。この that は省略しない。

［直接話法］Ann said, "I chose green tea, and my father chose coffee."
（アンは「私は緑茶を選び，父はコーヒーを選びました」と言いました。）

［間接話法］Ann **said** (**that**) she had chosen green tea, **and that** her father had chosen coffee.

B　さまざまな伝達表現

3. Our teacher **told** us *to* consider disaster prevention.
   （私たちの先生は防災について考えるよう私たちに言った。）

4. My father **advised** me *not to* depend on the internet too much.
   （父は私にインターネットに頼りすぎないように助言した。）

5. She **suggested** *that* I take part in a local community event.
   （彼女は私が地域社会のイベントに参加するよう提案した。）

6. The lecturer **asked** the class *what* their ideal society would look like.
   （その講師は理想の社会とはどのようなものだろうかとクラスの生徒たちに尋ねた。）

7. **According to** the report, more and more people want to come to Japan to work.
   （報告によると，ますます多くの人が日本に働きに来たいと思っている。）

📣 解説

さまざまな被伝達部を間接話法で表す

　発言内容(被伝達部)が，疑問詞を使った疑問文や Yes / No 疑問文の場合，また依頼・忠告・提案などを表す場合，間接話法では適切な伝達動詞や文型を用いて表す必要がある。

命令文⇔〈tell + O + to *do*〉

3. 〈**tell + O(人) + to *do***〉は「(人)**に～するように言う**」という命令・依頼を表す。直接話法に直すと，被伝達部が**命令文**となる。

   → Our teacher said to us, "Consider disaster prevention."

   否定の命令文を間接話法で表すときは不定詞の直前に not, never を置く。never は not より強い否定を表す。

   ［直接話法］She said to me, "Don't be late."

   ［間接話法］She told me **not** to be late. （彼女は私に遅れないようにと言いました。）

忠告を表す文⇔〈advise + O + to *do*〉

4. 〈**advise + O(人) + to *do***〉は「(人)**に～するように勧める**」という忠告・助言を表す。ここでは to 不定詞が否定の形になっていることに注意する。直接話法に直すと，被伝達部が**忠告**を表す文となる。

   → My father said to me, "You should not〔had better not〕depend on the internet too much."

提案を表す文⇔〈suggest + that S (should) *do*〉

5. 〈**suggest[propose]**＋**(to 人)**＋**that S (should) *do***〉は「**(人に)〜することを提案する**」という意味。直接話法に直すと，被伝達部が**提案**を表す文となる。

➡ She said to me, "Why don't you take part in a local community event?"

《注意》提案・命令・要求・主張を表す動詞に続く that 節の中の動詞は原形になる。この用法を**仮定法現在**と呼ぶ。助動詞 should が使われることもある。

⇨ I **suggest** that we **wait** and **see**. (様子を見るのがよいと思います。)

⇨ He **insists** that Meg **be** present. (彼はメグが出席することを要求しています。)

仮定法現在が用いられる「提案・命令・要求・主張を表す動詞」には，demand(〜を要求する)，order(〜を命令する)，suggest[propose] (〜を提案する)，recommend(〜を勧める)，request(〜を頼む)，require(〜を必要とする)，insist(〜を主張する)などがある。

➕ 提案を表す文として，Let's 〜を用いる場合もある。

⇨ I **suggested[proposed]** to him that we **take** a break.

➡ I said to him, "Let's take a break." (私は彼に，休憩することを提案しました。)

疑問詞を使った疑問文⇔〈ask + O +疑問詞+ S + V〉

6. 〈**ask + O(人)**＋**疑問詞+ S + V**〉は「**(人)に〜を尋ねる**」という意味。直接話法に直すと，被伝達部が**疑問詞を使った疑問文**となる。間接話法では疑問詞の後が〈疑問詞＋S + V〉の語順になるので注意。

Yes / No 疑問文⇔〈ask + O + if[whether] + S + V〉

〈**ask + O(人)**＋**if + S + V**〉は「**(人)に〜かどうか尋ねる**」という意味。直接話法に直すと被伝達部が **Yes / No 疑問文**となる。if の代わりに whether を使ってもよい。

⇨ The flight attendant **asked** me *if* I needed a blanket.
(客室乗務員は私に毛布が必要かどうか尋ねた。)

➡ The flight attendant said to me, "Do you need a blanket?"

according to 〜

7. **according to 〜**は直後に名詞をとり，「**〜によると**」という情報の出所を表す。無生物主語の文で言いかえることもできる。

➡ The report **says[shows] that** more and more people want to come to Japan to work.

無生物主語「S が O に〜を伝える」

tell は「〜を伝える，告げる」の意味。「S が O に〜を伝える」とは「S を見れば[聞けば]O は〜がわかる」ということ。**show** でも同じような意味を表すことができる。

⇨ The map **tells[shows]** you how to get to the station.
(地図を見れば駅への行き方がわかります。)

report(報告書)，research(調査)，study(研究)，result(結果)，experiment(実験)，figure(図)，table[chart] (表)などが主語になることが多い。

say は「〜を述べる」の意味。「S は〜を述べる」→「S には〜と書いてある，S は〜を伝える」ということ。

⇨ The newspaper **says** that we will have a cold winter.
(新聞に，寒い冬になりそうだと書いてあります。)

letter(手紙)，TV(テレビ)，sign(標識)，paper(新聞)などがよく主語になる。

C 「～と言われている」

8. They say that Japan has a rapidly aging population.
（日本は急速な高齢化社会であると言われている。）

9. It is said that the crime rate in the city has increased this year.
（今年，この街の犯罪率は増加したと言われている。）

◀ 解説

| They[People] say that ～ |

8. they は特定されない「(話し手や聞き手を含まない)一般の人々」を指す。**They[People] say that ～**は「～だと言われている」という意味になる。

➡ It is said that Japan has a rapidly aging population.

➡ Japan is said to have a rapidly aging population.

| It is said that ... |

9. it は形式主語で，that 以下を指す。**It is said that ～**は「～だと言われている」という意味になる。

➡ They say that the crime rate in the city has increased this year.

➡ The crime rate in the city is said to have increased this year.

| say を使った受動態 |

They[People] say that ～（～だと言われている）は次の2種類の受動態に書きかえることができる。**S is said to do** は「S は～する[である]と言われている」という意味。

⇨ They say that he is very rich .

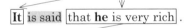

It is said that he is very rich .

He is said to   be very rich. （彼はとても金持ちだと言われています。）

➕ believe, think, know, suppose, consider, expect, report も同じように2種類の受動態に書きかえることができる。

⇨ They **believe** that seven is a lucky number.

➡ **It is believed** that seven is a lucky number.

➡ Seven **is believed to** be a lucky number. （7は幸運な数字だと信じられています。）

➕〈**S is said to have ＋過去分詞**〉は「S は～したと言われている」という意味を表す。この場合，to 以下が示す事柄は「言われている」より前の事柄である。

⇨ They **say** that tea originated in China.

➡ **It is said** that tea originated in China.
　　　　　　　　　　　　現在　　　　　　　過去

➡ Tea **is said to** have originated in China. （お茶は中国が起源だと言われています。）
　　　　　　　現在　　　　have ＋過去分詞

| I hear that ～ |

I hear that ～は「～ということを聞いている」→「～ということだそうだ」と他人か

らの情報を伝える場合の表現方法。

⇨ **I hear that** Kate is going to learn judo during her homestay in Japan.
（ケイトは日本でホームステイしながら柔道を学ぶそうです。）

< ━━━━━ >>>>>>>>> **Try it out** <<<<<<<<< ━━━━━ >

1 Which word fits best?（どちらの語が最もよく合いますか。）

(! ヒント) ➡ **EB1,3,4,6**

1. ・直接話法とは，A say to B, " 〜." のように，引用符を使って話した言葉どおりに伝える方法。
   ・「生徒会長は『私たちの学校をもっとよりよくしましょう』と言いました。」

2. ・直後に目的語（the students）があることに注目する。
   ・「先生は生徒に日本の高齢化の背景にある原因について尋ねました。」

3. ・〈tell ＋ O（人）＋ to *do*〉は「（人）に〜するように言う」という命令・依頼を表す。
   ・「その警官は彼に道路規則に従うように言いました。」

4. ・〈ask ＋ O（人）＋ if ＋ S ＋ V〉は「（人）に〜かどうか尋ねる」という意味。
   ・「彼女は上司に早退できるかどうか尋ねました。」

5. ・〈advise ＋ O（人）＋ to *do*〉は「（人）に〜するように勧める」という忠告・助言を表す。
   ここでは to 不定詞が否定の形になっている。
   ・「その医者は私に加工度の高い食品を食べないように忠告しました。」

▌ **語句と語法のガイド** ▌

student council president	熟 生徒会長　▶ council[káʊnsəl] 名 議会，協議会	
aging [éɪdʒɪŋ] 発音	形 高齢化する，老化する　▶ age 動 年をとる	
population [pɑ̀(ː)pjuléɪʃən]	名 人口	
officer [á(ː)fəsər]	名 警官，役人	
obey [oʊbéɪ]	動 〜に従う	
highly [háɪli]	副 非常に	
processed [prá(ː)sest] アクセント	形 加工された　▶ process 動 〜を加工する	

(練習問題①) **Which word fits best?**

1. Our captain (said / told), "Let's do our best."
2. A woman (said / asked) me about the location of the city council.
3. They (suggested / told) her to keep working long hours without any breaks.
4. He (asked / told) his boss if he could take child-care leave.
5. The woman (said / advised) us to participate in community activities.

2 You are talking about what people say about Japanese society. In pairs, exchange your opinions. You can use the statements in the box if necessary. （あなたは人々が日本社会ついて言っていることについて話しています。ペアで意見交換をしなさい。必要ならば，ボックス内の意見を使っても構いません。）

(! ヒント) ➡ **EB Ⓐ Ⓑ Ⓒ**

It is said that ... は「…だと言われている」という意味。節〈主語＋動詞〉が続くことに注意する。

(例)

A: **It is said that** we live in a free society. What do you think?

(私たちは自由な社会に暮らしていると言われています。あなたはどう思いますか。)

B: I think so, because we can express our own opinions. Our teachers always **advise** us to express what we think. How about you?

(そう思います。なぜなら私たちは自分自身の意見を述べることができるからです。先生はいつも私たちに思っていることを述べるように勧めます。あなたはどうですか。)

A: I don't think so. We have many obligations and duties as members of society.

(私はそう思いません。私たちには社会の一員として多くの責任や義務があります。)

・too many people live in urban areas (あまりにも多くの人々が都市部に住んでいる)

・an aging society is not a good thing (高齢化社会はよいものではない)

・young people don't read much today (今日，若者はあまり読書をしない)

・Japan is a monocultural society (日本は単一文化社会だ)

語句と語法のガイド

express [ɪksprés]	動 ~を言い表す	▶ expression 名 表現
obligation [à(:)blɪɡéɪʃən]	名 義務，責任	
duty [djú:ti]	名 義務，本分	
urban [ə́:rbən] （発音）	形 都市の	▶ 反 rural 形 田舎の
monocultural [má(:)nə-kʌ́ltʃərəl]	形 単一文化の	▶ 反 multicultural 形 多文化の

(解答例)

A: It is said that young people don't read much today. What do you think?

(今日，若者はあまり読書をしないと言われています。あなたはどう思いますか。)

B: Maybe it's true, because young people today have more fun things to do thanks to the internet. As for me, I'm so busy that I have no time to read. How about you? (多分本当です。なぜなら今日の若者はインターネットのおかげで，より多くの楽しいことがあるからです。私としては，とても忙しいので読書をする時間が全くありません。あなたはどうですか。)

A: I don't think that's right. If comic books and online articles are included, they read a lot, I think. (私はそれが正しいとは思いません。もし漫画やオンライン記事を含めれば，彼らはたくさん読んでいると思います。)

3 Imagine that your cousin told you about an experience that she had. Then, change the underlined parts into your own words. (あなたにいとこが経験したことについて話していると想像しなさい。そして，下線部分を自分たち自身の言葉に変えなさい。)

（!ヒント） ➡ EB Ⓐ

・いとこから聞いたことは，She told me that ~. という間接話法の形で，話し相手に伝える。人称代名詞と時制に注意すること。

・どんな会社で働きたいかは，I want to work for a company 〜. と言えばよい。company の後には，関係代名詞 which[that]や関係副詞 where などを使えばよい。

I worked in America for five years. The company was racially diverse. I enjoyed working with them. (私は 5 年間アメリカで働きました。会社は人種的に多様でした。私は彼らと働くことを楽しみました。)

You: My cousin worked in America for five years. She **told me** that ＿＿＿＿＿.
(私のいとこは 5 年間アメリカで働きました。彼女は私に〜と言いました。)

Your partner: That sounds interesting. What kind of company would you like to work for? (それは興味深いですね。あなたはどんな会社で働きたいですか。)

You: I want to work for a company that promotes flexible working in terms of time and location. That would be possible if I could work online. How about you? (私は時間と場所という側面で柔軟な働き方を推進している会社で働きたいです。もし私がオンラインで働くことができれば，それは可能でしょう。あなたはどうですか。)

Your partner: I want to work for a company that has branches overseas. I'm interested in working in Europe. (私は海外に支社のある会社で働きたいです。私はヨーロッパで働くことに興味があります。)

語句と語法のガイド

racially [réɪʃəli]	副 人種的に	▶ racial 形 人種の，race 名 人種
diverse [dəvə́:rs] **アクセント**	形 多様な	▶ diversity 名 多様性
promote [prəmóʊt] **アクセント**	動 〜を促進する	▶ promotion 名 促進
flexible [fléksəbl]	形 柔軟な	▶ flexibility 名 柔軟性
in terms of 〜	熟 〜に関して，〜の観点から	
location [loʊkéɪʃən]	名 場所，所在地	
branch [bræntʃ]	名 支社，支店，(木の)枝	
overseas [òʊvərsí:z]	副 海外に[へ]	▶ 形 海外(から)の

(解答例)

You: My cousin worked in America for five years. She told me that her company was racially diverse. (私のいとこは 5 年間アメリカで働きました。彼女は私に彼女の会社は人種的に多様であると言いました。)

Your partner: That sounds interesting. What kind of company would you like to work for? (それは興味深いですね。あなたはどんな会社で働きたいですか。)

You: I want to work for a company where I can get along well with my colleagues. I think that a lot of good work can be done by building good relationships in the workplace. How about you?
(私は同僚と仲良くすることができる会社で働きたいです。職場でよい関係を築くことによって，多くのよい仕事ができると思います。あなたはどうですか。)

Your partner: I want to work for a company that pays good salaries. I want to save money and set up my own company in the future. (私は給料のよい会社で働きたいです。お金をためて，将来，自分自身の会社を設立したいです。)

< ══ >>>>>>>>>> **Expressing** <<<<<<<<<< ══ >

STEP 1

(問題文の訳)

職場の観点から見た日本社会についてのプレゼンテーションを聞きなさい。下の表を完成させなさい。

(!ヒント)

下線部に入る適切な語句を聞き取る。

Topic(トピック)：The ＿＿＿ of Japanese society（日本社会の〜）

The government and companies are trying to make the work environment more diverse and ＿＿＿.

（政府と企業は労働環境をより多様で〜にしようと努力している。）

● accept more workers ＿＿＿

　（〜の労働者をもっと受け入れる）

　　↑

　a severe domestic ＿＿＿

　（深刻な国内の〜）

● hire people over the age of 45

　（45 歳以上の人を雇用する）

　　↓

　more mid-career ＿＿＿

　（より多くの中途の〜）

● tackle the unconscious bias against ＿＿＿

　（〜に対する無意識の偏見に取り組む）

　　↓

　encourage female employees to take on ＿＿＿

　（女性労働者に〜を引き受けるように促す）

Conclusion(結論)：There is hope that Japan will become ＿＿＿.

　（日本が〜になる望みがある。）

STEP 2

(問題文の訳)

プレゼンテーションの要約を完成させなさい。

(!ヒント)

STEP1 の表を利用して，下線部に適切な語句を書いていくと，要約が完成する。

The Japanese government and companies are trying to make the work environment ＿＿＿. For example, they are accepting ＿＿＿. Furthermore, they are hiring more ＿＿＿. They are also trying to tackle ＿＿＿. There is hope that ＿＿＿ in the future.

（日本の政府と企業は労働環境を〜にしようと努力している。例えば，それらは〜を受け入れている。さらに，それらはより〜を雇用している。それらはまた〜に取り組もうとし

ている。将来〜という望みがある。)

STEP 3

(問題文の訳)

ペアまたはグループで，私たちはどのようにすれば日本社会をより開放的で包括的に(誰でも受け入れるように)することができるのかについて話し合いなさい。

(！ヒント)

aging population(高齢化する人口)，gender bias(性差別)，information gap(情報格差)といった clues to the viewpoint(観点のヒント)について話し合うとよい。

(発言例)

Information gaps can be found in various situations. For example, it has been reported that many foreign people couldn't get enough information and felt uncomfortable in their evacuation shelters after natural disasters happened. I think it is partly because they were provided information only in Japanese. To bridge such information gaps, we should be able to use English as a world wide common language.

(情報格差はさまざまな状況で見られます。例えば，自然災害が起こった後，多くの外国人が避難所で十分な情報が得られず不快な思いをしたと報告されています。1つには，それは彼らが日本語のみで情報を提供されたからだと思います。そのような情報格差を埋めるために，私たちは世界共通語としての英語を使えるはずです。)

< ══════ >>>>>>>>>> **Logic Focus** <<<<<<<<<< ══════ >

■ **Summarizing ②** ―リスニングの要約―

　音声による英文のポイントをつかんで要約をするには，繰り返し出てくるキーワードを聞き取り，話の大きな流れを把握し，話し手の主張をつかむことが大切である。音声の場合は，書かれた文章にあるような改行や段落分けによって内容のまとまりをつかむことはできないので，つなぎの言葉や話の展開を示す言葉に注意を払い，英文の流れやポイントを理解する必要がある。リスニングの際は，メモをとることが有効である。

■ **リスニングの要点・要約を書く手順**

リスニングのコツ

① 繰り返し登場する語句を聞き取る → 英文のトピックやキーワードをつかむ。

② つなぎの言葉や話の展開を示す言葉に注意する → 話の流れをつかむ。

③ 主題文や結論文を聞き取る → 話し手の主張をつかむ。

メモのコツ

聞き取ったまますべてを書こうとせず，鍵となる語句のみをすばやくメモする。その際，行を変えてどんどん下に続ける。矢印や括弧などの記号を使って図示してもよい。

要約のコツ

メモにもとづき，要点を含んだ短い英文を作る。音声の英文と同一の表現を用いる必要はない。具体例や詳しい説明の部分は省く。

問題文の訳

1. 日本の教育制度の目的についてのプレゼンテーションを聞きなさい。下のメモを完成させなさい。

! ヒント

● Japan aims to have an education system with 〜 and ....
　（日本は〜で…な教育制度を持つことを目指している）

→ provide 〜 educational opportunities for every student
　（すべての生徒に〜な教育の機会を提供する）

　↑ by considering 〜 of students（生徒の〜を考慮することによって）

・students who need 〜（〜が必要な生徒）

・students from a variety of 〜 and ... backgrounds
　（さまざまな〜と…の背景を持った生徒）

・students with different 〜 and ...（さまざまな〜と…のある生徒）

問題文の訳

2. 聞いたことを要約しなさい。

要約例の訳

日本は多様ですべての人を受け入れる教育制度を持つことを目指している。そのような制度はすべての生徒に等しい教育機会を提供するだろう。これは生徒が必要としていることや背景を考慮することによって実現できる。私たちは特別な支援が必要な生徒やさまざまな人種的，民族的背景の生徒，そして異なる宗教や性的指向を持った生徒を受け入れる必要がある。

Lesson 8

===NOTE===

補充問題

1　各組の英文がほぼ同じ意味になるように，下線部に適切な語句を補いなさい。

1. He said to me, "I saw you near the station yesterday."
   He ＿＿＿＿＿＿＿＿＿＿＿＿＿ near the station the day before.
2. Ken said to them, "Don't take photos in this building."
   Ken ＿＿＿＿＿＿＿＿＿＿＿＿＿ in this building.
3. Emily said to him, "Please close the door."
   Emily ＿＿＿＿＿＿＿＿＿＿＿＿＿.
4. John said to her, "Why don't you ask your parents for advice?"
   John ＿＿＿＿＿＿＿＿＿＿＿ her parents for advice.

2　（　）内の指示に従って，次の日本語を英語に直しなさい。

1. その女の子は「今晩，外出します」と言いました。((a)は直接話法，(b)は間接話法)
   (a) ＿＿＿＿＿＿＿＿＿＿＿＿＿
   (b) ＿＿＿＿＿＿＿＿＿＿＿＿＿
2. 彼は私に「今何時ですか」と尋ねました。((a)は直接話法，(b)は間接話法)
   (a) ＿＿＿＿＿＿＿＿＿＿＿＿＿
   (b) ＿＿＿＿＿＿＿＿＿＿＿＿＿
3. その先生は彼女に，すぐに家に帰ったほうがよいと助言しました。(7語で)
   ＿＿＿＿＿＿＿＿＿＿＿ right away.
4. ある調査によると，高校生の約90パーセントがスマートフォンを使います。(survey を使って)
   ＿＿＿＿＿＿＿＿＿＿＿＿＿
5. 女性はふつう男性よりも長生きすると言われている。(It で始めて)
   ＿＿＿＿＿＿＿＿＿＿＿＿＿

3　車の利用について100語程度の英文を書きなさい。その際に「費用(cost)，便利さ(convenience)，環境(environment)」のうち1つ以上について必ず触れること。

＿＿＿＿＿＿＿＿＿＿＿＿＿
＿＿＿＿＿＿＿＿＿＿＿＿＿
＿＿＿＿＿＿＿＿＿＿＿＿＿
＿＿＿＿＿＿＿＿＿＿＿＿＿

Build Up 4 　前置詞

◀解説

1　前置詞の使い方

形容詞・副詞の働きをする

〈**前置詞＋名詞[代名詞]**〉のまとまりで**形容詞・副詞**の働きをする。

①1. The cake **in the refrigerator** is Meg's.(冷蔵庫の中のケーキはメグのものです。)
　　　　　　　　　　└─────── 名詞を修飾する形容詞の働き

　2. Put the cake **in the refrigerator** .(ケーキを冷蔵庫に入れてください。)
　　　　　　　　　　　　└─────── 動詞を修飾する副詞の働き

群前置詞

2語以上の語がまとまって前置詞として働く。熟語として覚えるとよい。

② The game was canceled **because of the heavy rain** .(大雨で試合は中止になった。)

原因・理由	□ because of / due to(～のために)　□ thanks to(～のおかげで)
目的	□ for the sake of(～のために)　□ for fear of *doing*(～しないように)
観点・視点	□ as for / with regard[respect] to / in relation to(～に関して)
	□ according to(～によると，～にしたがって)
手段・経路	□ by means of(～によって)
数量・範囲	□ up to((最大)～まで)
場所・空間	□ in front of(～の前に)　□ ahead of(～の前方に)
その他	□ in spite of(～にもかかわらず)　□ instead of(～の代わりに)

群動詞

〈**動詞＋前置詞**〉で**他動詞**の働きをする。

③ Kevin is **looking for** the key. (ケビンは鍵を探している。)
　⇨ He is **looking into** the murder case. (彼はその殺人事件を調査している。)
　⇨ Dad is **looking after** the baby. (パパが赤ん坊の世話をしている。)

□ ask for(～を求める)　□ call for(～を必要とする，～を求める)
□ stand for(～を表す)　□ come across(～に出くわす)　□ deal with(～を扱う)
□ get over(～を克服する)　□ care for(～の世話をする)　□ take after(～に似ている)
□ hear from(～から便りがある)

接続詞としても使われる

before や after のように，同じ単語でも前置詞としてだけではなく接続詞としても扱うことのできる語がある。

④1. I went to bed **before** ten last night. ［前置詞］（私は昨夜，10時前に寝た。）

　　2. I went to bed **before** <u>my father</u> <u>came</u> home. ［接続詞］
　　　　　　　　　　　　　　　　　　S　　　　　V
　　　　　　　　　　　　　　　　　　（私は父が帰ってくる前に寝た。）

2　間違えやすい前置詞

時間を表す at・on・in

at は時刻など「**時の一点**」を表すときに使われる。

at three(3時に)，at night(夜に)，at the end of this month(今月末に)

on は日付・曜日など「**ある特定の決まった日付**」を表すときに使われる。

on August 3(8月3日に)，on Christmas(クリスマスに)，on Monday(月曜日に)

in は月・季節・年・時間帯など「**幅のある時間**」を表すときに使われる。

in July(7月に)，in fall(秋に)，in 2014(2014年に)，in the morning(午前中に)

①1. I was born **at** 8 p.m. **on** May 14th **in** 2008.
　　　（私は2008年5月14日午後8時に生まれた。）

　　2. I'll call you **in the afternoon**.（午後に電話します。）

《注意》todayなどの副詞や，every, last, next, thisなどを伴う「時」の表現には前置詞は付けない。

　　3. My brother will be 12 years old **tomorrow**.（明日，私の弟は12歳になります。）

　　4. I'm going to see my aunt **this weekend**.（この週末，おばと会う予定です。）

期限を表す by，継続を表す until[till]

by は「**〜までに**」と**期限**を表す。

②1. I have to hand in my homework **by** Friday.
　　　（金曜日までに宿題を提出しなければならない。）

until［**till**］は「**〜まで(ずっと)**」と**継続の終了点**を表す。

　　2. I studied for the exam **until** midnight.
　　　（私は試験のために夜中の12時までずっと勉強した。）

期間を表す for・during・in

for は具体的な数字を伴った期間を表す。

③1. I talked with Jim **for** ten minutes on the phone.
　　　（私はジムと電話で10分間話をした。）

during は vacation や trip などの具体的な期間を表す語を伴い，ある出来事が「特定の期間」に起こることを示す。

　　2. Jim called me **during** the meeting.（ジムは会議中に電話をかけてきた。）

〈**in** ＋数字を伴った期間〉は「(今から)**〜後に**」という意味を表す。

　　3. I'll call you back **in** ten minutes.（(今から)10分後にかけ直します。）

《注意》while も期間を表す語だが，接続詞なので，後ろに節(主語＋動詞)がくる。

　　4. Jim called me **while** <u>I</u> <u>was taking</u> a bath.（風呂に入っている間にジムが電話を
　　　　　　　　　　　　　　　S　　V　　　　　　　　　　かけてきた。）

< ════════ >>>>>>>>>> **Practice** <<<<<<<<<< ════════ >

あなたは過去に起こった出来事について友達と話しています。下線部の語句を変えて，自分たち自身の会話を作りなさい。ボックス内の語句を加えて，理由や詳細を述べなさい。

| because of / due to / thanks to |

（!ヒント）
理由を述べるときに使う前置詞句（群前置詞）を確認すること。because of ～（～のために）/ due to ～（～のために）/ thanks to ～（～のおかげで）

（例）

1. A: I heard you had a soccer game last week. Did your team win?
   （先週サッカーの試合があったと聞いたわ。あなたのチームは勝ったの？）
   B: Unfortunately, last week's game was canceled **due to** the weather. It rained really hard and the lightning didn't stop. （あいにく先週の試合は天候のために中止になったんだ。雨が本当に激しく降って，雷が止まなかったよ。）
   A: I'm very sorry to hear that. （それを聞いてとても気の毒に思うわ。）

2. A: You could have come to the party that day! Why didn't you come?
   （あの日パーティーに来られただろうに。なぜ来なかったんだい？）
   B: I wanted to, but I couldn't **because of** the English test on Monday. I needed my brother's help. （行きたかったんだけど，月曜日の英語のテストのために行けなかったの。兄の助けが必要だったの。）
   A: OK. How did it go? （そうなんだ。テストはどうだったの？）
   B: **Thanks to** my brother's help, I was able to pass the test. He helped me a lot. （兄の助けのおかげで，テストに合格したわ。彼はとても助けてくれたの。）

（解答例）

1. A: I heard you went to a concert last Sunday. How was it?
   （この前の日曜日コンサートに行ったと聞いたわ。どうだったの？）
   B: Unfortunately, all the trains were delayed due to an accident. When I arrived at the hall, they were singing the last song. （あいにく事故のためにすべての電車が遅れたんだ。僕がホールに着いたときには，彼らは最後の歌を歌ってたよ。）
   A: That's too bad. （お気の毒に。）

2. A: You shouldn't have missed the chance! Why didn't you go on a picnic with Tom? （チャンスを逃すべきでなかったのに！なぜトムとピクニックに行かなかったんだい？）
   B: I couldn't join him because of a headache. I'd been looking forward to it. （頭痛のせいで彼と一緒に行けなかったの。ずっと楽しみにしてたのに。）
   A: Sorry to hear that. Are you all right now?
   （それを聞いて残念に思うよ。今は大丈夫かい？）
   B: Thanks to my mother, I've got better. She made some special soup for me. （母のおかげで，よくなったわ。私のために特別なスープを作ってくれたの。）

< ━━━━━ >>>>>>>>> 補充問題 <<<<<<<<< ━━━━━ >

1 日本語に合うように，（　　）に適切な語を入れなさい。

1. そちらが送付された請求書に関して 2, 3 質問があります。
I have a few questions with (　　　　) (　　　　) the bill you sent me.

2. 彼らは悪条件にもかかわらず，試合に勝つために最善を尽くしました。
(　　　　) (　　　　) (　　　　　　) the bad conditions, they did their best to win the game.

3. 彼の努力のおかげで私たちはその仕事を終えることができました。
(　　　　) (　　　　　) his efforts, we were able to finish the job.

4. 我々はその列車事故の原因を調査中です。
We are (　　　　) (　　　　) the cause of the train accident.

5. 私たちにとって言葉の壁を乗り越えることは容易ではありません。
It is not easy for us to get (　　　　) a language barrier.

6. 昨日，私は本屋で昔の友人に偶然会いました。
Yesterday I came (　　　　) an old friend at the bookstore.

2 （　　）に適切な前置詞を入れなさい。

1. I called him and asked him (　　　　) some advice.
2. There is a flower shop (　　　　) front (　　　　) the hospital.
3. Please call me back (　　　　) fifteen minutes.
4. The Statue of Liberty stands (　　　　) the friendship between America and France.
5. I waited for you (　　　　) three o'clock yesterday.
6. Yesterday, I received a letter written (　　　　) July 13.

3 次の日本語を英文に直しなさい。ただし，（　　）内の語句を使うこと。

1. 7 時までは，ナミが妹の面倒を見ます。(look)
_____

2. 東京滞在中に，あなたはどこへ行きたいですか。(stay)
_____

3. 今週末，ジャックは車を修理店に持って行くつもりです。(repair shop)
_____

4. 彼は家族のために朝から晩まで働きました。(sake)
_____

Lesson 9 ▶ What if you were rich?

Topic Introduction

①If you **became** a billionaire, what **would** you **do**? ②There are two things I **would do**. ③First, I **would visit** many countries and spend time living abroad. ④My dream is to work as part of the global community. ⑤To realize it, I want to learn about cultures in other countries. ⑥I **wouldn't learn** much **if** I **didn't live** overseas. ⑦Second, I **would donate** a lot of money to help people in need. ⑧I always wish for world peace. ⑨**Without** the consideration of others, many people **would face** difficultly in their daily lives.

①億万長者になったら，何をするでしょう。②私なら，次の２つのことをすると思います。③まず，たくさんの国に訪れて，海外で過ごすでしょう。④私の夢は国際社会の一員として働くことです。⑤それを実現するためには，他の国で文化を学ぶ必要があります。⑥海外に住まなかったら，多くを学ぶことはないでしょう。⑦次に，困っている人を助けるために，多くのお金を寄付すると思います。⑧私はいつも世界の平和を願っています。⑨他者への思いやりが無ければ，多くの人が日常生活で困難に直面するでしょう。

語句と語法のガイド

billionaire [bìljənéər]　アクセント	名 億万長者	▶ billion 名 10 億
spend ~ doing	熟 （時間）を~して過ごす	
community [kəmjúːnəti]　アクセント	名 共同社会，地域社会	
realize [ríːəlàɪz]	動 ~を実現する	▶ real 形 現実の
donate [dóʊneɪt]	動 ~を寄付する	▶ donation 名 寄付
in need	熟 困って	
wish for ~	熟 ~を望む	
consideration [kənsìdəréɪʃən]　アクセント	名 思いやり	▶ considerate 形 思いやりのある

解説

① **If you became a billionaire, what would you do?**
   仮定法過去の文。**EB4**

② **There are two things I would do.**
   things と I の間に目的格の関係代名詞が省略されている。
   would do は仮定法。**EB4**

③ **First, I would visit many countries and spend time living abroad.**
   前文で「２つのことをする」と述べている。First（まず）で１つ目を述べ，２つ目を⑦で述べている。would visit は仮定法。**EB4**

⑥ **I wouldn't learn much if I didn't live overseas.**
   仮定法過去の文。**EB4**

⑦ **Second, I would donate a lot of money to help people in need.**
   would donate は仮定法。**EB4**

in need は people を修飾している。

⑨ **Without the consideration of others, many people would face difficultly ....**
〈without ＋名詞〉が if 節と同じ働きをしている仮定法過去の文。**EB10**

┃ **Listening Task** ┃

Circle T for True or F for False. （正しければ T, 間違っていれば F に○をつけなさい。）
〔！ヒント〕

1. 著者の将来の夢はお金持ちになることか。（→④）

2. 著者はもしお金持ちになったら，さまざまな文化について学ぶために他の国に住むだ
ろうか。（→③⑤⑥）

3. 著者が多くのお金でするであろうことの 1 つは，貧しい人々を助けることか。（→⑦）

< ══ >>>>>>>>> **Example Bank** <<<<<<<< ══ >

仮定を表す

A　直説法

1. If it **is** fine tomorrow, I **want** to have a barbecue.
（もし明日，晴れたら，バーベキューをしたい。）

2. If you **go** to a foreign country, you **can learn** firsthand about the culture.
（もし外国に行けば，あなたはその文化について直接，学ぶことができる。）

◀〈 **解説**

〔条件を表す if〕

1. 2. if は「もし…ならば」という意味を表す。文頭にある場合，主節の前にコンマを置
くのが一般的である。次のように if 節を後ろに置くこともある。
　　⇨ Please let me know <u>if you need any help</u>.（もし何かお手伝いが必要でしたら，
　　　　　　　　　　　　　　　　　　　　　　　　　　　　　　お知らせください。）
　　《注意》条件を表す副詞節では，未来のことであっても現在形を用いる。
　　　　　⇨ **If** it **rains** tomorrow, we **will** stay home.（もし明日雨なら，私たちは家
　　　　　　　× *will rain*　　　　　　　　　　　　　　　　　　にいるつもりです。）

〔直説法と仮定法〕

英語では事実をそのまま表す時に用いる動詞の形を**直説法**，現実に反することや実際に
起こりそうにないことを表す時に用いる動詞の形を**仮定法**という。

B　仮定法

3. If you **were** a foreign tourist, where in Japan **would** you **visit**?
（もしあなたが外国人観光客だったなら，日本のどこを訪れますか。）

4. If you **went** to the moon, what **would** you **do**?
（もし月に行ったら，何をしますか。）

5. I **could have had** a chance to study abroad **if** I **had studied** harder.
（もしもっと勉強していたなら，留学する機会を得ることができていたのに。）

6. If he **hadn't saved** enough money, he **wouldn't be** here in Norway now.
（もし十分なお金を貯めていなかったなら，彼は今ここノルウェーにいなかっただろう。）

◢ 解説

仮定法過去

3. 4.「もし(今)〜ならば，…だろうに」と仮定して**現在の事実と違う**ことを表す場合，
現実の時制より1つ過去にずらし過去形が使われる。これを**仮定法過去**という。
　① if 節の動詞には**過去形**を用いる。
　② 主節には**助動詞の過去形**が使われる。
　●仮定法過去の基本形

$$\underbrace{\text{If} + \text{S' +}\boxed{\text{過去形}}}_{\text{if 節}},\ \underbrace{\text{S} + \left\{\begin{array}{l}\text{would}\\\text{could}\\\text{might}\end{array}\right\} + \boxed{\text{動詞の原形}}}_{\text{主節}}.$$

　《注意》仮定法過去の文で，if 節が be 動詞の場合は主語の人称に関係なく **were** を使
うが，口語では主語が1人称，3人称で単数の場合は was も使われる。

仮定法過去完了

　「**もし(あの時)〜だったなら，…だっただろうに**」と，**過去の事実と違う**こと，実際に
起こらなかったことを仮定して述べる場合，時制を過去よりさらに過去にずらして，過
去完了形が使われる。これを**仮定法過去完了**と呼ぶ。
　①if 節の動詞には**過去完了形**〈**had ＋過去分詞**〉を用いる。
　②主節には〈**助動詞の過去形＋ have ＋過去分詞**〉が使われる。
　●仮定法過去完了の基本形

$$\underbrace{\text{If} + \text{S' +}\boxed{\text{過去完了形}}}_{\text{if 節}},\ \underbrace{\text{S} + \left\{\begin{array}{l}\text{would}\\\text{could}\\\text{might}\end{array}\right\} + \boxed{\text{have ＋過去分詞}}}_{\text{主節}}.$$

5. 過去形の否定文を使って，「現実」を次のように表すことができる。
　➡ I **didn't study** very hard, so I **couldn't have** a chance to study abroad.
　　（あまり勉強していなかったので，留学する機会を得ることができませんでした。）

if 節と主節で時制が異なる場合

6. **if 節は仮定法過去完了**で過去の事実と違うことを，**主節は仮定法過去**で現在の事実と
違うことを述べている。「**もし(あの時)〜だったなら，(今)…だろうに**」の意味になる。
「現実」は次のように表すことができる。
　➡ He **saved** enough money, so he **is** here in Norway now.
　　（十分なお金を貯めたので，彼は今ここノルウェーにいます。）

C　その他の仮定

7. I **wish** I **could save** people around the world from poverty.
　（世界中の人々を貧困から救えたら良いのに。）

8. **If** you **were to live** abroad, which country **would** you **like** to live in?
　（もし外国に住むことになったら，あなたはどの国に住みたいですか。）

9. He acted **as if** he **had been** in England for a long time.
　（彼は長い間イングランドにいたかのように振舞った。）

10. **Without** my family's support, **I couldn't have studied** abroad.
(家族の助けなしでは，私は留学することができなかった。)

📣 解説

wish を使った仮定法

7. 〈**I wish ＋仮定法過去**〉で「**～であればよいのに**」と，現実に反したり実現が困難な願望を表すことができる。I wish に続く節の時制を過去にする。
wish に続く節で**仮定法過去完了**を用いると，「**～だったらよかったのに**」という過去において実現しなかったことへの願望を表すことができる。
⇨ **I wish I hadn't bought** these shoes.(この靴を買わなければよかったなあ。)
➡ **I'm sorry I bought** these shoes.(残念ながら，私はこの靴を買ってしまいました。)
　…「現実」のこと

〈If S' were to ＋動詞の原形〉

8. 〈**If ＋ S' ＋ were to ＋動詞の原形**〉で「**仮に～するとしたら**」と，実現の可能性がゼロの場合から，可能性がある場合まで，話者のさまざまな想定を表す。

If ＋ S' ＋ were to ＋ 動詞の原形, S ＋ { would / could / might } ＋ 動詞の原形.
　　　　　　 if 節　　　　　　　　　　　　 主節

➕ were to ～は，「もし～が起きたら[になったら，と言ったら]」などと，議論上の仮定を表す。よく用いられる動詞に，happen, say, ask, meet, die などがある。
⇨ **If** a nuclear war **were to happen**, human beings **would become** extinct.(もし核戦争が起きたら，人類は絶滅するでしょう。)

〈If S' should ＋動詞の原形〉

〈**If S' should ＋動詞の原形**〉は「**万一～すれば**」という意味で，実現の可能性がきわめて低い場合に用いられる。「まずあり得ないだろうが」というニュアンスになる。

If ＋ S' ＋ should ＋ 動詞の原形, S ＋ { would / could / might / will / can / may } ＋ 動詞の原形.
　　　　　　 if 節　　　　　　　　　　　 主節

⇨ **If** he **should change** his mind, he **would let** us know.
(万一，気が変われば，彼は私たちに知らせるでしょう。)

as if を使った仮定法

as if の節で**仮定法過去**を用いると，「**まるで～のように**」という主節の時制と同じ時の事実とは異なる状況や空想を表す。
⇨ He treats me **as if** I **were** a little child.(彼はまるで私を幼い子どものように扱います。)

9. as if の節で**仮定法過去完了**を用いると，「**まるで～したかのように**」という主節の時制よりも前の事実とは異なる状況や空想を表す。
He acted **as if** he had been in England for a long time.
　　　　　　↑主節(He acted)より前のこと

➕ as if は **as though** を用いても同じ意味を表す。

➡ He acted **as though** he had been in England for a long time.

〈It's time ＋仮定法過去〉

〈**It's time ＋仮定法過去**〉で「もう〜してもよいころだ」という意味。

⇨ **It's time** you **started** to think about your future.
（あなたは，自分の将来について考え始めてもいいころです。）

〈without ＋名詞〉

10. 〈**without ＋名詞**〉で if 節と同じ働きをする。主節の動詞が仮定法過去の場合は「（今）**〜がなければ**」，仮定法過去完了の場合は「（あの時）**〜がなかったなら**」の意味になる。この表現では，主節の時制によって現在のことか過去のことかを判断する。

〈**If it were not for 〜**〉は「もし〜がなければ」，〈**If it had not been for 〜**〉は「もし〜がなかったなら」という意味。どちらも，without 〜や but for 〜で表すことができる。but for 〜は文語的な表現。

⇨ <u>If it were not for</u>[**Without, But for**] this computer, I **could not do** anything.
（このコンピューターがなければ，私は何もできないでしょう。）

⇨ <u>If it had not been for</u>[**Without, But for**] his help, I **might have failed**.
（彼の助けがなかったなら，私は失敗していたかもしれません。）

〈with ＋名詞〉

〈**with ＋名詞**〉は〈without ＋名詞〉とは反対の意味を持ち，仮定法過去の場合は「（今）**〜があれば**」，仮定法過去完了の場合は「（あの時）**〜があったなら**」という意味を表す。

⇨ **With** a little more money, I **could buy** another coat.（もう少しお金があれば，コートをもう1着買えるのに。）

➡ **If I had** a little more money, I **could buy** another coat.

⇨ **With** a little more time, I **could have finished** the work.
（もう少し時間があったならば，その仕事を終えることができたのに。）

➡ **If I had had** a little more time, I **could have finished** the work.

その他の if を使わない仮定法

otherwise は「**そうでなければ**」という意味の副詞。

⇨ I took a taxi, **otherwise** I **would have missed** the flight.
（私はタクシーに乗りました。そうしなかったら飛行機に乗り遅れていたでしょう。）

➡ **If I hadn't taken** a taxi, I **would have missed** the flight.

in *one's* place は「**もし〜の立場なら**」という意味の副詞句。

⇨ **In your place**, I **would have done** the same thing.
（もしあなたの立場だったなら，私も同じことをしたでしょう。）

➡ **If I had been** in your place, I **would have done** the same thing.

主語が「**〜であれば**」と仮定の意味を含むことがある。if 節のない文だが，〈主語＋ would[could, might]＋ have ＋過去分詞〉なら仮定法過去完了で，過去の事実に反する仮定を表す。

⇨ **An honest man wouldn't do** such a thing.
（正直な男性ならばそんなことはしないでしょう。）

➡ **If he were** an honest man, he **wouldn't do** such a thing.

─────────── ＞＞＞＞＞＞＞＞＞ **Try it out** ＜＜＜＜＜＜＜＜＜ ───────────＞

1　Which word fits best? Put the verb into the correct form if necessary.（どの語が最もよく合いますか。必要ならば，動詞を正しい形に変えなさい。）

（！ヒント）→ **EB1,2,3,4,5,10**

1.・if 節の動詞が現在形であることに着目する。仮定法ではない。
　　・「もし急がなければ，あなたは飛行機に乗り遅れるでしょう。」
2.・主節に would があることに着目する。if 節は「もし私があなたなら」という仮定法過去の表現にする。
　　・「もし私があなたなら，卒業後すぐに海外留学することを選ぶでしょう。」
3.・if 節の動詞が過去完了形であることに着目する。仮定法過去完了の文は，〈If + S'+動詞の過去完了形, S +助動詞の過去形+ have +過去分詞.〉。
　　・「もしケイトがその地域についてもっと知っていたなら，現地のもっといいレストランで食事することができたでしょう。」
4.・主節に a few years ago があることに着目する。〈without +名詞〉で if 節と同じ働きをするので，「～がなかったなら，…だったでしょう」という仮定法過去完了の文を考える。
　　・「絶え間ない努力がなかったなら，彼女はアメリカで日本語教師になるという目標を2，3年前に達成することはできなかったでしょう。」

▌▌**語句と語法のガイド**▌▌
local [lóukəl]　　　　　　　　形 現地の，地元の
continuous [kəntínjuəs]　（アクセント）　形 絶え間ない，継続的な　▶ continue 動 続く

（練習問題①）Which word fits best? Put the verb into the correct form if necessary.

1. If it rains tomorrow, we will（　　　　　）our plans.
2. If I（　　　　　）in your position, I would（　　　　　）to the festival at once.
3. If he had studied English more, he could（　　　　　）more foreign friends during the trip.
4. Without his advice, we could（　　　　　）the game at that time.

go / not win / make / change / be

2　You are having an interview about possible events related to living overseas. Change the underlined words to make your own conversation. Give reasons and examples.（あなたは海外に住むことに関連して起こり得る出来事についてインタビューをしています。下線部の語句を変えて，自分たち自身の会話を作りなさい。理由や例を述べなさい。）

（！ヒント）→ **EB** Ⓐ Ⓑ Ⓒ

・〈If you had a chance ..., ～〉は，「もし（今）…ならば，～だろうに」という意味の仮定法過去。〈If + S' +過去形, S +助動詞の過去形+動詞の原形.〉という形に注意。
・If you were to give a presentation ..., ～は「仮に～するとしたら，…だろう」という意味を表す。〈If + S' + were to +動詞の原形, S +助動詞の過去形+動詞の原形.〉という形に注意。

（例）

A: **If** you **had** a chance to live overseas for a year, where **would** you **live**?
（もし１年間海外に住む機会があれば，あなたはどこに住むでしょうか。）

B: I **would choose** to live in Germany.　I want to watch German football league matches every week.
（私はドイツに住むことを選ぶでしょう。毎週ドイツのサッカーリーグ戦を見たいです。）

A: **If** you **were to give** a presentation about Japan, what **would** you **talk** about?
（もし仮に日本についてプレゼンテーションをするとしたら，あなたは何について話しますか。）

B: I **would talk** about the convenience stores.　It is said that Japan's convenience stores are the most convenient, and they are everywhere in the country.
（コンビニエンスストアについて話すでしょう。日本のコンビニエンスストアは最も便利だと言われていて，国じゅうどこにでもあります。）

A: Yes, I think so, too.　Thank you for answering the questions.
（はい，私もそう思います。質問にお答えいただきありがとうございました。）

B: You're welcome.　**If** you **have** any more questions, please text me.　I'm really happy to answer your questions.（どういたしまして。もしさらに質問があれば，テキストメッセージを送ってください。本当に喜んであなたの質問にお答えします。）

語句と語法のガイド

league [liːg] **発音**	名 リーグ ▶ league match 熟 リーグ戦	
convenient [kənvíːniənt] **アクセント**	形 便利な	
everywhere [évrihwèər]	副 どこにでも	
text [tekst]	動 (携帯電話で)テキストメッセージを送る ▶ 名 テキストメッセージ	

（解答例）

A: If you had a chance to live in a city in a foreign country for a month, where would you live?（もし１カ月間，外国の都市に住む機会があれば，あなたはどこに住むでしょうか。）

B: I would live in London.　I would like to go to see musicals every day.
（私はロンドンに住むでしょう。毎日ミュージカルを見に行きたいです。）

A: If you were to give a presentation about Japan, what would you talk about?
（もし仮に日本についてプレゼンテーションをするとしたら，あなたは何について話しますか。）

B: I would talk about Japanese anime movies.　They are also popular abroad, so I would like to introduce some of my favorite movies.
（日本のアニメ映画について話すでしょう。それらは海外でも人気があるので，私のお気に入りの映画をいくつか紹介したいです。）

A: Sounds interesting.　Thank you for answering the questions.
（興味深いです。質問にお答えいただきありがとうございました。）

B: You're welcome.　If you know any good Japanese anime movies, please let me know.
（どういたしまして。もし何かよい日本のアニメ映画を知っていれば，私に教えてください。）

3　Your partner wants to study abroad but hasn't decided where to go. Compare the countries in the table below and give him/her some advice. Give examples and details.(あなたのパートナーは海外留学をしたがっていますが、どこに行けばよいのか決めていません。下の表にある国を比較して、彼／彼女に助言をしなさい。例や詳細を述べなさい。)

(！ヒント)　➡ **EB** Ⓐ Ⓑ Ⓒ

仮定法過去の形を再確認すること。

Country(国)	**Major Advantages**(主な長所)
Canada (カナダ)	meeting people with different cultural backgrounds(さまざまな文化的背景を持った人々に会う)/ various outdoor and sporting activities(さまざまな屋外活動やスポーツの活動)
New Zealand (ニュージーランド)	great natural beauty with a lot of animals(たくさんの動物がいる大自然の美しさ)/ one of the safest countries for foreigners(外国人にとって最も安全な国の1つ)
U.K. (イギリス)	various world-famous places(世界的に有名なさまざまな場所)/ amazing cities with unique characteristics(独自の特徴を持ったすばらしい諸都市)

(例) **If** I **were** you, I **would go** to Canada. **If** you **go** there, you **will have** a lot of opportunities to meet various kinds of people with different cultural backgrounds, which is one of the greatest advantages of studying abroad. Also, you **can enjoy** sports throughout the year. I think you can apply for a scholarship. **If** you **were** accepted, you **would** have more opportunities to study.(もし私があなたならば、カナダに行くでしょう。もしあなたがそこに行けば、さまざまな文化的背景を持ったさまざまな人々に会う機会がたくさんあるでしょう。それは海外留学をする最大の長所の1つです。また、あなたは1年中スポーツを楽しむことができます。あなたは奨学金を申請できると思います。もし合格したら、あなたは勉強するためのより多くの機会を得るでしょう。)

語句と語法のガイド

advantage [ədvǽntɪdʒ]　**発音**　图 長所　▶ 反 disadvantage 图 短所
unique [juːníːk]　**発音**　　　　　　　　形 独自の
characteristic [kæ̀rəktərístɪk]　**アクセント**　图 (通例複数形で)特徴

(解答例)

If I were you, I would go to New Zealand. If you go there, you will enjoy great natural beauty with a lot of animals. It is one of the greatest advantages of staying in New Zealand. Also, you can make many friends with people from different cultural backgrounds. You can visit a lot of places with your new friends. New Zealand is one of the safest countries for foreigners, so you can always feel relaxed.(もし私があなたならば、ニュージーランドに行くでしょう。もしあなたがそこに行けば、たくさんの動物がいる大自然の美しさを楽しむでしょう。それはニュージーランドに滞在する最大の長所の1つです。また、あなたはさまざまな文化的背景を持った多くの友達を作ることができるでしょう。あなたは新しい友達と多くの場所を訪れることができます。ニュージーランドは外国人にとって最も安全な国の1つですから、あなたはいつもリラックスした気分でいられます。)

< ══ >>>>>>>>>> **Expressing** <<<<<<<<< ══ >

STEP 1

(問題文の訳)

スピーチを聞きなさい。下のボックスの中から正しい答えを選んで，表を完成させなさい。

(!ヒント)

それぞれの人物が訪れたい国とその理由を聞き取る。

a. Learning language(言語を学ぶ)，b. Learning about art(芸術について学ぶ)，

c. Learning about pop culture(大衆文化について学ぶ)

STEP 2

(問題文の訳)

もし宝くじに当たって巨額のお金を手にしたら，あなたは何をするでしょうか。あなたがしたいことを書きなさい。あなたの考えをクラスメートと共有しなさい。

(!ヒント)

(例)buy a house in Hollywood(ハリウッドに家を買う)／buy a lot of guitars(ギターをたくさん買う)

(解答例)

build a house full of comic books and video games(漫画本とビデオゲームだらけの家を建てる)

STEP 3

(問題文の訳)

STEP2 から宝くじの当選金で何をするかについてのスピーチ用のメモを書きなさい。そしてスピーチの原稿を書き，スピーチをしなさい。

(!ヒント)

あなたは宝くじの当選金で何をするでしょうか。

(例)もし宝くじの当選者になったら，私はたくさんの時間を費やして世界中を見ることにお金を使うでしょう。

説明／理由 1(例)まず，私はハリウッドに家を買うでしょう。これは，私が子どものころにハリウッドを舞台にした映画を見てからずっと私の夢です。

説明／理由 2(例)次に，ヨーロッパ中で，サッカーの試合を生観戦するでしょう。

(解答例)

あなたは宝くじの当選金で何をするでしょうか。

If I became a lottery winner, I would buy an island and build two things for myself.

(もし宝くじの当選者になったら，私は島を買って，自分自身のために 2 つのものを作るでしょう。)

説明／理由 1

First, I would build a house full of comic books and video games. I could stay home, doing only what I like.(まず，私は漫画本とビデオゲームだらけの家を建てるでしょう。好きなことだけをして家にいられるでしょうね。)

説明／理由 2

Next, I would build a new theme park like Universal Studios Japan. I could spend time with my favorite characters whenever I want to.

(次に，私はユニバーサルスタジオジャパンのような新しいテーマパークを作るでしょう。私は好きなときにいつでもお気に入りのキャラクターと一緒に過ごせるでしょう。)

Logic Focus

■ Speech ―スピーチ―

スピーチは聴衆に対して自分の考えを述べたり，描写したり，説得したりする活動である。スピーチの目的や対象によって，さまざまな形があるが，ここでは説明を目的としたスピーチを解説する。

■箇条書きを作る

テーマに沿って話す内容の箇条書きを作成する。話す内容をそのまま文にして書くと，読み上げることに集中してしまうので，必要な項目のみをリストアップする。

序論	世界中を見ることにたくさんの時間を費やす私の夢
本論①	ハリウッドに家を買う／映画の登場人物のように暮らす
本論②	ヨーロッパ中を旅して回る／毎週サッカーの試合を生観戦する
結論	海外でたくさんの時間を過ごすためにお金を使う／単なる旅行をする人以上になる

■スピーチ原稿を書く

宝くじに当たったら，あなたならどうしますか？

　誰しもがお金持ちになりたいと思っていると言っても過言ではありません。もし宝くじに当たって大金持ちになったとしたら，あなたならどうしますか？　もし私が宝くじに当選してお金持ちになったとしたら，たくさんの時間を費やして世界中を見ることにお金を使うと思います。

　まず，ハリウッドに家を買うでしょう。ハリウッドに住むことは私の夢の１つです。私は子どものころ，ハリウッドを舞台にした映画を見ました。これらの映画に出てくるハリウッドでの生活にとても感銘を受けたのです。この経験は，まるで映画の登場人物であるかのようにハリウッドで暮らしてみたいと思わせたのです。

　次に，ヨーロッパ中で，サッカーの試合を生観戦するでしょう。サッカーを始めた時からずっと，さまざまなリーグの試合を毎週末，見てみたかったのです。

　ということで，私なら海外でたくさんの時間を過ごすために当選金を使うと思います。単なる旅行をする人以上になり，他文化の日常生活を経験したいです。ご清聴ありがとうございました。

■伝え方を意識する

スピーチを行う際には，内容だけでなく伝え方も気をつけましょう。

□できるだけ聴衆の方を見ながら話す。
□意味の切れ目を意識して話す。
□内容や意味を合わせて強弱をつける。
□大きな声ではっきりと適度な速さで話す。

⟨ ══════ ⟩⟩⟩⟩⟩⟩⟩⟩⟩ 補充問題 ⟨⟨⟨⟨⟨⟨⟨⟨ ══════ ⟩

① **日本語に合うように，下線部に適切な語句を補いなさい。ただし，（　）内の語数に合わせること。**

1. もしもっと情報が必要ならば，私に知らせてください。(5 語)

　　_____, please let me know.

2. もしあなたの立場なら，私も同じことをするでしょう。(6 語)

　　_____, I would do the same thing.

3. もしもっとお金を持っていれば，もう 1 台携帯電話を買えるのに。(5 語)

　　_____, I could buy another mobile phone.

4. もう少し早く着いていたら，私はその電車に間に合ったのに。(6 語)

　　If I had arrived a little earlier, _____.

5. 仮に彼女がその申し出を断ったら，誰がそれを引き受けてくれるでしょうか。(5 語)

　　_____ the offer, who would accept it?

② **次の日本語を英語に直しなさい。**

1. もしあなたが今朝，電話をくれていなかったら，私はまだ寝ているでしょう。

　　_____

2. ケンと同じくらい流ちょうに英語が話せたらなあ。

　　_____

3. 彼女はまるで何もしなかったかのようにふるまいました。

　　_____

4. あなたの助言がなかったら，彼は事業で成功しなかったでしょう。

　　_____

③ **もしあなたが透明人間になれたら，どんなことを感じたり，どんなことをしたりすると思いますか。次の書き出しに続けて 100 語程度の英文を書きなさい。**

　　If I were invisible,

　　_____

　　_____

　　_____

　　_____

Lesson 10 How might AI affect our lives?

Topic Introduction

①**Some** people worry that artificial intelligence will take our jobs. ②Is AI our enemy? ③Historically, technological developments have already changed our way of working. ④In **some** areas, there were **a large number of** people who engaged in agriculture. ⑤Now, only **a few** people do the work because **almost all** of the tasks needed in that field can be done by machines. ⑥However, people adapted to the situation, and then the introduction of machines brought profit. ⑦Now you can see that AI does not have to be our enemy. ⑧What is important is to find a way to co-exist with technology.

①AIが私たちの仕事を奪うのではないかと心配している人もいる。②AIは人間の敵だろうか。③歴史的には，科学技術の発展のために，私たちの労働への考え方はすでに変わってきている。④ある地域では，農業に従事する人々が多くいた。⑤今では，その分野で必要とされるほとんどすべての仕事を機械によって行えるため，わずかな人しか従事していない。⑥しかしながら，人々はその状況に適応し，機械の導入は利益をもたらした。⑦ここまで来れば，AIが敵でないことがわかるだろう。⑧重要なことは，科学技術と共存する方法を見つけることだ。

語句と語法のガイド

artificial [à:ァtɪfíʃəl] アクセント 形 人工の
▶ artificial intelligence（略 AI）熟 人工知能

intelligence [ɪntélɪdʒəns] 名 知能 ▶ intelligent 形 知能の高い

historically [hɪstɔ́(:)rɪkəli] アクセント 副 歴史的に ▶ historical 形 歴史的な

development [dɪvéləpmənt] 名 発展 ▶ develop 動 発展する，〜を発展させる

engage in 〜 熟 〜に従事する

agriculture [ǽgrɪkʌ̀ltʃər] アクセント 名 農業

adapt to 〜 熟 〜に適応する

profit [prá(:)fət] 名 利益

co-exist [kóʊɪgzíst] 動 共存する ▶ exist 動 存在する
▶ co- は「共同・共通」という意味の接頭辞。
（例）cooperate（協力する），coeducation（男女共学）

解説

① **Some people worry that artificial intelligence will take our jobs.**
some は「(数・量が)いくつか」あることを表す。 EB3

④ **In some areas, there were a large number of people who engaged in agriculture.**
some は「いくつかの〜」という意味。 EB3
〈a large number of ＋可算名詞の複数形〉で「とても多くの〜」という意味。複数扱い。 EB5

⑤ **Now, only a few people do the work because almost all of the tasks needed in that field can be done by machines.**

only a few は「ほんの少ししかない」の意味。 **EB3**

almost all of 〜は「たいていの〜，大部分の〜」という意味を表す。 **EB4**

⑧ <u>What is important</u> <u>is</u> <u>to find a way to co-exist with technology</u>.
　　　S　　　　　　　V　　　　　　　C

┃ Listening Task ┃

Circle T for True or F for False. （正しければT，間違っていればFに○をつけなさい。）

（!ヒント）

1. AI のために自分の仕事を失うことを心配している人たちがいるか。（→①）
2. 歴史的には，科学技術の発展は私たちの物事のやり方を全く変えていないか。（→③）
3. いくつかの地域の人々は機械によって引き起こされた新たな状況を受け入れたが，多くの利益を得ることはできなかったか。（→④⑤⑥）

Example Bank

数量を表す

A　可算名詞・不可算名詞

1. The robot can speak **three languages**.（そのロボットは 3 ヵ国語話せる。）
2. AI is currently used in the field of medicine, but there's **room** for improvement.
　（AI は近年医学の分野で使用されているが，改善の余地がある。）

解説

可算名詞・不可算名詞

　英語の名詞には，大きく分けて「**可算名詞（数えられる名詞）**」と「**不可算名詞（数えられない名詞）**」の 2 種類がある。辞書では，可算名詞はⒸ(countable)，不可算名詞はⓊ(uncountable)と表示されることが多い。

1. language は**可算名詞**。three のような数を表す語は**数詞**と呼ばれる。

名詞の種類	説明と例
普通名詞Ⓒ	同種類のものに共通する名前(car, pen, phone, hotel, brother)
集合名詞Ⓒ, Ⓤ	集合体(グループ)を表す名前(family, people, police, furniture)
物質名詞Ⓤ	一定の形のない物質を表す名前(fire, gold, meat, money, paper, water)
抽象名詞Ⓤ	抽象的な概念を表す名前(advice, beauty, importance, news)
固有名詞Ⓤ	人名や地名などの固有の名前(Tom, Lucy, Picasso, Toyota, London)

可算名詞と不可算名詞の両方の使い方をする名詞

2. ここでの room は「余地」という意味の**不可算名詞**。可算名詞では「部屋」という意味。英語では，1 つの名詞が数えられる名詞（可算名詞）としても，数えられない名詞（不可算名詞）としても用いられることがあるため，意味や文脈によって使い分ける必要がある(⇒ Build Up 1 参照)。

⇨ A lot of **papers** reported that the government will accelerate digitalization.
　（多くの新聞が政府はデジタル化を加速するだろうと報じました。）…可算名詞 paper「新聞」

⇨ Thanks to digitalization, we can save a lot of **paper**.
（デジタル化のおかげで，私たちは多くの紙を節約できます。）…不可算名詞 paper「紙」

B　数量を表す表現

3. Technology will improve dramatically within **a few** years.
（技術は数年のうちに劇的に進化するだろう。）

4. **Almost all** the students in this class use online dictionaries.
（このクラスのほとんどすべての生徒がオンライン辞書を使っている。）

5. **A number of** jobs are done by robots now.
（現在，いくつかの仕事がロボットによってなされている。）

6. Machine translation has made **a great deal of** progress.
（機械翻訳はかなりの進歩を遂げた。）

7. We can access **large amounts of information** with browsers.
（ブラウザを通してたくさんの情報にアクセスできる。）

◤ 解説

数量を表す語句

あるものの量や数が多い・少ないといったことを伝えるには，形容詞を含む多くの表現がある。後ろにくる名詞が可算名詞か不可算名詞かによって，用いる語句が異なる場合があることに注意する。

many / much / a lot of 〜

「多くの」を表す形容詞に many と much がある。**many** は**可算名詞**（複数形）に，**much** は**不可算名詞**（単数形）に使われる。肯定文の中で数や量が多いことを表す場合は，**a lot of 〜**が用いられることが多い。可算名詞（複数形）にも不可算名詞（単数形）にも用いることができ，「（数・量が）多くの〜」という意味になる。

⇨ There are **a lot of** restaurants in this area.
➡ There are **many** restaurants in this area.（この地域にはたくさんのレストランがあります。）
⇨ We had **a lot of** snow in Tokyo last year.
➡ We had **much** snow in Tokyo last year.（昨年，東京ではたくさん雪が降りました。）

some / any

some と **any** は，可算名詞にも不可算名詞にも用いられ，「（数が）いくつか」，「（量が）いくらか」あることを表す。some は主に肯定文で，any は主に疑問文，if 節，否定文で用いられる。どちらも代名詞としても使える。

a few / a little

3.「少しの〜」を表す形容詞に **few** と **little** がある。few は，可算名詞（複数形）とともに用いられ，〈**a few ＋可算名詞**〉「（数が）**少しの〜，2，3 の〜**」という意味。little は，不可算名詞とともに用いられ，〈**a little ＋不可算名詞**〉で「（量が）**少しの〜**」という意味になる。

⇨ "Can I have **a little** help?" "Yes, sure."（「少し助けてもらえますか。」「ええ，もちろん。」）
《注意》a few, a little はともに「少しある」という肯定の意味であるのに対して，a を伴わない few, little を用いた場合，「ほとんどない」と否定的な表現となる。

➕ only a few や only a little はともに「ほんの少ししかない」という否定的な意味になる。

　　⇨ **Only a few** people understood what I said.
　　（私の言うことを理解してくれた人はほんの少ししかいませんでした。）

　　⇨ **Only a little** money was left.（ほんの少しのお金しか残っていませんでした。）

almost all 〜

4. **almost all 〜**は可算名詞にも不可算名詞にも使うことができ，「**たいていの〜，大部分の〜**」という意味を表す。almost all 〜は形容詞の **most** と同じ意味を表す。

　　⇨ **Almost all** children like sweets.

　　➜ **Most** children like sweets.（ほとんどすべての子どもは甘いものが好きです。）

every と all

　　every と **all** はどちらも「あらゆる〜，すべての〜」という意味だが，用法は異なる。every は〈every ＋**単数名詞**〉の形で「（3つ以上，3人以上の）**どの〜も**」を意味し，「1つ1つすべての」と，個々に重点が置かれるニュアンス。一方，all は〈all ＋**複数名詞**〉の形で「**すべての〜**」を意味し，重点は対象全体に置かれる。

　　⇨ **Every** *country* has its own culture.

　　➜ **All** *countries* have their own cultures.（どの国にも独自の文化があります。）

a number of 〜

5. **a number of 〜**は複数名詞を伴い，「**多くの〜，いくつかの〜**」と幅広い意味を持つ。large, great, small などをつけることで意味を明確にすることができる。〈**a large [great] number of ＋可算名詞の複数形**〉で「**（数が）とても多くの〜**」という意味を表す。**複数扱い**にすることに注意。

　　⇨ There <u>are</u> **a number of** traffic accidents in this area every year.
　　（毎年このあたりでは多くの［いくつかの］交通事故があります。）

　　《注意》〈the number of ＋可算名詞（複数形）〉は「〜の数」という意味を表す。

a great [good] deal of 〜

6. 〈**a great [good] deal of ＋不可算名詞**〉で「**（量が）とても多くの〜**」という意味。**単数扱い**にすることに注意。

7. information は**不可算名詞**。〈**great [large] amounts of ＋不可算名詞**〉で「**（量が）たくさんの〜**」という意味。普通，複数扱い。また，〈**a large [great] amount of ＋不可算名詞**〉という言い方もあり，これは単数扱い。

　　⇨ **A large amount of** information <u>is</u> available on the internet.
　　（インターネットでは非常に多くの情報が手に入ります。）

C　割合・数量の変化

8. **The ratio of** robots **to** humans in this factory **is** 3 to 2.
　（この工場ではロボットと人間の比率は3対2だ。）

9. **The number of** teleworkers **increased sharply**.
　（在宅ワーカーの数は急激に増えた。）

10. **The amount of** face-to-face communication **is gradually decreasing**.
　（対面のコミュニケーションの量が段々と少なくなっている。）

🔊 解説

the ratio of ～

8. **ratio** は「比率，割合」という意味。**the ratio of A to B** で「A と B の比率」という意味を表す。

《注意》of の後ろに A to B と 2 つの名詞がきているが，主語 the ratio は単数なので，be 動詞はこれに合わせて is となる。

似た単語に **rate** があり，何らかの基準値を基に測定した場合の「比率，割合」を表す。

（例）discount rate（割引率），birth rate（出生率），unemployment rate（失業率）

the number of ～

〈**the number of ＋可算名詞（複数形）**〉は「**～の数**」という意味を表す。動詞は単数で受けることに注意する。

⇨ **The number of** exports <u>has become</u> smaller.（輸出品の数は減少しました。）

《注意》number（数），amount（量），population（人口），expense（費用）などは large / small を使って数や量の増減（多い・少ない）を表す。

9. increase は「増加する」という意味の動詞，sharply は「急激に」という意味の副詞。

the amount of ～

〈**the amount of ＋不可算名詞**〉は「**～の量**」という意味を表す。動詞は単数で受ける。

10. decrease は「減少する」という意味の動詞，gradually は「段々と」という意味の副詞。

数量の変化の表現

・increase, rise（増加する，上がる）
  ⇨ The unemployment rate **has been rising** since 2020.
    （失業率が 2020 年以降上がっています。）
・decrease, fall, decline, drop（減少する，下がる）
  ⇨ The birth rate **has dropped** by 20% over the last five years.
    （出生率がこの 5 年間で 20%減少しました。）
・more and more（ますます），less and less（しだいに少なく）
・dramatically（劇的に），sharply（急激に），significantly（著しく），slightly（わずかに），rapidly（急速に），quickly（急速に），slowly（ゆっくりと），gradually（段々と）
・by（～だけ）…差を表す
  ⇨ Prices have risen **by** as much as 20 percent during the past decade.
    （物価はこの 10 年間で 20％も上がりました。）

≫≫≫≫≫ Try it out ≪≪≪≪≪≪≪

① Which word or phrase fits best?（どの語句が最もよく合いますか。）

!ヒント ➡ EB2,3,4,5,6

1. ・a number of ～は，「多くの～，いくつかの～」という意味を表す。一方，the number of ～は「～の数」という意味。
  ・「私たちの学校の多くの生徒がオンラインゲームを楽しんでいます。」
2. ・a great number of ～「（数が）とても多くの～」は可算名詞に，a great deal of ～「（量が）とても多くの～」は不可算名詞につく。

・information は不可算名詞。
・「私たちはインターネットで非常に多くの情報を得ることができます。」

3.・only a few, only a little はともに「ほんの少ししかない」という否定的な意味を表す。only a few は可算名詞に，only a little は不可算名詞につく。
　・people は複数扱いの可算名詞であることを確認すること。
　・「ロボットと一緒に働きたいと思う人はほんの少ししかいませんでした。」

4.・almost all ～は「たいていの～，大部分の～」という意味で，形容詞の most ～と同じ意味を表す。
　・「私たちのチームのほとんどすべてのメンバーが新しい機械を導入することに同意しています。」

5.・work は可算名詞として「作品」，不可算名詞として「仕事」という意味がある。
　・a lot of ～「たくさんの～」は可算名詞にも不可算名詞にも使うことができる。
　・「ロボットは人間がすることができない多くの仕事をすることができます。」

語句と語法のガイド

agree with　　　　　　　　熟 ～に同意する

練習問題① Which word or phrase fits best?

1. (A / The) number of employees work from home in the company.
2. He spent a great (number / deal) of money on his new computer.
3. There are only a (few / little) students who know what artificial intelligence is.
4. Almost (workers / all workers) in the factory objected to working with robots.
5. The new machine has a lot of (room / rooms) to improve.

2　You are discussing the effects of the development of science and technology with your classmate. Respond to their opinion with your own using "I agree / disagree because ..." You can use the expressions in brackets. (あなたは科学技術の発展の影響についてクラスメートと話しています。彼らの意見に "I agree / disagree because ..." を使って自分自身の意見で応答しなさい。[　　] 内の表現を使っても構いません。)

！ヒント　➡ EB Ⓐ ⓑ Ⓒ

・〈the number of ＋可算名詞(複数形)〉は「～の数」という意味。動詞は単数で受けることに注意する。
・〈a large[great] number of ＋可算名詞(複数形)〉で「(数が)とても多くの～」という意味。複数扱いにすることに注意。
・〈large[great] amounts of ＋不可算名詞〉で「(量が)とても多くの～」という意味。これは普通複数扱い。同じ意味で，〈a large[great] amount of ＋不可算名詞〉があり，これは単数扱いになることに注意。

1. Classmate: We won't use cash in the near future.
　　（私たちは近い将来，現金を使わなくなるでしょう。）
　　You: (例) I disagree because although **the number of** people who pay in cash **is declining**, some young children and the elderly will use it. [**the number of** ... **is declining**(…の数が減っている)]（現金で支払う人々の数は減っています

が，幼児や年配の人はまだ使うでしょうから，私は反対です。)

2. Classmate: I'm a little bit worried about life with AI in the future.
　　（私は将来の AI との生活が少し心配です。）

　　You: [**a large number of** employees / change（たくさんの従業員／変化（する））]

3. Classmate: These days, just having knowledge isn't necessarily important.
　　（最近では，単に知識があることは必ずしも重要ではありません。）

　　You: [**large amounts of** information / online（たくさんの情報／オンラインで（の））]

‖ 語句と語法のガイド ‖

decline [dɪkláɪn]　　　　　　　　　動 減少する，低下する
----
employee [ɪmplɔ́iː]　**アクセント**　　名 従業員　▶ 反 employer 名 雇用者
----
knowledge [ná(ː)lɪdʒ]　**発音**　　　名 知識　▶ know 動 〜を知る
----
necessarily [nèsəsérəli]　**アクセント**　副 （否定語とともに）必ずしも〜ではない

〔解答例〕

1. Classmate: We won't use cash in the near future.
　　（私たちは近い将来，現金を使わなくなるでしょう。）

　　You: I agree. COVID-19 has changed the way we use cash. More and more shops will not take cash, and we will eventually live in a cash-free society.
　　（私は同意します。新型コロナウイルス感染症によって私たちの現金の使い方は変わってきました。ますます多くの店が現金を受けつけなくなり，私たちは最終的にキャッシュレス社会で生きていくことになるでしょう。）

2. Classmate: I'm a little bit worried about life with AI in the future.
　　（私は将来の AI との生活が少し心配です。）

　　You: I agree because a large number of employees might lose their jobs because of AI. It will change our lives a lot.
　　（AI のせいでたくさんの従業員が仕事を失うかもしれないので，私は同意します。それは私たちの生活を大いに変えるでしょう。）

3. Classmate: These days, just having knowledge isn't necessarily important.
　　（最近では，単に知識があることは必ずしも重要ではありません。）

　　You: I agree. We can easily get large amounts of information online. What is more important is to make use of the knowledge effectively.
　　（私は同意します。私たちはオンラインで容易にたくさんの情報を得ることができます。より重要なことはその知識を効果的に利用することです。）

3 At a high school which trialed online classes, a questionnaire was undertaken to find out how the students felt about them. Tell your partner what you can learn from the following results. Then share your own opinion about online classes.
（オンライン授業を試用した高校で，生徒がどのように感じたかを知るためにアンケートが実施されました。次の結果からわかることをパートナーに伝えなさい。そしてオンライン授業についてあなた自身の意見を共有しなさい。）

(!ヒント) → **EB** Ⓐ Ⓑ Ⓒ

the ratio of A to B is 7 to 3(A と B の比率は 7 対 3 である)などを使って，アンケート結果を述べる。

Q1. Were you satisfied with the online classes?
　　(あなたはオンライン授業に満足しましたか。) —— A1. Yes(はい): 69%, No(いいえ): 31%

Q2. Which problems did you have during the online classes?(あなたはオンライン授業中にどんな問題がありましたか。) —— A2. ① network trouble(ネットワークのトラブル): 2%／② difficult to ask teachers questions(先生に質問するのが難しかった): 3%／③ difficult to interact with classmates(クラスメートと意見をやりとりするのが難しかった): 89%／④ none(特になし): 6%

(例) For Q1, **the ratio of** yes **to** no **is** about 7 **to** 3. For Q2, **a few** students had no trouble during the online classes. In my opinion, online classes are a convenient way to communicate with people living in other countries.(Q1 に関して，はいといいえの比率はおよそ 7 対 3 です。Q2 に関して，少数の生徒においてはオンライン授業中に全くトラブルがありませんでした。私の意見では，オンライン授業は他の国に住んでいる人々とコミュニケーションをとるのに便利な方法です。)

┃ **語句と語法のガイド** ┃

be satisfied with ~	熟 ～に満足している
interact [ìntərǽkt]	動 交流する　▶ interaction 名 交流
ratio [réiʃiòU] 発音	名 比率
in my opinion	熟 私の意見では

(解答例)

For Q1, 31% of the students were not satisfied with the online classes. For Q2, 89% of the students felt it was difficult to interact with their classmates during the online classes. In my opinion, direct communication between students can help them learn, so I like face-to-face classes better than online classes.

(Q1 に関して，生徒の 31％はオンライン授業に満足しませんでした。Q2 に関して，89％の生徒がオンライン授業中にクラスメートと意見をやりとりするのが難しいと感じました。私の意見では，生徒間の直接的なコミュニケーションが学習の助けになるので，私はオンライン授業よりも対面授業の方が好きです。)

〈 ══ ＞＞＞＞＞＞＞＞＞＞ **Expressing** ＜＜＜＜＜＜＜＜＜ ══ 〉

┃ **STEP 1** ┃

(問題文の訳)

「AI は人間にとって代わることができるか？」というタイトルのプレゼンテーションを聞いて，話し手が提案していることを選びなさい。

(!ヒント)

図 1：近い将来，AI にとって代わられるかもしれない労働者の割合

A: 私たちは現実を直視するべきであり，政府は仕事を失うかもしれない多くの人々に備えるべきです。

B: 私たちは人間は何がより得意なのか考えるべきです。また，ひとたび AI が導入されれば，新しい種類の仕事が発生するでしょう。

C: より効率的に働くことができるように，日本は英国のようにもっと AI を導入するべきです。

STEP 2

(問題文の訳)

AI と働く際に何が大切かについてプレゼンテーションをしなさい。**STEP1** の図やインターネットで見つけた資料を使って，あなたの考えをブレーンストーミングしなさい。

(!ヒント)

主な考え：(例)私たちの長所を知ることが大切である

現状：(例)・日本の平均労働時間／・労働時間の問題

展望：(例)・AI は大量のデータを処理することがより得意である。／・私たちの中にはコミュニケーション，人間関係，予期せぬ事態への対応がより得意な人もいる。／・中には創造力が優れている人もいる。

(解答例)

主な考え：understanding AI's capabilities and taking advantage of human abilities are important(AIの能力を理解することと人間の能力を活かすことが大切である)

現状：people have both hopes and concerns about AI.
(人々は AI について期待と不安の両方を抱いている)

展望：・AI is better at recognizing sounds and images.(AI は音声や映像の認識がより得意である。)／・Humans are better at understanding other people's feelings.(人間は他人の感情を理解することがより得意である。)

STEP 3

(問題文の訳)

あなたのプレゼンテーションの原稿を書きなさい。

(!ヒント)

タイトル，序論，本論(現状，例，原因，問題など)，結論について書く。

(解答例)

タイトル：To live with AI(AI とともに生きるために)

序論：There are two key aspects: knowing people's expectations from, and concerns about AI, and taking advantage of AI's and humans' capabilities.(2 つの重要な側面があります。すなわち，AI への期待と不安を知ることと，AI と人間の能力を活かすことです。)

本論：Some people are concerned about system failure, losing jobs, and misuse of technology.(中には，システムに不具合が生じること，仕事が奪われること，そして，科学技術の不適切な使用について不安を感じている人がいます。)／ By cooperating with each other, AI and humans can make up for what the other lacks.(互いに協力することで，AI と人間は欠けている部分を補い合うことができます。)

結論：What is necessary is to understand AI's capabilities and be able to take advantage of human's abilities.(必要なことは AI の能力を理解することと，人間の能力を活かせるようにすることです。)

＜ ════ ＞＞＞＞＞＞＞＞＞ **Logic Focus** ＜＜＜＜＜＜＜＜＜ ════ ＞

■ Presentation ―プレゼンテーション―

プレゼンテーションとは，聴衆に対して，物事を紹介したり，意見を述べたりする活動である。表や図などを効果的に用いることで説得力が増す。以下の例を参考に，序論・本論・結論の構成で組み立てよう。タイトル，冒頭や終わりのあいさつなども付け加えよう。

■プレゼンテーションの例

タイトル：AI と効率的に働くために自分自身を知る

[Introduction（序論）：概要・問題提起]
(1)聴衆への呼びかけ　(2)聴衆の注意を引く　(3)トピック　(4)主題文
　(1)みなさんこんにちは。
　(2)話を始める前に，1 つ質問してよいでしょうか。みなさんの長所は何ですか。
　(3)今日は，私たちが AI とどのように仕事をしていけるのかについて話させてください。
　(4)このプレゼンテーションでは，みなさんの長所を知ることが AI と効率的に働く上で大切であるということを主張します。

[Body（本論）：具体的な内容]
(1)現状　(2)展望
　(1)はじめに，私たちには超過労働時間の問題があることを述べさせてください。では，表 1 を見てください。これは 4 か国における 2019 年の平均年間総実労働時間です。この表によると，日本の平均労働時間はこの表に挙げられたヨーロッパの国よりも多いです。私はこのことは大きな問題だと思います。
　(2)次に，私たちは AI を敵だとみなすべきではないということを伝えさせてください。図 1 を見てください。図 1 は新しい労働スタイルのモデルを示しています。もちろん，分野によっては，AI が人間よりずっと効率的に働くことができます。例えば，AI は大量のデータを処理することがより得意です。しかし，AI がすべてできるわけではありません。人間が AI に勝る分野はいくつもあります。コミュニケーション，人間関係，予期せぬ事態への対応がより得意な人もいれば，創造力がより優れている人もいます。私たちは AI と協力するべきです。

[Conclusion（結論）：文章全体のまとめ]
(1)まとめ　(2)結びの言葉　(3)あいさつ
　(1)要するに，AI と協力することによって，私たちの仕事の効率性がよりよくなり，ライフスタイルも改善するでしょう。
　(2)このことを実現するために，私たちの長所を知っておくことは重要なのです。
　(3)ご清聴ありがとうございました。

< ══════ >>>>>>>>> **補充問題** <<<<<<<<< ══════ >

1 日本語に合うように，（　　）内の語句を並べ替えて英文を完成させなさい。ただし，不足している1語を補うこと。

1. 疑う余地はほとんどありません。

（ is / for / room / doubt / there ）.

_____.

2. 私は数分で戻る予定です。

（ a / be / in / I'll / back / minutes ）.

_____.

3. 毎年このあたりでは多くの交通事故があります。

（ of / in / are / number / there / this area / traffic accidents ）every year.

_____ every year.

4. その計画にはまだ多額のお金が必要とされています。

（ for / needed / large / money / amounts / are still ）the project.

_____ the project.

5. 二酸化炭素の量は10%増加しています。

（ of / has / been / amount / increasing / carbon dioxide ）by 10%.

_____ by 10%.

2 次の日本語を英語に直しなさい。ただし，（　　）内の語を使うこと。

1. その木のほとんどすべての葉が散ってしまいました。（almost）

_____

2. たくさん仕事をしたが，彼女はまったく疲れていませんでした。（deal）

_____

3. このクラスの男女の比率は2対1です。（ratio）

_____

4. その町を訪れる外国人観光客の数が最近，減少しています。（number）

_____

3 インターネットの問題点について，あなたの考えを100語程度の英文で書きなさい。

_____

_____

_____

Build Up 5 ポライトネス

📢 解説

1 語句や文法形式で丁寧さを表す

英語では，疑問文や仮定法などの表現を用いて丁寧さを表すことができる。特に依頼，勧誘，提案，申し出などを表す場合に，丁寧表現を多く用いる。

please を用いる

please を依頼や要求などの時に用いると丁寧な表現となる。

1. **Please** write me soon. (すぐにお便りください。) cf. Write me soon.

疑問文を用いる

疑問文は相手に選択の余地を与えるので丁寧さを表すことができる。

1. **Can I** talk to you? (お話があるのですが。) cf. I want to talk to you.
2. **Why don't you** get a good night's rest? (一晩ゆっくり休んだらどうですか。)
   cf. Get a good night's rest.
   Why don't you *do*? は「〜したらどうですか」と，提案・勧誘を表す表現。
3. **Why don't we** eat out tonight? (今夜は外食しませんか。) cf. Let's eat out tonight.
   Why don't we *do*? は「(一緒に)〜しませんか」と，提案・助言・勧誘を表す表現。

助動詞や副詞(句)を用いる

1. You **may** be mistaken.(あなたは間違っているかもしれませんよ。) cf. You are mistaken.
   may や **can** などの推量を表す助動詞を用いることで，断定を和らげることができる。
2. **Perhaps** this soup is **a bit** too salty.(このスープはちょっとしょっぱいかもしれません。)
   cf. This soup is too salty.
   maybe や **perhaps**(もしかすると…)などの副詞や **a bit** や **a little**(少し)といった語句を用いると，意見や主張などが直接的に響かなくなるので，その結果，丁寧な表現になる。

仮定法を用いる

依頼の表現で，can や will の代わりに過去形の could，would を使うと，丁寧な言い方になる。これは**仮定法**と考えることができ，「もし可能であれば…」などと断られることを前提にした丁寧な依頼の表現になる。

1. **I'd** like you to be frank with me. (私には本当のことを話していただきたいと思います。)
   cf. I want you to be frank with me.
2. I **would** suggest that we postpone the trip. (旅行は延期したらどうでしょうか。)
   cf. I suggest that we postpone the trip.
3. **Could** you look after my dog while I'm away? (留守の間,犬の世話をお願いできますか。)
   cf. Can you look after my dog while I'm away?
4. **Would** it be all right if I **invited** Carol? (キャロルを招待してもよろしいですか。)
   cf. Is it all right if I invite Carol?
   if 節は感情を表す動詞や形容詞の後で用いると，「…していただけると，もしも…でしたら」と丁寧な依頼を表すことができ，if 節の中で仮定法を使うとより遠慮がちで遠回しの表現になる。
5. (a) I **would** appreciate it if you **could** help me. (お手伝いいただければ幸いです。)

(b) I **would** be grateful if you **could** help me.（お手伝いいただければ幸いです。）

部分否定を用いる

not quite（すっかり〜というわけではない）などの**部分否定**を表す表現も，控えめに否定を表す言い方になる。

1. I do**n't quite** follow you.（おっしゃっていることがどうもよくわかりません。）
cf. I don't follow you.

2. I'm **not entirely** satisfied with your explanation.（あなたの説明に完全に納得しているわけではありません。） cf. I'm not satisfied with your explanation.

2　発想を変えて丁寧さを表す

遠慮や恐縮の気持ちを伝えたり，譲歩の表現を用いたりして，相手との距離を離すことで直接的な表現を和らげ丁寧な表現にすることができる。

申し訳なく思う気持ちを伝える

I'm afraid ...（申し訳ありませんが…）や **I'm sorry ...**（悪いけれど…，…してすまないと思って）は，相手に遠慮を伝える表現で，話者が相手に不都合と思われる発言を和らげることができる。

1. I'm afraid this is a non-smoking section.（申し訳ありませんが,ここは禁煙なのですが。）
cf. This is a non-smoking section.

2. "Can you come again tomorrow?" "**I'm sorry**, I can't."
（「明日もう一度来てもらえますか。」「悪いけどだめなんです。」） cf. No, I can't.

3. I'm sorry to trouble you, but could you have a look at my draft?
（ご面倒をおかけして申し訳ありませんが，原稿に目を通していただけますか。）

相手の言うことを一応認める

I see your point, but ...（あなたの言い分はわかりますが…）や **That may be true, but ...**（それはそうかもしれませんが…）といった表現は，相手の意見を認めた上で持論を展開する際に用いることができる。

1. I see your point, but I don't agree.（おっしゃることはわかりますが,同意できません。）

2. That may be true, but I still think he is to blame.
（そうかもしれませんが，それでもやはり彼に非があると思います。）

相手にかける負担を小さくする

a minute（ちょっとの間）はほんの少ししか時間がかからないこと，また，**a little**（少し）は程度が少ないことを表す表現。いずれも相手の負担を和らげながら自分の要求を伝える際に用いることができる。

1. Could you spare me **a minute**?（少しお時間をいただけますか。）

2. Can you expand **a little** on what you've just said?（今言ったことを少し詳しく説明してくれませんか。）

相手に裁量の余地を与える

or something（〜か何か）は正確な事柄を付け加えなくてもよいと判断される時に使われる。〜 or something も **when you have time**（時間がある時に）も，相手に選択の余地を与える配慮を表した丁寧表現と言える。

1. Would you like a cup of coffee **or something**?
（コーヒーか何かお飲みになりますか。） cf. Would you like a cup of coffee?

2. Please reply **when you have time**.（時間があるときにお返事ください。）cf. Please reply soon.

＞＞＞＞＞＞＞＞ Practice ＜＜＜＜＜＜＜＜

1 あなたは気分が悪くて，パーカー先生に帰宅してもよいかどうか尋ねることを考えています。帰宅する許可を求めなさい。丁寧な表現を使うようにしなさい。

（！ヒント）

（例）

You: Excuse me, Ms. Parker. I have a fever, so would it be okay if I go home?
　（すみません，パーカー先生。熱があるので，帰宅してもよろしいですか。）
Ms. Parker: Of course. Please take care.（もちろんです。気をつけて。）
You: Thank you. I think I can hand in my homework tomorrow.
　（ありがとうございます。私は明日宿題を提出できると思います。）

（解答例）

Excuse me, Ms. Parker. I feel very sick, so may I go home at once?
（すみません，パーカー先生。気分がとても悪いので，すぐに帰宅してもよろしいですか。）

2 留学生のテッドがあなたに次の週末，自分の両親に町を案内してあげてほしいと頼みます。しかし，あなたはすでに予定があって，彼の依頼を受け入れられません。状況を想像して，彼の依頼を丁寧に断る自分自身の会話を作りなさい。理由や詳細を述べなさい。

（！ヒント）

・助動詞の過去形（仮定法）を使い「〜していただけませんか」と丁寧に頼む依頼文をつくる。
　「〜に町を案内する」は show 〜 around the city で表すことができる。
・申し訳なく思う気持ちを伝える。理由には「忙しい」（I'm busy.），「別の予定がある」（I've got another appointment.）などが考えられる。

（例）

Ted: My parents are coming from Australia to visit me during the winter vacation. **Could** you **possibly** show them around the city next weekend**?**
　（冬休みの間，両親が私を訪ねてオーストラリアから来ます。来週の週末に町の案内をしていただけませんか。）
You: **I'd be happy to**, Ted, **but I'm sorry** I can't. My grandmother is in the hospital, and I have to visit her.（テッド，私は喜んでそうしたいのですが，残念ながらできません。祖母が入院していて，私は会いに行かないといけないのです。）

（解答例）

Ted: My parents are coming from Australia to visit me during the winter vacation. Do you have time next weekend? I would be grateful if you could show them around the city.（冬休みの間，両親が私を訪ねてオーストラリアから来ます。あなたは来週の週末に時間がありますか。町の案内をしていただければ幸いです。）
You: I'm afraid I can't go out, Ted. I'll have to look after my brothers at home while my parents are out. You can call me whenever you are in trouble.
　（テッド，申し訳ありませんが，私は外出できません。両親が外出している間，弟たちの面倒を見なければなりません。困ったときは，いつでも電話していいですよ。）

< ═══════════ ⟩⟩⟩⟩⟩⟩⟩⟩⟩ **補充問題** ⟨⟨⟨⟨⟨⟨⟨⟨⟨ ═══════════ ⟩

1️⃣ **各文を丁寧な英語で表現しなさい。**

1. Say it again.

   _____

2. You should ask him for help.

   _____

3. I want you to come with me.

   _____

4. I don't agree with your complaint.

   _____

5. Can I take my sister to your party?

   _____

2️⃣ **日本語に合うように，(　　)に適切な語を入れなさい。**

1. おっしゃることはわかりますが，あなたの提案を受け入れることはできません。
   I (　　　　) your (　　　　　　), but I can't accept your proposal.
2. 紅茶か何かお飲みになりますか。
   Would you like a cup of tea (　　　　) (　　　　　)?
3. このカレーは私には少し辛すぎます。
   This curry is (　　　　) (　　　　　) too spicy for me.
4. そうかもしれませんが，あなたは重要な点をひとつ見落としていると思います。
   That (　　　　) be (　　　　　), but I think you have missed one important thing.
5. ご面倒をおかけして申し訳ありませんが，私の英語をチェックしていただけますか。
   I'm (　　　　) to (　　　　　) you, but could you check my English?
6. 時間がある時にお返事をいただけるとうれしいです。
   I (　　　　) (　　　　　) happy if you could reply when you have time.

3️⃣ **次の日本語を英文に直しなさい。ただし，(　　)内の語を使うこと。**

1. 2,3分ほどお時間をいただけませんか。—すみませんが，今とても忙しいのです。(spare)

   _____

2. このテーマについて何か本を推薦していただけると幸いです。(appreciate)

   _____

3. あなたの物語はおもしろいけれど，ちょっと長すぎるかもしれません。(but, bit)

   _____

Lesson 11 What is a healthy life?

Topic Introduction

①While many people are now interested in healthy lifestyles, they have different beliefs. ②On the one hand, many people are trying to live **a less anxious and stressful life**. ③They believe that **the higher** their stress level is, **the more difficulties** they face. ④Too much stress may cause serious diseases like cancer. ⑤On the other hand, others believe that a certain level of stress can be helpful. ⑥They argue that stress can enhance motivation and encourage personal growth. ⑦What do you think **the best solution** for you to stay healthy might be?

①多くの人々が今や健康的な生活に興味を持っていますが，異なる信念を持っています。②一方では，多くの人が不安やストレスが少ない生活を送ろうとしています。③彼らはストレスレベルが高いと，より多くの困難に直面すると信じています。④ストレスが多すぎるとガンのような深刻な病気を引き起こすかもしれません。⑤他方，ある程度のストレスは必要であると考える人もいます。⑥ストレスはモチベーションを高め，成長を促すこともあると彼らは主張しています。⑦健康でいるための最善の解決法は何だと思いますか。

語句と語法のガイド

belief [bɪlíːf]　名 信念，考え ▶ believe 動 ～を信じる
anxious [ǽŋkʃəs]　形 不安な ▶ anxiety 名 不安
stressful [strésfəl] アクセント 形 ストレスの多い ▶ stress 名 ストレス
disease [dɪzíːz]　名 病気
argue [áːrgjuː]　動 ～と主張する ▶ argument 名 主張，論拠
enhance [ɪnhǽns]　動 ～を高める
motivation [mòʊtəvéɪʃən]　名 動機，やる気 ▶ motivate 動 ～に動機を与える
encourage [ɪnkə́ːrɪdʒ] 発音 動 ～を促す，～を助長する

解説

① **While many people are now interested in healthy lifestyles, they have ....**
while は「～であるが」という意味。

② **On the one hand, many people are trying to live a less anxious and stressful life.**
on the one hand は「一方では～」という意味で，⑤の on the other hand（他方では…）とセットで使われる。
less は形容詞・副詞の前に付けて，「～より…でない」という意味で，比較してより程度が低いことを表す。 EB6

③ **They believe that the higher their stress level is, the more difficulties they face.**
〈the ＋比較級＋ SV ..., the ＋比較級＋ S'V' ～〉で「…すればするほどますます～」という意味を表す。 EB8

⑦ What〔do you think〕 the best solution for you to stay healthy might be?
　　　　　　　　　　　　　↑
　　　　　　　　　　　　　　　　　　　　　　　不定詞の形容詞的用法

間接疑問の疑問詞が文頭に移動することがある。〈疑問詞＋ do you think ＋ S ＋ V ～?〉の形の文では，主節の動詞に think, suppose, believe, say などがくる。
best は good の最上級。good － better － best。 **EB9**

Listening Task

Circle T for True or F for False. （正しければ T，間違っていれば F に○をつけなさい。）
(!ヒント)
1. 多くの人々がストレスレベルを下げようとしてきているか。（→②）
2. 著者は，ストレスレベルが高いと人々はモチベーションを失う傾向があると主張しているか。（→③）
3. 著者は，ストレスは有害だと信じている人がいる一方で，ストレスは人々が考えているほど悪くはないと思っている人がいると示唆しているか。（→③④⑤⑥）

‹ ══════ ›››››››››› **Example Bank** ‹‹‹‹‹‹‹‹‹ ══════ ›

比較を表す

A　原級比較

1. Some people think that processed food is **as** unhealthy **as** fried food.
（加工食品は揚げ物と同じくらい不健康だと考える人もいる。）
2. Recently, I have been doing **twice as much** exercise **as** I used to.
（私は最近，以前の2倍の運動を行っている。）
3. **As many as** 3,000 people became members of this new gym.
（3千人もの人がこの新しいジムの会員になった。）

◀ 解説

〈A ... as ＋原級＋ as B〉
1. 〈**A ... as ＋原級＋ as B**〉は「**A は B と同じくらい～**」という意味になる。

　　　　　　　　　　　　　同じ動詞なので省略可能↓
　⇨ Salty food is **as unhealthy as** fried food (is) ~~unhealthy~~.
　　　　　　　　　　　　　2番目の形容詞は必ず省略↑

〈A ... not as[so] ＋原級＋ as B〉
　〈**A ... not as ＋原級＋ as B**〉は「**A は B ほど～ではない**」という意味になる。
　⇨ This question is **not as** easy **as** that one.（この質問は，あの質問ほど易しくありません。）
　　　　　　　　　　　　　　　　　　（＝ question）
　➕ 否定文では，1つ目の as の代わりに so が使われることがある。ただし，口語では as のほうが一般的。なお，肯定文では so は使われない。
　　➡ This question is **not so** easy **as** that one.

〈as many/much ＋名詞＋ as B〉
　「(数が)B と同じくらいの～」は〈**as many ＋複数名詞＋ as B**〉で表す。many の後には複数名詞がくる。

⇨ I have **as many** books **as** my brother (does).(私は兄[弟]と同じくらいの数の本を持っています。)

「(量が)**B と同じくらいの〜**」は〈**as much ＋不可算名詞＋ as B**〉で表す。much の後には不可算名詞がくる。

〔〈X times as ＋原級＋ as B〉〕

「一方がもう一方の X 倍〜だ」という場合，〈as ＋原級＋ as〉の前に twice(2 倍)，half(半分)，X times(X 倍)などの倍数を置いて表現する。

2. 〈**X times as ＋原級＋ as B**〉で「**B の X 倍〜**」という意味になる。2 つの as ではさまれた〈形容詞(many / much)＋名詞〉はひとかたまりで考える。

I have been doing **twice** as much exercise as I used to (do).
↑以前していた

➕ 倍数表現の後に名詞を使って「〜の X 倍…だ」と表すこともできる。

⇨ Russia is **twice as large as** Brazil.
➡ Russia is **twice the size of** Brazil.(ロシアはブラジルの 2 倍の大きさです。)

〔〈as many/much as ＋数詞＋名詞〉〕

3. **as many as** を〈数詞＋名詞〉の前につけて**数**が多いことを強調する。**量**が多いことを強調する場合は **as much as** にする。「〜もの…」という意味。

⇨ The trip is likely to cost **as much as** one thousand dollars.
（その旅行は 1000 ドルもかかりそうです。）

〔〈as ＋原級＋ as possible〉〕

〈**as ＋原級＋ as possible**〉で「**できるだけ〜**」という意味。

⇨ Please come **as early as possible**.
➡ Please come **as early as you can**.(できるだけ早く来てください。)

B　比較級

4. A study showed that positive people were **healthier than** negative people.
（ポジティブな人はネガティブな人よりも健康的だということをある研究が明らかにした。）

5. I'm on a diet, but I don't think I can do it **much longer**.
（ダイエット中だが，もうこれ以上長くできるとは思えない。）

6. John works out **much more often than** before.
（ジョンは以前よりずっと頻繁に運動している。）

7. **The more** exercise you do, **the happier** you will be.
（運動をすればするほど，ますます幸せになるでしょう。）

8. Running is **a more popular form** of exercise **than** it was.
（ランニングは昔より人気のある運動形態です。）

📢 解説

〔〈A ... 比較級＋ than B〉〕

〈**A ... 比較級＋ than B**〉は「**A は B よりも〜**」という意味を表す。

4. healthy のように〈子音字＋ y〉で終わる語は，healthy—healthier—healthiest のように変化する。

8. 2音節の大部分と，3音節以上のすべての語は，**more** をつけて比較級を作る。ここでは，〈形容詞の比較級＋名詞〉で，ひとかたまりと考える。

〈less ＋原級〉

「**～より…でない，～ほど…でない**」と程度が低いことを表す場合には，〈**less ＋原級**〉で表す。
⇨ This dress is **less expensive than** that one.(このドレスはあのドレスより安いです。)
➡ This dress is **not as expensive as** that one.(このドレスはあのドレスほど高くありません。)
➡ That dress is **more expensive than** this one.(あのドレスはこのドレスより高いです。)

比較級の強調表現

5. 6.〈A ... 比較級＋ than B〉を強調して「**A は B よりもずっと[はるかに]～**」を表すときは，比較級の前に **much** あるいは **far** を置く。a lot, even, still を使っても同じように強調の意味を表すことができる。
《注意》比較級を強めるときに very を使うことはできない。
⇨ Tony is much **taller than** John. (トニーはジョンよりもずっと背が高いです。)
× *very taller*

2 つの差を具体的な数値で表す

比較級の前に〈**数詞＋単位**〉を置くと「**A は B よりも…だけ～**」と具体的な差を表すことができる。〈**by ＋数詞＋単位**〉を使って同じ意味を表すことができる。
⇨ Our principal is **three years** younger than my grandfather.
➡ Our principal is younger than my grandfather **by three years**.
(私たちの校長先生は私の祖父より 3 歳年下です。)

〈比較級＋ and ＋比較級〉

〈**比較級＋ and ＋比較級**〉で「**ますます～，だんだん～**」という意味を表す。more をつけて比較級を作るものは〈**more and more ＋形容詞[副詞]**〉となる。
⇨ Ann is getting **more and more confident**.
(アンは次第に自信を持つようになってきています。)

〈the ＋比較級＋ SV ..., the ＋比較級＋ S'V' ～〉

7.〈**the ＋比較級＋ SV ..., the ＋比較級＋ S'V' ～**〉で「**…すればするほどますます～**」という意味を表す。

You do much exercise. You will be happy.

The more exercise you do, **the happier** you will be.
➕ 比較級の後の主語と動詞が省略されることもある。
⇨ **The sooner** (it is), **the better** (it will be). (早ければ早いほどよいです。)

C 最上級

9. I think rugby is **the most exciting sport** in the world.
(私はラグビーは世界で最もはらはらするスポーツだと思います。)
10. Sleeping enough is **one of the most effective ways** to live well.
(十分な睡眠は健康的に生きるのに最も効果的な方法の 1 つです。)

◀◀ 解説

〈A ... (the)＋最上級〉

9. グループの中でいちばんのものは 1 つに特定されるので最上級には **the** を付ける。比較の範囲や対象は〈**in** ＋場所・範囲を表す単数の語句〉や〈**of** ＋同類を表す複数の語句〉で表す。exciting のような多音節の形容詞の最上級は，直前に most を置いて表す。副詞の最上級には the を付けないことが多いが，比較の範囲が of などで示されている場合は付けることが多い。

〈the ＋序数＋最上級＋名詞〉

「**X 番目に〜**」は〈**the** ＋序数〉を最上級の前に置いて表す。

⇨ Kyushu is **the third largest** island in Japan.(九州は日本で 3 番目に大きな島です。)

〈by far the ＋最上級〉

最上級に**強調の意味**を加える時は，最上級の前に **by far** や **much** を置く。

⇨ Niseko is **by far** the most popular ski resort.
(ニセコは断然いちばん人気のスキー場です。)

〈one of the ＋最上級＋複数名詞〉

10. 〈**one of the** ＋最上級＋複数名詞〉は「**最も〜な…の 1 つ[1 人]**」という意味。「(複数ある特定の)…の中の 1 つ」と限定されるので，名詞は複数形になることに注意する。

原級・比較級を使って最上級の意味を表す①

⇨ Russia is **the largest country** in the world.(ロシアは世界でいちばん大きな国です。)

➡ **No** (**other**) **country** in the world is **as large as** Russia.
(世界にはロシアほど大きな国はありません。)

➡ **No** (**other**) **country** in the world is **larger than** Russia.
(世界にはロシアよりも大きな国はありません。)

➡ Russia is **larger than any other country** in the world.
(ロシアは世界のほかのどの国よりも大きいです。)

《注意》 no (other)，any other の後には**単数名詞**がくる。

原級・比較級を使って最上級の意味を表す②

⇨ Time is **the most important** thing.(時間はいちばん大切なものです。)

➡ **Nothing** is **as important as** time.(時間ほど大切なものはありません。)

➡ **Nothing** is **more important than** time.(時間よりも大切なものはありません。)

➡ Time is **more important than anything else**.(時間はほかの何よりも大切です。)

原級・比較級を使って最上級の意味を表す③

⇨ My brother plays the guitar (**the**) **best**.
(私の兄[弟]はいちばん上手にギターを弾きます。)

➡ **Nobody** plays the guitar **as well as** my brother (does).
(私の兄[弟]ほど上手にギターを弾く人はいません。)

➡ **Nobody** plays the guitar **better than** my brother (does).
(私の兄[弟]ほど上手にギターを弾く人はいません。)

➡ My brother plays the guitar **better than anybody else**.
(私の兄[弟]はほかの誰よりも上手にギターを弾きます。)

< ───── ＞＞＞＞＞＞＞＞＞ **Try it out** ＜＜＜＜＜＜＜＜＜ ───── ＞

1 Make sentences by putting the words in the correct order.（語句を正しい順序に並べ替えて，英文を作りなさい。）

（！ヒント）➡ **EB3,5,8,9**

1. ・比較級を強調するときは，比較級の前に much や far などを置く。
　　・「多くの人々が玄米は白米よりもずっと健康的だと言います。」
2. ・〈as ＋原級＋ as possible〉で「できるだけ〜」という意味。
　　・「健康を維持するために，あなたは塩分摂取量をできるだけたくさん減らすべきです。」
3. ・important のような多音節の形容詞の最上級は，直前に most を置く。
　　・for 〜 to *do*「〜が…するのに」という意味。for 〜は不定詞の意味上の主語。
　　・「瞑想して 2，3 分間過ごすことは私が精神的に健康でいるのに最も重要です。」
4. ・〈形容詞の比較級＋名詞〉で，ひとかたまりと考える。
　　・「ショートスリーパー(短眠者)は病気になりやすいです。6時間未満しか眠らない人々は 7 時間以上眠る人々よりも風邪をひく危険性が高いです。」

■ **語句と語法のガイド** ■

fit [fɪt]　　　　　　　　　　　　　形 体の調子がよい，健康で　▶ 動 〜に合う
intake [íntèɪk]　　**アクセント**　　名 摂取量　▶ take in 〜 熟 〜を摂取する
meditation [mèdɪtéɪʃən]　　　　名 瞑想　▶ meditate 動 瞑想する
mentally [méntəli]　　　　　　　副 精神的に　▶ mental 形 精神的な
less than 〜　　　　　　　　　　熟 〜未満の　▶ more than 〜 熟 〜より多い，〜以上の
risk [rɪsk]　　　　　　　　　　　名 危険性▶ have a risk of 〜 熟 〜の危険性がある

（練習問題①）Make sentences by putting the words in the correct order.

1. It is said that sushi (healthier / is / much / pizza / than).
2. You (as / as / possible / exercise / much / should) for your health.
3. Getting enough sleep at night is (to / for / most / us / important / be / the)
　active and productive in the daytime.
4. A child (a / has / than / temperature / higher) an adult does.

2 You are talking about a healthy lifestyle with your partner. Change the underlined words to make your own conversation. Give reasons and examples.
　（あなたはパートナーと健康的な生活様式について話しています。下線部の語句を変えて，自分たち自身の会話を作りなさい。理由や例を述べなさい。）

（！ヒント）➡ **EB Ⓐ Ⓑ Ⓒ**

・比較級や最上級を適切に用いる。Which is **a more effective way** 〜 , A or B？／
　What do you think is **the best way** 〜？
・〈the ＋比較級＋ SV ..., the ＋比較級＋ S'V' 〜〉で「…すればするほどますます〜」という意味。**The more** muscle we have, **the healthier** we become.／**The less** stress there is, **the healthier** we are.

1. A: Which is **a more effective way** to be healthy, doing exercise or eating right?
(運動することと健康によい食べ物を食べることでは，どちらがより効果的な健康法ですか。)

B: (例) I think doing exercise is **more** effective **than** eating the right food. I believe **the more** muscle we have, **the healthier** we become.
(私は運動することが適切な食べ物を食べることよりも効果的だと思います。筋肉が多ければ多いほど，より健康になると私は信じています。)

2. A: What do you think is **the best way** to stay healthy?
(あなたは健康を維持するのに最もよいことは何だと思いますか。)

B: (例) I think **the best way** to stay healthy is sleeping a lot. Exercise is important for our health. But if we don't sleep, exercise won't work.
(健康を維持するのに最もよい方法はたくさん眠ることだと思います。運動は私たちの健康に大切です。しかし，もし私たちが眠らなければ，運動は効かないでしょう。)

3. A: What do you think is **as** healthy **as** sleeping a lot?
(何がたくさん眠ることと同じくらい健康的だと思いますか。)

B: (例) I think getting rid of stress is **as** important **as** sleeping enough. A high level of stress causes disease. So, I think **the less** stress there is, **the healthier** we are.(ストレスを取り除くことが十分に眠ることと同じくらい大切だと思います。ストレスレベルが高いことは病気の原因となります。なので，私はストレスが少なければ少ないほど，ますます私たちは健康的だと思います。)

┃ 語句と語法のガイド ┃

effective [ɪféktɪv]	形 効果的な	▶ effect 名 効果
muscle [mʌ́sl] 発音	名 筋肉	
get rid of ~	熟 ～を取り除く	

(解答例)

1. A: Which is a more effective way to be healthy, doing exercise or eating right?
(運動することと健康によい食べ物を食べることでは，どちらがより効果的な健康法ですか。)

B: I think doing exercise is more effective than eating the right food because doing exercise helps us not only build a strong body but also relieve stress.
(運動することは強い体を作るだけでなくストレスを和らげるのにも役立つので，運動することが健康によい食べ物を食べることよりも効果的だと思います。)

2. A: What do you think is the best way to stay healthy?
(あなたは健康を維持するのに最もよいことは何だと思いますか。)

B: I think it is best to sleep a lot because our brain and body cannot function properly without enough sleep.(十分な睡眠なしでは私たちの脳や体は正常に機能しないので，たくさん眠ることが最もよいと思います。)

3. A: What do you think is as healthy as sleeping a lot?
(何がたくさん眠ることと同じくらい健康的だと思いますか。)

B: I think taking moderate exercise is as important as sleeping a lot because it can refresh both mind and body and lead to a good sleep.
（適度な運動をすることがたくさん眠ることと同じくらい大切だと思います。なぜならそれは心身ともに回復させ，良い睡眠をもたらすことができるからです。）

3 You are talking with your partner about the results of a questionnaire you conducted for the class project. Look at the graph and compare these exercises. Then, discuss which one you think is the best.（あなたはパートナーとクラスプロジェクトで行ったアンケートの結果について話しています。グラフを見て，これらの運動を比較しなさい。そして，どれが一番よいと思うのか話し合いなさい。）

(! ヒント) ➡ EB Ⓐ Ⓑ Ⓒ

・比較級や最上級の作り方を確認する。fun → more fun, popular → more poplar, good → better → best。

・〈less ＋原級〉で「〜より…でない，〜ほど…でない」，〈the least ＋原級〉で「最も〜でない」という意味を表す。

（例）A: It seems yoga is one of **the least popular ways** to exercise, but I think it is **the best one** for overall health. It is good for both our body and mind. What do you think?（ヨガは最も人気のない運動方法の1つだと思われますが，私は健康全般にとって最もよいものだと思います。それは私たちの体と心の両方にとってよいです。あなたはどう思いますか。）

B: I agree. But I think cycling is **more** fun and exciting. To get the most out of any exercise, we must do it regularly. Fun is the key to continuing. Cycling is also **more** popular **than** dancing and yoga.（私は同意します。しかし私はサイクリングの方がより楽しくてわくわくすると思います。運動を最大限生かすために，私たちはそれを定期的にしなければなりません。楽しさは継続の鍵となるものです。サイクリングはまたダンスやヨガよりも人気があります。）

■ 語句と語法のガイド ■

overall [òʊvərɔ́ːl] **アクセント** 形 全体の，全体にわたる
get the most out of 〜 熟 〜を最大限に生かす
regularly [réɡjʊlərli] 副 定期的に，いつも ▶ regular 形 定期的な

(解答例)

A: The graph shows that running is the most popular form of exercise. Many people like it because it helps them maintain overall health. Also, it helps them burn more calories or lose weight fast. What do you think?
（グラフからランニングが一番人気のある運動であるとわかります。それは健康全般の維持に役立つので，多くの人が好みます。また，より多くのカロリーを燃焼したり体重を早く減らすのに役立ちます。あなたはどう思いますか。）

B: I understand it is good for health, but I like walking better. It is low-impact exercise, and people can talk while walking with friends. Also, it makes people feel relaxed and helps lift their mood. I think it is easier to continue every day.

（それが健康によいことはわかりますが，私はウォーキングの方が好きです。それは負荷が少ない運動で，人々は友達と歩きながら話ができます。また，人々をリラックスさせ，気分を高めるのに役立ちます。ウォーキングは毎日続けることがより簡単だと思います。）

< ══════ >>>>>>>>>> **Expressing** <<<<<<<<<< ══════ >

STEP 1

(問題文の訳)

会話を聞きなさい。睡眠についての彼らの意見はどのようなものですか。複数回答も可能。

(！ヒント)

1. ～ので，ケビンは 7 時間を超える睡眠を取ることは必要でないと考えています。

a. eating well is more important
   （きちんと食べることがより重要である）

b. how well we sleep is essential
   （どれほどよく眠るかがきわめて重要である）

c. it is not the only way to be healthy
   （それが健康的でいるための唯一の方法ではない）

2. ～ので，レジーは 7 時間を超える睡眠を取ることが必要だと考えています。

a. it helps us to concentrate better during lessons
   （それは私たちが授業中により集中する助けになる）

b. it leads us to get better grades
   （それは私たちがよりよい成績をとれるようにする）

c. it makes our brain and body work better
   （それは私たちの脳や体をよりよく機能させる）

STEP 2

(問題文の訳)

私たちは 7 時間を超える睡眠を取るべきですか？　賛成と反対のあなた自身の表を作りなさい。グループであなたの考えを共有しなさい。

(！ヒント)

(例) **(Pros)**（賛成）

　　Keeping our brains sharp（頭脳の明晰さを保つ）

　　(Cons)（反対）

　　quality over quantity（量より質）

(解答例)

(Pros)（賛成）

Having no trouble staying awake in class（授業中起きていることが全く困難でない）

(Cons)（反対）

Less time to do other things（他のことをする時間が減る）

STEP 3

（問題文の訳）

「私たちは7時間を超える睡眠を取るべきだ」という意見に賛成ですか，反対ですか？　このトピックのディベートの準備をしなさい。賛成と反対について1つのパラグラフを書きなさい。

（！ヒント）

（例）**Pro**（賛成）

・Good sleep will help our brain function better.

（快眠は私たちの脳がよりよく機能するのを助けるでしょう。）

・We can lower the risk of catching a cold by getting enough sleep.

（私たちは十分な睡眠を取ることで風邪をひく危険性を低くすることができます。）

・Studies showed that human beings need 8 to 9 hours of sleep.

（研究では，人間は8時間から9時間の睡眠が必要だと示されています。）

Con（反対）

・Sleeping better is more important than sleeping more.

（よりよく眠ることはもっと多く眠ることよりも重要です。）

・Sleeping is only one aspect of being healthy.

（睡眠は健康であることの1つの側面にすぎません。）

・There are healthy short sleepers who don't need a lot of sleep.

（たくさんの睡眠を必要としない健康的なショートスリーパー（短眠者）がいます。）

（解答例）

Pro（賛成）

We should sleep for more than 7 hours every day. This is because a lack of sleep can affect our mental and physical condition. With a total of 8 to 9 hours of sleep, we can be more active and productive the next day.

（私たちは毎日7時間を超える睡眠を取るべきです。なぜなら，睡眠が取れないと，私たちの心身の状態に影響を及ぼす可能性があるからです。合計8時間から9時間の睡眠で，私たちは翌日，より活動的で生産的になれるのです。）

Con（反対）

We don't always need to sleep for more than 7 hours. This is because the quality of sleep is more important than the quantity. So, the very first thing we should do is to sleep better.

（私たちは必ずしも7時間を超える睡眠を必要としていません。なぜなら，睡眠の時間よりも睡眠の質のほうが重要だからです。ですから，まず私たちがすべきことは，質の良い睡眠を取ることです。）

< ━━━ >>>>>>>>>> **Logic Focus** <<<<<<<<<< ━━━ >

■ Debate ―ディベート―

ディベートとは，ある1つの論題に対して立場が異なる2つのチームに別れて論を競う活動である。どちらがより説得力があったのかを判定して勝敗を決する。

議題：7時間を超える睡眠を取るべきである。

第1段階：立論（Constructive speech）

グループ内で意見を出し合い，説得力がある主張を考える

肯定側

私たちは毎日7時間を超える睡眠を取るべきだ。なぜなら，十分な睡眠は，私たちの脳や体の機能をよくするからだ。私たちは睡眠を取るほどに，より活動的で生産的になる。

否定側

私たちは常に7時間を超える睡眠が必要だとは思わない。それはより長い睡眠が私たちの心身をより良い状態にすると保証しないからだ。私たちは睡眠の長さよりもその質をもっと重視するべきだ。

第2段階：反論（Rebuttal）

相手チームの意見に反論し，自分たちの主張を守る

肯定側

彼らは長時間の睡眠を取ることよりも重要なことがあると主張した。バランスの良い食事や多くの運動をすることは重要であるが，これらは注意を払ったり，生産性を高めたりするには十分ではない。パフォーマンスを最大限に発揮するには，より多く寝ることが一番重要である。

否定側

彼らはより多く寝るほど，心身のパフォーマンスが向上すると主張した。しかし，私たちはそれぞれ，必要とする睡眠の長さは異なる。必要以上の睡眠を取れば，パフォーマンスに悪影響を及ぼすこともある。睡眠の量ではなく質のほうが重要である。

第3段階：最終弁論（Final statement）

自分たちの意見の優位性を訴える

肯定側

科学が示すように，私たちは7時間を超える睡眠を取るべきだ。十分に寝ることは，日々のパフォーマンスの一番の予兆になる。さらに，毎日の不十分な睡眠は，睡眠負債を引き起こす。

否定側

睡眠は私たちにとって大切だが，各自が最適な睡眠時間の長さを見つけなければならない。どのくらい寝るかよりも，どれだけ睡眠の質を高められるかに着目すべきである。

< ━━━━━ >>>>>>>>> **補充問題** <<<<<<<<< ━━━━━ >

1　**日本語に合うように，下線部に適切な語句を補いなさい。**

1. 東京の人口は，私たちの市の約 10 倍です。
   The population of Tokyo is ＿＿＿＿＿＿＿＿＿＿＿＿＿＿ our city.
2. あなたはこれ以上美しい景色を見たことがありますか。
   Have you ever ＿＿＿＿＿＿＿＿＿＿＿＿＿＿＿＿＿＿＿＿＿?
3. アメリカ人は以前よりははるかに頻繁にすしを食べます。
   Americans eat sushi ＿＿＿＿＿＿＿＿＿＿＿＿＿＿＿＿＿＿.
4. 彼女はその店の中で最も高価でないドレスを選びました。
   She ＿＿＿＿＿＿＿＿＿＿＿＿＿＿＿＿＿＿ in the store.

2　**次の日本語を，（　　）内の指示に従って英文に直しなさい。**

1. きちんと食べることは,規則的な運動をすることと同じくらい健康には大切です。
   （Eating properly から始めて）

   ＿＿＿＿＿＿＿＿＿＿＿＿＿＿＿＿＿＿＿＿＿＿＿＿＿

2. 5 千人もの人たちがそのキャンペーンに参加しました。（As から始めて）

   ＿＿＿＿＿＿＿＿＿＿＿＿＿＿＿＿＿＿＿＿＿＿＿＿＿

3. あなたはその本を読めば読むほど，ますますわからなくなるでしょう。（The から始めて）

   ＿＿＿＿＿＿＿＿＿＿＿＿＿＿＿＿＿＿＿＿＿＿＿＿＿

4. この城は私がこれまで訪ねた中で，最も古い建築物の 1 つです。（This castle から始めて）

   ＿＿＿＿＿＿＿＿＿＿＿＿＿＿＿＿＿＿＿＿＿＿＿＿＿

5. 富士山は日本で一番高い山です。（比較級を使って，2 通りの言い方で）

   ・＿＿＿＿＿＿＿＿＿＿＿＿＿＿＿＿＿＿＿＿＿＿＿＿＿
   ・＿＿＿＿＿＿＿＿＿＿＿＿＿＿＿＿＿＿＿＿＿＿＿＿＿

3　**高校生の制服について，賛成あるいは反対の立場で，あなたの考えを 100 語程度の英文で書きなさい。**

   ＿＿＿＿＿＿＿＿＿＿＿＿＿＿＿＿＿＿＿＿＿＿＿＿＿
   ＿＿＿＿＿＿＿＿＿＿＿＿＿＿＿＿＿＿＿＿＿＿＿＿＿
   ＿＿＿＿＿＿＿＿＿＿＿＿＿＿＿＿＿＿＿＿＿＿＿＿＿
   ＿＿＿＿＿＿＿＿＿＿＿＿＿＿＿＿＿＿＿＿＿＿＿＿＿

Lesson 12 What is important when we sell chocolate?

Topic Introduction

①When companies sell a product, profit generated from its sales determines the product's success. ②To increase profits, the company can increase the profit margin. ③However, a very expensive item will attract very **few** customers. ④On the other hand, a very cheap product may **not necessarily** sell well either. ⑤According to a survey, when customers in a restaurant chose from three differently priced full-course meals, many of them showed any interest in **neither** the most expensive **nor** the cheapest option. ⑥They chose the middle price. ⑦It is **not always** easy to set an appropriate price.

①企業が製品を販売する際, 売り上げから発生する利益がその製品の成功を決定づける。②利益を多くするために, 企業は利益率を上げる。③しかし, とても高価な商品では, 客の関心を引くことはほとんどないだろう。④一方で, とても安価な商品でも, 必ずしもよく売れるというわけではないかもしれない。⑤ある調査によると, レストランの客が3つの異なった価格のフルコースから選択する際, 多くは最も高額または最も低額の選択肢には少しも関心を示さなかった。⑥多くの客は中間の価格を選択した。⑦的確な価格設定は必ずしも簡単とは言えない。

語句と語法のガイド

product [prá(:)dʌkt]	名 製品　▶ produce 動 ～を製造する
margin [má:rdʒɪn]	名 利ざや, マージン ▶ profit margin 熟 利益率, 利益幅
item [áɪtəm]	名 商品, 品目
necessarily [nèsəsérəli] アクセント	副 (否定語とともに)必ずしも～ではない
differently [dífərəntli]	副 異なって　▶ different 形 異なった
priced [praɪst]	形 価格のつけられた　▶ price 動 ～に値段をつける
neither A nor B	熟 A も B もどちらも～ない ▶ neither [ní:ðər] 発音
option [ɔ́pʃən]	名 選択肢　▶ optional 形 選択のきく
appropriate [əpróʊpriət] 発音	形 適当な, 適切な

◀ 解説

③ **However, a very expensive item will attract very few customers.**

〈few ＋複数名詞〉で「(数が)ほとんどない」の意味を表す。very を前に置いて否定の意味を強調している。 **EB7**

④ **On the other hand, a very cheap product may not necessarily sell well either.**

not necessarily は部分否定。 **EB4**　either は否定文で「～もまた(…でない)」という意味。

⑤ **... showed any interest in neither the most expensive nor the cheapest option.**

neither A nor B で「A も B もどちらも～ない」という意味。

⑦ **It is not always easy to set an appropriate price.**

not always は部分否定。 **EB4**

┃ Listening Task ┃

Circle T for True or F for False. （正しければ T,間違っていれば F に○をつけなさい。）

（! ヒント）

1. ほとんどの客が高価な商品を購入することに興味を示すか。（→③）

2. レストランにおける調査で，3 つの異なった価格のコースが提供されたか。（→⑤）

3. レストランの調査では，調査における客の多くが最も低額の選択肢を選んだと示され
ていたか。（→⑤⑥）

⟨ ══════ ≫≫≫≫≫≫≫ **Example Bank** ⟨⟨⟨⟨⟨⟨⟨⟨ ══════ ⟩

否定を表す

A　no ＋名詞，否定の意味を含む語

1. The salesperson had **no** sales this month.(その販売員は今月まったく売り上げがなかった。)

2. **No one** selected the cheapest goods.(誰も最安値の商品を選ばなかった。)

3. **None** of the colleagues came up with good ideas.

（どの同僚も良い考えを思いつかなかった。）

📢 **解説**

（否定語）

　否定語には not や never，no や nobody などさまざまなものがあるが，それぞれの意
味の違いや，文中での位置に気をつける必要がある。

（not / never）

　動詞を否定して **not** は「**～ではない**」,**never** は「**まったく～ない**」と**文全体を否定**する。

　⇨ Kate **never** eats meat. (ケイトは決して肉を食べません。)
　　　　　　　↑副詞なので主語が 3 人称単数で現在の文では動詞に s[es]が付く

　not や never は**否定する語句の直前**に置かれる。

　⇨ Bill is from New Zealand, **not** Australia.(ビルはオーストラリアではなく，ニュー
　　　　　　　　　　　　　[語を否定]　　　　　　ジーランド出身です。)

　⇨ Tom promised **never** to tell a lie.(トムは決して嘘をつかないと約束しました。)
　　　　　　　　　　　　[不定詞を否定]

（注意すべき not の位置）

　think, believe, suppose, imagine, expect などの**思考**を表す動詞を使った文で
that 節の内容を否定する場合，I don't think (that) ～. のように主節の動詞を否定し
て言うのがふつうである。次の例文は，直訳では「両親が同意するとは思わない」とな
るが，「～ではないと思う」と訳す場合も多い。

　⇨ I don't think (that) my parents will agree.(私の両親は同意しないと思います。)
　　　主節

（名詞に否定語を付けて否定を表す）

　英語では，動詞だけでなく**名詞**にも否定語を付けて，**文全体の内容を否定**できる。

〔no ＋名詞〕

1. **no** は名詞を伴って「**1つ[1人]の〜も…ない，少しの〜も…ない**」と名詞の数や量がゼロであることを表す。可算名詞にも不可算名詞にも使うことができる。〈no ＋名詞〉は〈not ... any ＋名詞〉，〈not ... a ＋単数名詞〉で表すことができる。

　　⇨ I have **no** plans for the weekend.（週末の予定は何もありません。）
　　➡ I do**n't** have **any** plans for the weekend. [no ＝ not ... any 〜]
　　《注意》〈no ＋単数名詞／不可算名詞〉は単数扱い，〈no ＋複数名詞〉は複数扱い。

　　　　　⇨ **No** students <u>are</u> allowed to enter the room.
　　　　　　（どの生徒もその部屋への入室は許されていません。）
　　　　　主語の前に no をつけると**文全体を否定**する。any 〜 not ... の語順や，文頭での Not any 〜 の形で書きかえることはできない。

no のついた否定語

2. **no one[nobody]** は**人**に用いられ，「**誰も〜ない**」という意味。単数扱い。代名詞で受ける場合，堅い表現では he / she だが，they で受けることも多い。
　　⇨ **Nobody** *has* finished <u>their</u> work.（誰も仕事を終えていません。）
　　nothing は「**何も〜ない**」を表す。単数扱い。
　　⇨ She said **nothing**.
　　➡ She did**n't** say **anything**.（彼女は何も言いませんでした。）

none と neither

3. **none** は**人，物**どちらにも用いられる。〈**none of ＋複数形の(代)名詞**〉で「**どれも[誰も]…ない**」という意味。単数扱い，複数扱いの両方可能だが，口語では複数扱いにすることが多い。対象が2つ[2人]の場合は **neither of 〜** を用いる。
　　⇨ **Neither of** them were[was] injured.（彼らのどちらもけがをしませんでした。）
　　neither A nor B で「**A も B もどちらも〜ない**」という意味になる。neither A nor B が文の主語になる場合，原則として動詞の形は B の人称・数に一致させる。
　　⇨ **Neither** my sister **nor** I am very outgoing.（姉[妹]も私もあまり社交的ではありません。）

B　部分否定

4. Expensive products are **not always** good.（高価な商品が必ずしも良いとは限らない。）
5. The company could **not** satisfy **all** their consumers.
　（その企業は全ての顧客を満足させることはできなかった。）
6. He did**n't** like **both** of the products.（彼はその商品のどちらも好きというわけではなかった。）

◀◀ 解説

部分否定

　「**すべてが〜というわけではない**」のように一部分を否定する表現が**部分否定**である。all などの形容詞や always などの副詞を用いて表す。

not always

4. **not** の後に **always** や **completely[entirely, absolutely, totally]** などの常時・完全・全体を表す副詞が続くと「**いつも〜というわけではない，完全に〜というわけではない**」という部分否定の意味になる。

➕ 部分否定をつくる副詞には，not necessarily（いつも〜というわけではない），
not quite［altogether］（まったく〜というわけではない）などがある。

not all［every］

5. **not** が **all**［**every**］の前に置かれて「**すべての〜が…というわけではない**」という**部分
否定**の意味を表す。**all** の後は名詞の**複数形**（ただし，数えられない名詞の場合は単数
形），**every** の後は**単数形**になる。文頭で **Not all 〜**や **Not every 〜**という形で用い
ることもできる。
　　⇨ **Not all** students have a computer.
　　➜ **Not every** student has a computer.
　　　（すべての生徒がコンピューターを持っているわけではありません。）

not 〜 both ...

6. both の否定文 **not 〜 both ...** は「**…の両方とも〜というわけではない**」という部分否定。
　　⇨ I have**n't** seen **both** of his brothers.［部分否定］
　　　（私は彼の兄弟両方に会ったことがあるわけではありません。）
　　➕ 「**どちらの…も〜ない**」は **neither / not 〜 either ...** を使う。［全否定］
　　　　⇨ He liked **neither** of the products.　　（彼はその商品のどちらも好きではあ
　　　　➜ He did**n't** like **either** of the products.　りませんでした。）

●部分否定と全否定

	部分否定	全否定
3つ以上を否定	not all (of 〜) ... / not every 〜 ... not ... all (of 〜) / not ... every 〜 （すべて（の〜）が…というわけではない）	none (of 〜) / no 〜 / no one nobody / not ... any 〜 （（〜の）どれも［誰も］…ない）
2つを否定	not ... both (of 〜) （（〜の）両方とも…というわけではない）	neither 〜 / not ... either 〜 （〜のどちらも…ない）

C　準否定

7. Very **few** people know how to update the app to the latest version.
　（そのアプリケーションの最新版への更新方法を知っている人はほとんどいない。）

8. The customer had **little** satisfaction with the new product.
　（その顧客は新しい商品にほとんど満足していなかった。）

9. The business team **hardly** got any information about their target customers.
　（そのビジネスチームはターゲットとなる顧客についての情報をほとんど得なかった。）

◀️ 解説

few / little

7. 〈**few** ＋可算名詞の複数形〉で「（数が）**ほとんどない**」の意味を表す。ここでは very
を前に置いて否定の意味を強調している。**a few** を用いると「少しある」と肯定の意
味になる。few は代名詞としても用いることができる。

8. 〈**little** ＋不可算名詞〉で「（量が）**ほとんどない**」を表す。**a little** を用いると「少しある」
と肯定の意味になる。little には代名詞の用法もある。

hardly [scarcely]

9. **hardly** [**scarcely**] は「(程度が)**ほとんど～ない**」という意味で，**程度**を表す準否定語の副詞。**rarely** [**seldom**] は「(頻度が)**めったに～ない**」という意味で，**頻度**を表す準否定語の副詞。

《注意》頻度を表す副詞の often や never などと同じように，一般動詞の前，あるいは be 動詞や助動詞の後に置かれる。

二重否定

文の中で〈否定＋否定〉となることで肯定の意味を表すものを**二重否定**という。

⇨ There is **no** rule **without** exceptions. (例外のないルールなどありません。)
　　→どんなルールにも例外はあるという意味

否定の慣用表現

・not ... until ～「～して初めて…する，～までは…しない」
　⇨ He did**n't** go abroad **until** he was 40.
　　(彼は 40 歳になって初めて海外に行きました [40 歳になるまで海外に行きませんでした]。)
・cannot [can't] ～ too ...「いくら～してもしすぎることはない」
　⇨ You **cannot** [**can't**] be **too** careful when you drive.
　　(車を運転するときはいくら注意してもしすぎることはありません。)
・no longer「もはや～ない」
　⇨ She **no longer** believes in Santa Claus.
　　(彼女はもはやサンタクロースの存在を信じていません。)
　➡ She does**n't** believe in Santa Claus **any longer** [**anymore**].
・nothing but ～「ただの～，～にすぎない」
　⇨ He is **nothing but** a liar. (彼はただのうそつきです。)

否定語のない否定表現

・the last ... ＋関係詞節「決して～しない…だ」
　⇨ He is **the last person who** would tell a lie.
　　(彼は決してうそをつくような人ではありません。)
・far from ～「決して～ない，～どころではない」
　⇨ This plan is **far from** perfect. (この計画は決して完璧ではありません。)
・free from ～「(欠点・苦悩など)がない」
　⇨ This place is **free from** danger. (この場所には危険がありません。)

⟨ ══════ ⟩⟩⟩⟩⟩⟩⟩⟩⟩ **Try it out** ⟨⟨⟨⟨⟨⟨⟨⟨⟨ ══════ ⟩

1　Which word fits best? (どの語が最もよく合いますか。)

! ヒント　➡ EB1,3,7,9

1.・few「(数が)ほとんどない」は可算名詞に，little「(量が)ほとんどない」は不可算名詞に付く。
　・people は複数扱いの可算名詞であることを確認すること。
　・「その商品をオンラインで買った人はほどんどいませんでした。」
2.・no は名詞を伴って「1 つ [1 人] の～も…ない，少しの～も…ない」という意味を表す。

可算名詞にも不可算名詞にも使うことができる。

・「プロジェクトチームはどのように新型製品を宣伝すべきか全くわかりませんでした。」

3. ・〈none of ＋複数形の(代)名詞〉で「どれも[誰も]…ない」という意味。

・「昨日その店の商品はどれも売れませんでした。」

4. ・hardly は「(程度が)ほとんど〜ない」という意味で，程度を表す準否定語の副詞。

・「その会社は新製品をほとんど売ることができませんでした。」

■ 語句と語法のガイド ■

have no idea of 〜	熟	〜について全くわからない
promote [prəmóʊt]	動	〜の販売を促進する　▶ promotion 名 販売促進
model [mɑ́(ː)dəl] 発音	名	型，モデル　▶ new model 熟 新型

(練習問題①) Which word fits best?

1. There are (few / little) shops that sell imported goods around here.
2. The man paid (not / no) attention to others, so he failed in business.
3. (None / No) of his credit cards were accepted by the online shop.
4. They thought the problem was (hard / hardly) worth discussing.

2　Imagine you are discussing how to succeed in business with your colleague. Respond to your colleague in the position given. You can use the expressions in brackets.(いかにしてビジネスで成功するか，あなたが同僚と議論していると想像しなさい。与えられた状況であなたの同僚に応答しなさい。[　]内の表現を使っても構いません。)

(!ヒント) → EB Ⓐ Ⓑ Ⓒ

否定を表す表現に注意する。〈little ＋不可算名詞〉で「(量が)ほとんどない」ことを表す。not が all [every] の前に置かれて「すべての〜が…というわけではない」という部分否定の意味を表す。〈none of ＋複数形の(代)名詞〉で「どれも[誰も]…ない」という意味。

1. Colleague: Having our own ideas is important, so we shouldn't change them easily. We should stick with our ideas no matter what others may say.
   (私たち自身の考えを持つことは大切ですから，それらを安易に変えるべきではありません。たとえ他の人が何と言おうとも私たち自身の考えを貫くべきです。)
   You: (例)I disagree. It'll be difficult to succeed if you pay **little** attention to other people's advice. [pay **little** attention(ほとんど注意を払わない)]
   (私は反対です。もしあなたが他の人たちの助言にほとんど注意を払わないならば，成功することは難しいでしょう。)

2. Colleague: Customers are really important to us, so we should respond to all their requests even if they're difficult.(顧客は私たちにとって本当に大切ですから，たとえ困難であっても，私たちは彼らのすべての要求に応えるべきです。)
   You: ＿＿＿ [**not** respond to **all** the requests(すべての要求に応えるわけではない)]

3. Colleague: We should rethink the main dish on the menu.(私たちはメニューのメインディッシュを再考するべきです。)
   You: ＿＿＿ [**none** of the people who tried it(それをやってみた人は誰もいませんでした)]

▌ 語句と語法のガイド ▌

colleague [ká(:)li:g] **発音**	名	同僚
stick with ~	熟	~にくっつく，~に固執する，（決意・愛情などを）貫く
no matter what ~	熟	たとえ何が[を]~でも（= whatever）
pay attention to ~	熟	~に注意を払う
request [rɪkwést]	名	要求，依頼　▶ 動 ~を求める
even if ~	熟	たとえ~であっても，仮に~としても
rethink [rì:θíŋk]	動	~を再考する

解答例

1. Colleague: Having our own ideas is important, so we shouldn't change them easily. We should stick with our ideas no matter what others may say.（私たち自身の考えを持つことは大切ですから，それらを安易に変えるべきではありません。たとえ他の人が何と言おうとも私たち自身の考えを貫くべきです。）

   You: I agree. It is not good to change our ideas too easily because we can confuse other people around us.（私は賛成です。周囲の人を混乱させる可能性があるので，私たちの考えをあまりにも安易に変えることはよくありません。）

2. Colleague: Customers are really important to us, so we should respond to all their requests even if they're difficult.（顧客は私たちにとって本当に大切ですから，たとえ困難であっても，私たちは彼らのすべての要求に応えるべきです。）

   You: We should make every effort to respond to many kinds of requests from customers. However, when their requests seem unreasonable, it is not always necessary to respond to them.（私たちは顧客からのさまざまな要求に応えるようあらゆる努力をするべきです。しかし，彼らの要求が理不尽に思われるときは，必ずしもそれらに応える必要はないのです。）

3. Colleague: We should rethink the main dish on the menu.
   （私たちはメニューのメインディッシュを再考するべきです。）

   You: It's an interesting idea, but it is hard to do. We have no time to discuss it, and there are many things to think about, like how to order foodstuffs.
   （興味深いアイデアですが，行うのは難しいです。私たちには話し合う時間が全くありませんし，食材の注文の仕方のように，考えるべきことがたくさんあります。）

3　In a social experiment, researchers observed two groups of people buying popcorn. Tell your partner what you can learn from the results below. Then, tell your partner your opinion about how people choose what they buy.
（ある社会実験で，研究者がポップコーンを買う人々の2グループを観察しました。下の結果からわかることをパートナーに伝えなさい。そして，人々はどのようにして自分たちが買うものを選ぶのかについて，あなたの意見をパートナーに述べなさい。）

！ヒント ➡ **EB Ⓐ Ⓑ**

no one（誰も~ない）などを使って，図から分かることを述べる。そして，not always（必ずしも~でない）などを使って，人の消費動向について自分の考えを述べる。

（例）In Group 1, almost **no one** chose the large size, but in Group 2, a much higher number chose the large size even though the large size in both groups was the same price and of the same quantity. People tend to choose something in comparison with other things. We **cannot always** say that people buy something because they really like it.

（両方のグループでLサイズは同じ値段で同量のものなのに，グループ1では，ほとんど誰もLサイズを選びませんでしたが，グループ2では，より多数の人々がLサイズを選びました。人々は他と比べて物を選ぶ傾向があります。人々はそれを本当に気に入っているからという理由で何かを買うとは必ずしも言えないのです。）

┃ 語句と語法のガイド ┃

even though ~	熟	～であるのに，～ではあるが
quantity [kwá(:)ntəti]	名 量　▶反 quality 名 質
in comparison with ~	熟	～と比べて　▶ comparison [kəmpǽrɪsən] 名 比較

（解答例）

In Group 1, there were two sizes, and almost no one chose the large size. In Group 2, a much higher number of people chose the large size from three sizes. In both groups, the large size and the small size were the same price. In Group 2, the large size was only $0.5 more expensive than the medium size, which was not in Group 1. I suppose the medium size played an important role and made people choose the large size in Group 2. They may have thought, "The large size and the medium size are almost the same price, so we should buy the large size." In my opinion, when people buy something, having other things to compare can affect their decision on what to buy.

（グループ1では，2つのサイズがあって，ほとんど誰もLサイズを選びませんでした。グループ2では，より多くの人たちが3つのサイズからLサイズを選びました。両方のグループで，LサイズとSサイズは同じ値段でした。グループ2では，LサイズはMサイズよりほんの0.5ドル高いだけで，それはグループ1にはありませんでした。グループ2ではMサイズが重要な役割を果たして，人々にLサイズを選ばせたと私は思います。彼らは「LサイズとMサイズがほとんど同じ値段なので，Lサイズを買ったほうがよい」と思ったかもしれません。私の意見では，人々が何かを買うとき，比較する物が他にあることで何を買うべきかという彼らの決定に影響を与える可能性があります。）

< ═══ >>>>>>>>>> **Expressing** <<<<<<<<<< ═══ >

┃ STEP 1 ┃

（問題文の訳）

クラスで，生徒たちがチョコレートを効果的に販売する方法を議論しています。ディスカッションを聞いて，それぞれの人物の考えを選びなさい。

（！ヒント）

それぞれの人物が重要だと言っていることを聞き取る。

A. 私たちのターゲットとなる顧客のニーズを知ることが重要です。

B. 理想的なチョコレートを開発することが重要です。

C. 低価格でチョコレートを販売することが重要です。

STEP 2

(問題文の訳)

STEP1 に関して，チョコレートを販売することに関する重要な視点について話し合いなさい。ディスカッションの準備をしなさい。

1. チョコレートを販売することに関する重要な視点を挙げなさい。

2. インターネットや図書館で資料やデータを集めなさい。

3. **STEP1** と **STEP2** に基づいて，あなたの考えを書きなさい。

(！ヒント)

(例)

1. 新しいイベントを考案して宣伝する。

2. どのような人々がチョコレートを買う可能性があるのか。どの季節にチョコレートが一番多く売れるのか。どのような種類のチョコレートが人気があるのか。

(解答例)

1. sell chocolate at a low price(チョコレートを低価格で販売する)

2. According to the data, cheap chocolates are not always popular.
   (データによると，安いチョコレートが必ずしも人気があるわけではない。)

3. I think it is important to understand the current market well.
   (現在の市場をよく理解することは重要だと思う。)

STEP 3

(問題文の訳)

グループで，「チョコレートを販売することに関する重要な視点」というトピックについて話し合いなさい。

1. 他の人の考えを聞いて，書き留めなさい。

2. あなたのグループの考えを要約して，それらをクラスで共有しなさい。

(！ヒント)

(例)

・50代と60代の人々を対象とする。彼らが好むチョコレートを考案することは私たちがもっとたくさん販売することの助けになるだろう。

・顧客のニーズを調査することが重要だ。

(解答例)

1. It is important to know what kinds of chocolates our target customers want to buy.(私たちのターゲットとなる顧客がどのような種類のチョコレートを買いたいと思うのかを知ることが重要です。)

2. We admit that considering the needs of our customers is important, but we think that developing the ideal chocolate is more important.
   (私たちは顧客のニーズを考慮することが重要であるのは認めますが，理想的なチョコレートを開発することがより重要だと考えます。)

⟨ ═══ ⟩⟩⟩⟩⟩⟩⟩⟩⟩⟩ **Logic Focus** ⟨⟨⟨⟨⟨⟨⟨⟨⟨⟨ ═══ ⟩

■ Discussion ―ディスカッション―

ディスカッションとは，あるテーマについて複数の人が意見を出し合い，理解を深めたり，課題についての解決策を導いたりする活動である。司会者は，参加者の意見を簡潔に要約し，議論が円滑に進むように配慮しよう。参加者は，互いの意見を尊重し，論理性に気をつけながら建設的な意見を出すように心がけよう。

(例文の訳)

テーマ：チョコレートを販売することの重要な観点

司会者：今日は何かを売る際に重要な視点をチョコレートの販売を例に話し合ってみましょう。奈央，最初にお願いします。

奈央：私の意見では，チョコレートを販売する時期が大切だと思います。ある調査によると，チョコレートは2月に最も売れるのですが，他の月には，販売される数が少なくなります。日本では，2月にはバレンタインデーがあります。もし1年の間でバレンタインデーとは別の時期に新しいイベントを考案して宣伝することができれば，より多くのチョコレートを販売できると思います。

司会者：ありがとう，奈央。よいポイントですね。販売時期は重要です。デイビッドはどうですか。

デイビッド：私の考えでは，販売対象を50代と60代の人に絞ってみるのが重要だと思います。初めは，この世代の人はあまり多くチョコレートを買わないと思っていましたが，ある調査からその世代の人は，年々チョコレートを買っていることが分かります。この世代の人々が気に入るチョコレートを考案できれば，売り上げを増やすことができると思います。

司会者：ありがとう，デイビッド。対象となる消費者が重要だということは皆が賛成できると思います。デイビッドと同じく，私も50代と60代の人がそれほどチョコレートを買う傾向にあるとは思いませんでした。興味深いですね。翔はどう考えますか。

翔：私には，消費者のニーズを調査することが重要に思えます。インターネットで人気のあるチョコレートのランキングを知って驚きました。最も人気のあったチョコレートはそれほど安いものではありませんでした。安いチョコレートが必ずしも人気があるわけではないことが分かりました。このような傾向や情報を知らなければ，ほとんど売り上げを増やせません。

司会者：ありがとう，翔。現在の市場を理解し，何がよく売れるのかを知ることはよい考えですね。みなさん，ありがとうございました。そろそろ時間です。ここで終わらなければなりません。みなさんが言及してくれた情報があれば，きっとよく売れるチョコレートを作ることができるでしょう。

■ディスカッションに用いられる表現

発言に賛成したり，同意したりする	● Exactly. ● I agree that ~	● You are right. ● I take your point.	● That's right. ● That's exactly what I think.
発言に反対したり，違った意見を述べたりする	● I don't think ~ ● I don't agree with ~ ● I disagree with ~	● I see your point, but ~ ● I admit ~, but ... ● I'm not so sure.	● That may be true, but ~ ● I see what you're saying, but ~
発言の内容がよく分からないとき	● What do you mean?	● Excuse me, but what is ~?	

＞＞＞＞＞＞＞＞＞ 補充問題 ＜＜＜＜＜＜＜＜＜

1. （　　）内の語句を並べ替えて英文を完成させなさい。

1. His determination was(no / so / one / him / that / could / firm / stop).

His determination was _____ .

2. Many trains were delayed, but(of / for / the / none / were / late / school / students).

Many trains were delayed, but _____ .

3. It is said that(is / not / what / always / he seems / a man / to be).

It is said that _____ .

4. Jane had changed a lot,(few / at / so / her / very / people / recognized) the alumni reunion.

Jane had changed a lot, _____ the alumni reunion.

2. 次の日本語を英文に直しなさい。

1. 私は自分のしたことに何の後悔もありませんでした。

_____

2. 科学が私たちのすべての疑問に答えられるわけではありません。

_____

3. 私は，その小説を両方とも読んだことがあるというわけではありません。

_____

4. 私はスピーチの準備をする時間がほとんどありませんでした。

_____

5. ほとんど聞こえません。大きな声で話していただけますか。

_____

3. 携帯電話の良い点もしくは悪い点について，あなたの考えを 100 語程度の英文で書きなさい。

_____

_____

_____

_____

Build Up 6 コミュニケーションのためのストラテジー

🔊 解説

1 会話をスムーズに進行するために

互いの理解を確認する

a. Ms. Evans: People respect you when you deserve to be respected. *Do you know what I mean?*(あなたが尊敬に値するとき，人々はあなたを尊敬します。私の言いたいことがわかりますか。)

You: Well, I think I do.(えーと，わかると思います。)

【表現】Do you get it?(理解してもらえたでしょうか。)/ Am I clear?(何を言っているかわかりますか。)/ Are you with me?(私の話にちゃんとついてきていますか。)/ Do you understand (what I am trying to say)?((私が言おうとしていることを)理解していますか。)

b. You: Let's get together on Friday.(金曜日に集まりましょう。)

Mat: *Do you mean* this coming Friday or Friday next week?

(今週の金曜日のことですか。それとも来週の金曜日のことですか。)

【表現】You mean 〜.(〜ということですね。)/ Do you mean to say 〜?(つまり〜ということですか。)/ Are you saying that 〜?(〜ということですか。)/ What you are saying is that 〜.(あなたが言っていることは〜ですね。)/ Am I right in thinking that 〜?(〜と考えてよいでしょうか。)

繰り返しや説明を求める

a. Mr. Taylor: Japan is ahead of the world in developing maglev trains.

(磁気浮上式鉄道の開発で日本は世界に先駆けています。)

You: Sorry, I didn't catch that. *Could you say that again?*

(すみません，聞き取れませんでした。もう一度言っていただけますか。)

Mr. Taylor: Maglev trains. They are also known as linear motor trains.

(磁気浮上式鉄道。それはまたリニアモーター列車としても知られています。)

【表現】Pardon? / Sorry?(もう1度言ってください。)/ Come again?(もう1度言って。)/ What was that?(何だって。)

b.Kate: I'll think about it.(考えておきます。)

You: *What do you mean?*(どういう意味でしょうか。)

【表現】Could you explain a little more (about it)?((それについて)もう少し説明していただけますか。)/ Could you elaborate on that?(それについて詳しく述べていただけますか。)/ Can you tell me why [how, etc.]?(なぜ[どのように，など]か教えてくれますか。)

2 会話をとんざさせないために

言い換える，パラフレーズする

You: My brother is a … *His job is to put out fires.*(兄[弟]は… 彼の仕事は火事を消すことです。)

Vivian: You mean, firefighter.(消防士ということですね。)

助けを求める

You: I want to be a ... *What do you call* a doctor for animals?
(私は…になりたいです。動物の医者を何と呼びますか。)

David: Veterinarian, or vet, for short.(veterinarian(獣医)または略してvet(獣医)です。)

【表現】What's the English for 〜?(〜に対する英語は何ですか。)/ How do you say 〜 in English?(〜を英語ではどのように言いますか。)

3　伝わりやすくするために

難解な表現を避ける

a. It was *futile* to protest. ➡ It was *useless* to protest.(抗議することは無駄でした。)

b. This dish *exemplifies* Japanese cooking.(この料理は日本料理を例示するものです。)

　➡ This dish *is an example of* Japanese cooking.(この料理は日本料理の1例です。)

c. We must *not spare any effort* to win.(私たちは勝つための努力を惜しんではいけません。)

　➡ We must *do our best* to win.(私たちは勝つために最善を尽くさなければなりません。)

複雑な構造の文を避ける

a. *I wonder if we shouldn't* ask our teacher for advice.
(私たちは先生にアドバイスを求めるべきではないのかと思います。)

　➡ We *should* ask our teacher for advice, *don't you think?*
(私たちは先生にアドバイスを求めるべきだと思いませんか。)

b. I suggest postponing the event for a month, *which I think is* the best option.

　➡ I suggest postponing the event for a month. *I think that's* the best option.
(私はイベントを1カ月延期することを提案します。それが最善の選択肢だと思います。)

固有の文化に根差したイディオムを避ける

a. It's time to *call a spade a spade.*(call a spade a spade：率直にものを言う)

　➡ It's time to *speak frankly.*(率直に話すときです。)

b. Graffiti is *as American as apple pie.*(as American as apple pie：きわめてアメリカ的な)➡ Graffiti is *typically American.*(落書きはいかにもアメリカ的なものです。)

c. You're *barking up the wrong tree* if you expect me to help you.(bark up the wrong tree：見当違いをする)➡ You're *mistaken* if you expect me to help you.
(もし私に手伝ってほしいと思っているのなら、あなたは間違っています。)

d. He said he could have won if it wasn't raining. *That's just sour grapes.*
(sour grapes：負け惜しみ)

　➡ ... *He just doesn't want to accept defeat.*
(彼は雨が降っていなければ勝っただろうと言いました。彼はただ負けを認めたくないのです。)

< ═══════ >>>>>>>> **Practice** <<<<<<<<< ═══════ >

1 あなたは自分に起こった驚くようなことについて友達と話しています。ペアで，あなたの話をしなさい。"Could you explain more ...?" や "You mean ..." のような表現を使うようにしなさい。

(!ヒント)
"Could you explain more ...?"（…もっと説明していただけますか。）や "You mean ..."（…ということですね）のような表現を使う。

(例)
A: When I was four, I took the Shinkansen by myself.
　（私は４歳のときに，一人で新幹線に乗ったの。）
B: Really? **Could you explain more about it?**(本当に？ それについてもっと説明していただけますか。)
A: My parents and I were on the platform at Nagoya station. I wanted to play and ran onto the Shinkansen, and the doors closed! I was found at Tokyo station.(両親と私が名古屋駅のプラットフォームにいたの。私はいたずらしたくて，新幹線に駆け込んだらドアがしまったの！　東京駅で発見されたわ。)

(解答例)
A: About ten years ago, I played catch with Ohtani Shohei.
　（約 10 年前，僕は大谷翔平とキャッチボールをしたんだ。）
B: You mean that major league baseball player?(あの大リーグ野球選手ということ？)
A: Yes.　I attended an event hosted by the professional baseball team he belonged to.(うん。彼が所属するプロ野球チームが主催するイベントに参加したんだ。)

2 あなたは友達と話しています。次の会話を完成させなさい。

(!ヒント)
a では，言いかえる，パラフレーズする表現を使う。b では，What do you call ～ in English?(～は英語で何と呼びますか。)といった助けを求める表現を使う。

a. Kevin: What does your mother do?(お母さんの仕事は何？)
　You: She is a ...(例)a doctor who treats people's teeth.(母は…人の歯を治療する医者なの。)
　Kevin: (例)Oh, she's a dentist.(ああ，歯医者だね。)
b. Louise: I love tofu!(私は豆腐が大好きなの！)
　You: Me, too.　By the way, (例)what do you call tofu in English?
　　（私も。ところで，豆腐は英語で何と呼ぶの？）
　Louise: (例)Bean curd, perhaps, but "tofu" is already an English word.
　　（おそらく bean curd ね。でも，"tofu" はすでに英語の単語よ。）

(解答例)
a. Kevin: What does your mother do?(お母さんの仕事は何？)
　You: She is a ... someone who serves food and drinks to passengers on a plane.(母は…飛行機で乗客に食べ物や飲み物を出す人なの。)
　Kevin: Oh, she's a flight attendant.(ああ，客室乗務員だね。)
b. Louise: I love tofu!(私は豆腐が大好きなの！)

You: Me, too. By the way, (例)<u>how do you say tofu in English?</u>
(私も。ところで，「豆腐」は英語で何と言うの？)

Louise: (例)<u>We say "bean curd." Tofu is popular in my country because it is</u>
<u>healthy.</u>
("bean curd" と言うの。豆腐は健康によいので私の国で人気があるのよ。)

3　あなたは外国人が日本人についてどう思っているかについての記事を見つけました。
あなたは「なぜその記事に賛成なのか，または反対なのか」という短いスピーチのため
にメモをとるつもりです。簡単な単語を使って，詳細を述べるようにしなさい。

(!ヒント)

*Japanese people are, **as a rule**, very **industrious** and **frugal**. ... In addition,
they are quite **inflexible** with time.*
(概して，日本人はとても勤勉で質素です。…さらに，彼らは時間に関してまったく融通
がききません。)

(例)

I found an article and it says Japanese generally work hard. I agree with that
opinion. According to OECD statistics in 2020, the average worker in Japan
worked about 1,644 hours per year.
(私はある記事を見つけました。そこには，日本人は一般的に一生懸命に働くと書かれて
います。私はその意見に賛成です。2020 年の OECD の統計によると，日本の平均的な
労働者は 1 年に約 1644 時間働きます。)

(解答例)

According to the article, in general, Japanese people try to do things on time. I
agree with the statement. As an example, trains in Japan almost always run
on time. I think that reflects the national character.
(記事によると，一般的に，日本人は物事を時間通りに行おうとします。私はその記述に
同意します。1 例として，日本の電車はほとんどいつも時間通りに運行します。それは国
民性を反映していると思います。)

< ━━━━ >>>>>>>> 補充問題 <<<<<<<< ━━━━ >

1 **日本語に合うように，（　）に適切な語を入れなさい。**

1. あなたが言っていることは，あなたにはそれができないということですね。
（　　　　） you are saying is that you can't do it.

2. それについて詳しく述べていただけますか。
Could you elaborate （　　　　） that?

3. タコに相当する英語は何ですか。
What is the English （　　　　） *tako*?

4. 私たちは先生にアドバイスを求めるべきだと思いませんか。
We should ask our teacher for advice, （　　　）（　　　）（　　　）?

2 **日本語に合うように，（　）内の語を並べ替えて英文を完成させなさい。**

1. 私が言おうとしていることを理解していますか。
Do you understand (I / to / am / say / trying / what)?
Do you understand _____?

2. 彼が間違っていると考えてよいでしょうか。
(I / in / am / thinking / that / right) he is mistaken?
_____ he is mistaken?

3. そのプロジェクトについてもう少し説明していただけますか。
(a / you / more / could / little / explain) about the project?
_____ about the project?

4. なぜあなたがそう思ったのか教えてくれますか。
(me / you / you / can / tell / why) thought so?
_____ thought so?

3 **次の日本語を英文に直しなさい。ただし，（　）内の語を使うこと。**

1. 私の言いたいことがわかりますか。(mean)

_____

2. すみません，聞き取れませんでした。もう一度言っていただけますか。(could)

_____

3. "quest" とはどういう意味ですか。(mean)

_____

4. カラオケは英語で何と呼びますか。(call)

_____

Activity **1** ▶ Interview

Situation

あなたが道路を歩いていると，テレビの取材班があなたの将来の目標について尋ねてきます。

Target

□（インタビューする人）質問を 6 つしなさい。

□（インタビューされる人）それぞれの質問に 10 秒以内に答えなさい。

Conditions:（条件）

Interviewer（インタビューする人）

・インタビューされる人にしたい質問を準備しなさい。あまりにも個人的な質問は避けなさい。

・インタビューされる人に質問し始めなさい。

・尋ねるのをやめないでください。

- -

Interviewee（インタビューされる人）

・右ページに出ている人物のうちの 1 人になりきりなさい。

・（選んだ人物の）個人情報を作成し，インタビューに備えなさい。

・（選んだ人物の）将来の目標についてのメモを書きなさい。

・それぞれの質問にできるだけ長く答えるようにしなさい。理由や例を添えなさい。

Words & Expressions

Interviewer	Interviewee
・Hi, can I ask you some questions? 　（こんにちは，いくつか質問をしてもよろしいですか。）	・I was going to ... with my ... 　（…と一緒に…するつもりでした。）
・Where are you going? 　（どこに行くところですか。）	・After that we ... 　（そのあと私たちは…。）
・How's your school life? 　（学校生活はいかがですか。）	・My school is great. We have ... 　My classmates ... 　（私の学校はすばらしいです。私たちは…があります。クラスメートは…。）
・What is your favorite anime? 　（好きなアニメは何ですか。）	
・What is your future dream?　Why ...? 　（あなたの将来の夢は何ですか。なぜ…。）	・My future dream is to be/have ... 　（私の将来の夢は…になること［を持つこと］です。）
・How ...?　（どのように…。）	・After I graduate from high school, I ... 　（高校を卒業したら，私は…。）
・By when ...?　（いつまでに…。）	
・Where ...?　（どこに…。）	・I have to ... 　（私は…しなければなりません。）

▌ **Goal** ▌

☐ I can make a prompt reply in interviews.
　（インタビューで即答することができる。）

MEMO TAKING（メモを取る）

As an Interviewee （インタビューされる人として）	As an Interviewer （インタビューする人として）
Going to a shopping mall （ショッピングモールへ行く） Dream - To be a teacher （夢：教師になること）	Loves classmates （クラスメートが大好き） Favorite anime - Doraemon （好きなアニメ：ドラえもん）

対話例

Interviewees: Ａ

(Interviewer: A, Interviewee: B)
（インタビューする人：Ａ　インタビューされる人：Ｂ）

A: Hi, can I ask you some questions?
　（こんにちは，いくつか質問をしてもよろしいですか。）

B: Sure.
　（もちろんです。）

A: Where are you going?
　（あなたはどこに行くところですか。）

B: I'm going to the library. I have a lot of homework to do today.
　（私は図書館に行くところです。今日は宿題がたくさんあるので。）

A: Oh, that seems hard. Are you a student?
　（ああ，大変そうですね。あなたは学生さんですか。）

B: Yes, I'm a university student. I study Japanese and Japanese culture.
　（はい，大学生です。私は日本語と日本の文化を勉強しています。）

A: Nice! Why do you study them?
　（いいですね！　どうしてそれらを勉強しているのですか。）

B: Well, I love Japanese anime, so I want to know about Japan. Japanese is a
　difficult language for me, but I love *kanji*. It's cool.
　（ええと，私は日本のアニメが大好きなので，日本について知りたいのです。日本語は
　私にとっては難しい言語ですが，漢字が大好きです。かっこいいので。）

A: That's true. Have you ever visited Japan?
　（そうですね。今まで日本を訪れたことはありますか。）

B: Yes, I've been there twice. I actually visited Japan last year. I enjoyed
　shopping and sightseeing. I tried wearing a kimono. It was my best memory.
　（ええ，2回行ったことがあります。実は昨年日本を訪れました。買い物や観光を楽し

みました。着物も着てみました。それは私の一番の思い出です。）

A: How nice! Well, you said you loved Japanese anime, right? What is your favorite anime?
（なんてすてきなのでしょう！ ええと，あなたは日本のアニメが大好きだとおっしゃいましたよね。あなたの好きなアニメは何ですか。）

B: My favorite anime is "Kimetsu no yaiba." The story is really exciting!
（私の好きなアニメは『鬼滅の刃』です。ストーリーがとてもおもしろいです！）

A: That's a great anime. I love it, too. OK, this is the last question. What is your future dream?
（あれはすばらしいアニメですね。私も大好きです。では，最後の質問です。あなたの将来の夢は何ですか。）

B: My future dream is to be a cartoonist. I want to draw my own comics in Japanese. After I graduate from university, I hope I can move to Japan.
（私の将来の夢は漫画家になることです。私は日本語で自分の漫画を描きたいです。大学を卒業したら，日本に引っ越せるといいなと思っています。）

A: That's a wonderful dream! Thank you so much for your time!
（すばらしい夢ですね！ お時間をどうもありがとうございました！）

B: You're welcome. Have a nice day.
（どういたしまして。よい1日を。）

！ヒント
・インタビューされる人は，2文以上になってもよいので質問に理由や例も添えて答える。
・インタビューする人は，質問に答えてもらったあとで感想や意見などを言い，対話をふくらませる。
・将来の目標［夢］を答えるときは，My future goal[dream] is to .... のように，不定詞を使って答える。

Activity 2　Negotiation

| Situation |

あなたは自分の携帯電話にアプリをダウンロードしてもよいか親に尋ねています。

| Target |

□ 3つのアプリをダウンロードする許可をとりなさい。

Conditions:（条件）

Child（子ども）
- あなたの選ぶアプリがいかによいのか，またあなたがなぜそれらがほしいのかを伝えなさい。
- "for example"，"in addition"，"also" を使って，理由や説明を述べなさい。
- もし 10 秒以内に返事ができなければ，あなたはそのアプリをダウンロードすることをあきらめて，次に進まなければなりません。

- -

Parent（親）
- 子どもになぜ彼／彼女がそのアプリが必要なのかを尋ね続けなさい。"No, you can't." と言ってはいけません。
- なぜあなたが彼／彼女にそのアプリを使ってほしくないのか優しく説明しなさい。同じ語句を 2 度使わないようにしなさい。
- もし 10 秒以内に返事ができなければ，あなたはそのアプリをダウンロードする許可を与えなければなりません。

Words & Expressions

Child	Parent
· Can I download this application? （このアプリをダウンロードしてもよいですか。）	· Do you really need this application? （あなたはこのアプリが本当に必要ですか。） · I don't think ...（…でないと思います。）
· This application is/has/can ... （このアプリは…です[あります，できます]。）	· I understand what you're saying, but ... I'm worried about your ...
· I want this application because ... （…なので，私はこのアプリがほしいです。）	（あなたが言っていることはわかりますが，…。あなたの…について心配しています。）
· What do you think about this application? （このアプリをどう思いますか。）	· I don't want you to ... （あなたに…してほしくないです。）
· I know what you're trying to say, but this application can/will ... （あなたが言おうとしていることはわかりますが，このアプリは…できます[でしょう]。）	· This app has a high/low review rate. （このアプリは高い[低い]レビュー評価です。） · How about this app? You can ... （このアプリはどうですか。あなたは…できます。）

▌ Goal ▐

☐ I can talk with someone who has a particular point of view and change their mind.
（ある考えを持った人と話をして，彼らの考えを変えることができる。）

Applications（アプリ）

[Puzzle Game] MOVE IT! （[パズルゲーム]ムーブイット！）	[Movie Online] Awesome Videos （[オンライン映画]オーサムビデオズ）
-Free（無料） -Reviews（レビュー）: ★★★★★ *Complete the lines and get points. You won't want to stop playing!* （列を完成させて，得点しましょう。プレイをやめたくなくなるでしょう！）	-Free（無料） -Reviews: ★★★★☆ *We have a lot of movies: action, Sci-fi, drama, romance, horror, and anime.* （アクション，SF，ドラマ，恋愛，ホラー，そしてアニメなどたくさんの映画があります。）
[Social Network] My Chat （[ソーシャルネットワーク]マイチャット）	[Learning] Achiever （[学習]アチーバー）
-Free（無料） -Reviews: ★★★☆☆ *Communicate only with those members you accept.* （承認したメンバーとだけコミュニケーションをとりましょう。）	-300 yen/month（月額300円） -Reviews: ★★☆☆☆ *You can build skills in all of your subjects with this app.* （このアプリを使えばすべての科目でスキルを身につけられます。）
[Online book] Teens Library （[オンラインブック]ティーンズライブラリー）	[Camera] Best Shot （[カメラ]ベストショット）
-800 yen per book（1冊800円） -Reviews: ★★★★☆ *Enjoy reading popular teens' books!* （人気のあるティーン向けの本を読んで楽しみましょう！）	-Free（無料） -Reviews: ★★★☆☆ *We have powerful editing tools. Share your photos with your friends.* （強力な編集ツールがあります。友達と写真を共有しましょう。）
[Social Network] Meet New Friends （[ソーシャルネットワーク]ミートニューフレンズ）	[Sports] Live Scores （[スポーツ]ライブスコアズ）
-Free（無料） -Reviews: ★☆☆☆☆ *Just fill in your profile and personal information. Make friends and meet people with similar interests!* （プロフィールと個人情報を記入するだけ。友達を作って，似たような興味を持つ人々と会いましょう！）	-Free（無料） -Reviews: ★★★★☆ *This is a great app for sports fans. You can also check the profiles of all the players too.* （これはスポーツファンにとってすばらしいアプリです。全選手のプロフィールもチェックできます。）

(対話例①)

(Child: A,　Parent: B)

(子ども：A　親：B)

A: Mom, can I download "Teens Library"?　I want this application because I
　 want to read more teens' books.
　 (お母さん,『ティーンズライブラリー』をダウンロードしてもいいかな。もっとティー
　 ン向けの本が読みたいので, このアプリがほしいの。)

B: Go to the library.　There are a lot of books, and you can borrow some for free.
　 Do you really need this application?
　 (図書館に行きなさい。本がたくさんあるし, 無料で借りられるよ。あなたはこのアプ
　 リが本当に必要なの？)

A: Yes.　I think it's very convenient because I can read books whenever I want to.
　 (うん。本を読みたいときいつでも読むことができるので, とても便利だと思う。)

B: Do you know how much it costs?　It's not free to read books.
　 (あなたはどのくらい費用がかかるかわかっているの。本を読むのは無料ではないのよ。)

A: Yes, I know.　However, I can find any book I want to read anywhere.　Also,
　 after I read books, I can keep them in my cell phone.
　 (うん, わかっているよ。でも, 読みたい本をどれでもどこででも見つけることができ
　 るのよ。それに, 読んだ後, その本を私の携帯電話に保存できるわ。)

B: OK.　You can download it.
　 (わかったわ。ダウンロードしていいよ。)

(対話例②)

A: Dad, may I download "Meet New Friends"?　This application is for making friends.
　 (お父さん,『ミートニューフレンズ』をダウンロードしてもいいかな。このアプリは友
　 達を作るためのものだよ。)

B: I think there are some other ways to make friends.　Do you really need it?
　 (友達を作るには他にも方法があると思うよ。あなたは本当にそれが必要なのかい。)

A: Yes.　It's a very easy way to make new friends because all I have to do is fill
　 in my profile.
　 (うん。私がするのはプロフィールを記入することだけなので, 新しい友達を作るのに
　 とても簡単な方法なんだよ。)

B: I'm worried about your personal information.　I don't want you to get into trouble.
　 (あなたの個人情報について心配しているんだ。あなたにトラブルに巻き込まれてほし
　 くないんだ。)

A: I know what you're trying to say, but this application can help us find good friends with
　 similar interests for us.　In addition, it says it keeps our personal data safe and secure.
　 (お父さんが言おうとしていることはわかるけど, このアプリでは私たちと同じような
　 興味を持つよい友達を見つけるのに役立つんだよ。さらに, 私たちの個人情報を安全に
　 保管すると書いてあるよ。)

B: I don't believe it. This app has a low review rate. Then, why don't you try "My Chat" instead? You can only communicate with members you accept. This is your first time to use an app for communication, so why don't you try it?

(信じられないな。このアプリのレビュー評価は低いね。それでは、かわりに『マイチャット』はどうだい。あなたは承認したメンバーとだけコミュニケーションをとれるよ。あなたはこれがコミュニケーション用のアプリを使う最初の機会なので、それを試してみたらどうかな。)

A: OK, Dad.

(わかったよ、お父さん。)

ヒント
・「子ども」は、理由や例も含めて、なぜそのアプリがほしいのかを「親」に伝える。
・「親」は、なぜ「子ども」にそのアプリを使ってほしくないのか説明する。

Activity 3　Facts and Opinions

Situation

地理の授業で，あなたは地球規模の問題についてプレゼンテーションを行います。

Target

□右側のページから地球規模の問題を１つ選んで，それについての３つの事実を見つけなさい。そして，その問題の原因を調べなさい。

□その問題に対するいくつかの可能な解決策を考えなさい。

□あなたの調査結果をクラスで発表しなさい。その問題に関連する視覚資料を１つプレゼンテーションに含めなさい。

Conditions:（条件）

Presenters（発表者）

・インターネットや本で情報を調べなさい。

・必ずあなたの主張を裏付ける十分な根拠があるようにしなさい。

・「事実」と「意見」を混同してはいけません。

・プレゼンテーションを行うとき，クラスで視覚資料を示しなさい。

Audience（聴衆）

・プレゼンテーションの間にメモをとって，それらをフィードバックとして発表者に伝えなさい。

Words & Expressions

Presenter（発表者）	**Audience**（聴衆）
・Today I'd like to talk about ... （今日は…について話したいと思います。） ・What do you think about ...? （あなたは…についてどう思いますか。） ・First/Second/Third ... （第１に／第２に／第３に…。） ・I'd like to emphasize that ... （私は…ということを強調したいです。） ・I think this global issue can be solved by ... （私はこの地球規模の問題は…によって解決できると思います。） ・By using this method, we can ... （この方法を使うことによって，私たちは…できます。）	・Thank you for your presentation. （プレゼンテーションをありがとうございました。） ・Let me ask you a question. （私に質問させてください。） ・In the presentation, you said that ... （プレゼンテーションで，あなたは…と言いました。） ・Why do you think ...? （あなたはなぜ…と思うのですか。） ・Is it true that ...? （…というのは本当ですか。） ・Thank you for the explanation(s). （ご説明をありがとうございました。）

・To summarize, ...
  (要するに，…。)
・Thank you very much for your attention.
  (ご清聴ありがとうございました。)
・Does anyone have any questions or comments?
  (どなたか質問やコメントはありますか。)
・That's a good question. I think ...
  (それはよい質問です。私は…と思います。)

Goal

☐ I can look for necessary information for a presentation and distinguish between facts and opinions.
(プレゼンテーションのために必要な情報を探して，事実と意見を区別することができる。)

Global Issues（地球規模の問題）

A **Climate Change**（気候変動）

Keywords（キーワード）**:** emissions of greenhouse gases（温室効果ガスの排出）, weather（天候）, temperature（温度）, carbon dioxide（二酸化炭素）, increase（増加する）, extinction（絶滅）, health（健康）, food（食物）, restrict（～を制限する）

B **Global Pandemic**（世界的規模のパンデミック［世界的流行病］）

Keywords: infectious disease（感染病［症］）, spread（広がる）, report（報告）, outbreak（大流行）, virus（ウイルス）, appropriate actions（適切な行動）, control（～を抑制する）, drops in GDP（GDP の下落）, unemployment（失業）, prevention（予防）

C **Gender Equality**（男女平等）

Keywords: opportunities（機会）, enjoy the same rights（同じ権利を享受する）, wage gap（賃金格差）, gender bias（性差別）, violence（暴力）, promote（～を促進する）

D **Global Migration**（世界規模の移住）

Keywords: developing countries（発展途上国）, immigrants（移民）, work（仕事）, religion（宗教）, political conflict（政治的な対立）, freedom（自由）, culture shock（カルチャーショック）

（記入例）

Your choice for presentation（プレゼンテーションの選択）：A
Facts（事実）

・There is an increase in heat days and heat waves in almost all land areas.
  （ほぼすべての陸地で猛暑日や熱波が増加している。）
・Glaciers are melting, and the ocean level is rising.

（氷河が溶けて，海面が上昇している。）

・Hunger and malnutrition are on the rise worldwide.
（飢餓と栄養失調が世界中で増加している。）

Possible Causes（考えられる原因）

・As the concentration of greenhouse gases increases, the surface temperature goes up.
（温室効果ガスの濃度が高まるにつれて，地表の温度も上がる。）

・The ocean absorbs most of the heat from global warming.
（海洋は地球温暖化による熱の大部分を吸収する。）

・Climate change and increased extreme weather events do great damage to agriculture and fisheries.
（気候変動と異常気象の増加は農業と漁業に大きな損害を与える。）

Possible Solution (Opinion)（可能な解決策（意見））

・To change our main energy sources to clean and renewable energy.
（主なエネルギー源をクリーンで再生可能なエネルギーに変えること。）

・To reduce our waste.
（廃棄物を減らすこと。）

（プレゼンテーション例）

　Today, I'd like to talk about climate change. Climate change means significant and long-term changes to the climate of the earth. The causes of climate change include excessive emissions of greenhouse gases, burning of fossil fuels, greenhouse effects, deforestation, and so on. I'll start with three facts about climate change, with their possible causes. Then, I'm going to propose two possible solutions to this global issue.

　First, I will talk about the temperature rise. Let's look at the graph from the IPCC Fourth Assessment Report. It shows the temperature change from the year 700 to 2100. Can you see a sharp rise after 2000? What do you think? As the concentration of greenhouse gases increases, the surface temperature goes up. According to research, the average temperature of each decade has been higher than that of the previous decade since the 1980s. Nowadays, there is an increase in heat days and heat waves in almost all land areas. It causes more heat-related illnesses and makes outdoor work more difficult. Moreover, in high-temperature conditions, wildfires are more likely to start and spread quickly.

　Second, I will talk about ocean warming and ocean level rise. The ocean absorbs most of the heat from global warming. A survey shows the pace of ocean warming has been increasing at all ocean depth levels over the past two decade. These days, glaciers are melting, and the ocean level is rising. As a result, it is threatening coastal region areas. In addition, more carbon dioxide in the ocean is endangering marine life and coral reefs.

Third, I will talk about health risks. Climate change and increased extreme weather events do great damage to agriculture and fisheries. Sufficient food cannot be grown or harvested, and the marine resources that feed a lot of people are at risk. Recently, it is reported that hunger and malnutrition are on the rise worldwide. Besides, various problems, such as air pollution, extreme weather, forced migration, and so on, caused by the impacts of climate change have been posing serious health risks to humans physically and mentally.

Now, I would like to propose two possible solutions to climate change. Firstly, we should change our main energy sources to clean and renewable energy. Solar energy, wind energy, geothermal energy, and biomass energy could be the solution. Secondly, we should reduce our waste. It could be better to use the 3Rs (Reduce, Reuse, Recycle) approach or the circular economy model for significantly reducing our waste and avoiding unnecessary production of new items.

Today, we humans are facing the global problem of climate change. It has a negative impact on the environment. It is very tough to stop climate change entirely, but I believe we can minimize this problem by taking some preventive measures to protect the world.

Thank you very much for your attention.

（今日は，気候変動について話したいと思います。気候変動は，地球の気候における重大で長期的な変化を意味します。気候変動の原因は温室効果ガスの過剰排出，化石燃料の燃焼，温室効果，森林伐採などを含みます。初めに，気候変動に関する３つの事実を，その考えられる原因とともに，話したいと思います。それから，この地球規模の問題に対する２つの可能な解決策を提案します。

　まず気温上昇について話します。IPCC 第４次評価報告書のグラフを見ましょう。これは 700 年から 2100 年までの気温変化を示しています。2000 年以降の急激な上昇がわかりますか。どう思いますか。温室効果ガスの濃度が高まるにつれて，地表の温度も上がります。調査によると，1980 年代以降ずっと，10 年ごとの平均気温は直前の 10 年間の平均気温より高くなっています。最近は，ほぼすべての陸地で猛暑日や熱波が増加しています。それは熱中症を引き起こし，屋外での仕事をより困難にします。さらに，高温の状態では，山火事が発生しやすく，急速に広がる可能性があります。

　２番目に，海洋温暖化と海面の上昇について話します。海洋は地球温暖化による熱の大部分を吸収します。調査によると，過去 20 年間，すべての海域の深さで海洋温暖化のペースが増加しています。最近では，氷河が溶けて，海面が上昇しています。結果として，それは沿岸地域を脅かしています。さらに，海洋中の二酸化炭素が増加したことにより海洋生物やサンゴ礁が危険にさらされています。

　３番目に，健康上のリスクについて話します。気候変動と異常気象の増加は，農業と漁業に大きな損害を与えます。十分な食物を育てられず収穫できませんし，多くの人々に食料を供給する海洋資源が危険にさらされています。最近，飢餓と栄養失調が世界中で増加していると報告されています。さらに，大気汚染，異常気象，強制移住など気候変動の影

響によって引き起こされたさまざまな問題が，肉体的にも精神的にも人間に深刻な健康上のリスクをもたらしています。

では，気候変動に対する2つの可能な解決策を提案したいと思います。第1に，私たちは主なエネルギー源をクリーンで再生可能なエネルギーに変えるべきです。太陽光エネルギー，風力エネルギー，地熱エネルギー，バイオマスエネルギーが解決策になりうるかもしれません。第2に，私たちは廃棄物を減らすべきです。廃棄物を著しく減らし，新たな物の不必要な生産を避けるために，3R(削減，再使用，再生利用)アプローチや循環型経済モデルを採用することがよりよいでしょう。

今日，私たち人間は気候変動という地球規模の問題に直面しています。それは環境に悪影響を及ぼします。気候変動を完全に止めることはとても難しいですが，世界を守るための予防策を講じることによって，私たちはこの問題を最小限に抑えることができると思います。

ご清聴ありがとうございました。)

(質疑応答例)

(Presenter: A, Audience: B)

(発表者：A　聴衆：B)

A: Does anyone have any questions or comments?

(どなたか質問やコメントはありますか。)

・・・・・・・・・

B: Thank you for your presentation. Let me ask you a question.

(プレゼンテーションをありがとうございました。私に質問させてください。)

A: Sure.(もちろんです。)

B: In the presentation, you proposed two possible solutions to climate change. I'd like to know more specific ones. Could you give us some advice on what to do today?

(プレゼンテーションで，あなたは気候変動に対する2つの可能な解決策を提案しました。私はより具体的なものを知りたいです。私たちが今日何をすべきかアドバイスをいただけますか。)

A: All right. There are two things. First, don't use plastic bags when you buy something. Second, switch off all home appliances when you're not using them.

(わかりました。2つあります。1つ目は，何かを買うとき，ビニールの袋を使わないこと。2つ目は，使っていないときは電化製品の電源をすべて切ることです。)

B: That sounds very simple. Thank you for the explanation.

(とても簡単ですね。ご説明，ありがとうございました。)

(!ヒント)

・因果関係を示すために，as a result(結果として)といったつなぎの言葉を使う。

・事実と意見を分けるために，according to ～(～によると)といった出典を示す表現を適切に使う。

Activity 4 ‹ Compromise

Situation

あなたは公民の授業で学習した労働条件について友達と話していて，求人サイトでさらなる情報を探すことに決めました。あなたは最善だと思う仕事の詳細を見つけましたが，あなたの友達はそれとは異なる仕事を見つけています。

Target

□パートナーにあなたが見つけた会社を選ぶように説得しなさい。
□あなたが見つけた会社について少なくとも３つのよい点を説明しなさい。
□パートナーが見つけた会社について少なくとも３つの悪い点を説明しなさい。

Conditions:（条件）

・１つの会社を選びなさい。パートナーと同じ会社を選ぶことはできません。
・両方の会社について魅力的な点と魅力的でない点を見つけなさい。
・あなたのアイデアをパートナーと共有して，どちらの会社がよりよいか決めなさい。あなたの選んだ会社のよい点を強調するようにしなさい。
・なぜそれぞれの会社がよいまたは悪いと思うのかに対して詳細な理由や説明を述べなさい。

Words & Expressions

Attractive（魅力的である）	Unattractive（魅力的でない）
· Look. I've found an ideal company. （見て。理想的な会社を見つけました。） · This company is/was/has ... （この会社は…です［でした，持っています］。） · I'm interested in the employee's comment. He/She says ... （私は従業員のコメントに興味があります。彼／彼女は…と言っています。） · He/She is working inside/outside the office. （彼／彼女はオフィスの中／外で働いています。） · In the future, I'd like to ... so his/her conditions are perfect. （将来，私は…したいので，彼／彼女の条件は完璧です。） · I want to work at this company. （私はこの会社で働きたいです。）	· Really? I don't think so because ... （本当ですか？ …なので，私はそう思いません。） · Oh, look at ... This company looks awful! （ああ，…を見て。この会社はひどそうです！） · I don't want to work like them. （私は彼らのように働きたくないです。） · This company information says ... （この会社情報には…と書かれています。） · The number of employees is ... （従業員の数は…です。） · I need some private time after work. （私は仕事の後にプライベートな時間が必要です。） · I want to earn more money. （私はもっとお金をかせぎたいです。）

☐ I can discuss with someone with a different opinion and reach an agreement by compromising.
（異なる意見を持った人と話し合って，妥協することによって合意に達することができる。）

Companies（会社）

No.13 **ABC Tech Co., Ltd.**（ABC Tech 株式会社）
Basic Information（基本情報）
Established: 2011（設立：2011 年） **Location:** Texas（所在地：テキサス）
Employees: 500（male: 273 / female: 227）（従業員：500 名（男性：273 名／女性：227 名））
Average age: 38（平均年齢：38 歳）
Average Salary: 4,380,000 yen（平均給与：438 万円）
Offices: California, Shanghai, Tokyo（オフィス：カリフォルニア，上海，東京）
Message from an employee（従業員からのメッセージ）
Hi, I'm Cathy. My job is to sell electronic devices to manufacturing companies. I like what I do because I have the opportunity to take business trips overseas and use other languages. At the office, I email and call business people in foreign countries every day. Usually our work finishes at 6 p.m., and I often go to see a movie or have dinner with my colleagues. This is my dream job!
（こんにちは，キャシーです。私の仕事は製造会社に電子機器を販売することです。海外に出張したり他の言語を使ったりする機会があるので，私は自分のしていることが好きです。オフィスでは，毎日海外のビジネス関係者に E メールを送ったり電話したりします。たいてい私たちの仕事は午後 6 時に終わり，私はよく同僚と映画を見に行ったり夕食をとったりします。これは私の理想の仕事です！）

No.25 **Globe Manufacturing Company**（グローブ・マニュファクチャリング社）
Basic Information（基本情報）
Established: 1948（設立：1948 年） **Location:** Sydney（所在地：シドニー）
Employees: 10,000（male: 8,800 / female: 1,200）（従業員：10,000 名（男性：8,800 名／女性：1,200 名））
Average age: 53（平均年齢：53 歳）
Average Salary: 8,640,000 yen（平均給与：864 万円）
Offices: -
Message from an employee（従業員からのメッセージ）
Hello, everyone. My name is Joe. I'm an engineer and I design electronic devices. It takes a lot of time to produce a product. We have meetings with other sections like sales departments and discuss whether or not a given product is technically possible. Then, we designers make samples and conduct testing over and over again. Sometimes the employees of this company work until midnight, but we feel that we're contributing something useful to society.

（こんにちは，みなさん。私の名前はジョーです。エンジニアをしており，電子機器を設計しています。製品を作るには多くの時間を要します。私たちは営業部のような他の部署と会議をして，ある特定の製品が技術的に可能であるかどうか議論します。そして，私たち設計者が見本を作って，何度もくり返し検査を行います。時には当社の従業員は深夜まで働くこともありますが，私たちは社会に何か役立つことで貢献していると感じています。）

(対話例)

A: Look. I've found an ideal company. Its name is ABC Tech Co., Ltd. It was established in 2011.（見て。理想的な会社を見つけました。名前は ABC Tech 株式会社です。2011 年に設立されました。）

B: Only 12-13 years old .... It's a very new company, isn't it?
（創業ほんの 12 〜 13 年ですか…。とても新しい会社ですね。）

A: Yes. That's attractive to me.（はい。それが私にとって魅力的です。）

B: Globe Manufacturing Company seems more attractive to me. It was established in 1948. It must have a good track record. I think old companies can be trusted.
（私にはグローブ・マニュファクチャリング社の方がより魅力的に思えます。これは 1948 年に設立されました。よい実績があるに違いありません。私は古い会社は信頼できると思います。）

A: I agree with you.（同意します。）

B: According to the company information, the number of employees of Globe Manufacturing Company is 10,000. It's also a sign of its success.
（会社情報によれば，グローブ・マニュファクチャリング社の従業員数は 10,000 人です。それもまた成功の印です。）

A: Yes, but it's too big for me. ABC Tech Co., Ltd. has no more than 500 employees. I suppose it's easier to communicate with other coworkers. Oh, look at the ratio of males to females of Globe Manufacturing Company! It's 9 to 1. It's a bad company.
（そうですね，でも私には大きすぎます。ABC Tech 株式会社の従業員数はたった 500 人です。他の同僚とコミュニケーションがよりとりやすいと思います。ああ，グローブ・マニュファクチャリング社の男女比を見て！　9 対 1 です。だめな会社ですよ。）

B: True, it's out of balance, but that's too strong a word. We don't know what has brought about such a situation.（たしかに，バランスは悪いですが，それは言い過ぎです。どうしてそのような状況になったのかはわかりません。）

A: Right. However, I think equal opportunities for women and men in employment are important.
（そうですね。でも，男女の雇用機会均等は重要だと思います。）

B: Me, too. Next, let's talk about the average age of employees.
（私もそう思います。次に，従業員の平均年齢について話しましょう。）

A: OK. The company information says the average age of employees of ABC Tech Co., Ltd. is 38.(はい。会社情報には ABC Tech 株式会社の従業員の平均年齢は 38 歳と書かれています。)

B: There seem to be more young workers.(若手の社員が多いようですね。)

A: Exactly. It has a vibrant work environment. The workplace is given more energy by young workers.(その通りです。活気に満ちた職場環境があります。職場は若い労働者によって活気づけられます。)

B: That's not necessarily true. At Globe Manufacturing Company, the average age of employees is 53. It suggests there are many people who continue working there for a long time. I think it proves the company is stable. It's good that young workers can learn a lot from their seniors.
(必ずしもそうではないです。グローブ・マニュファクチャリング社では，従業員の平均年齢が 53 歳です。それは長い間そこで働き続けている人たちがたくさんいることを示しています。私は会社が安定していることを証明していると思います。若い労働者が先輩から多くを学べることはよいです。)

A: That's a good point. By the way, another reason I like ABC Tech Co., Ltd. is that it has some offices located in California, Shanghai, and Tokyo. It's an international company, isn't it?(一理ありますね。ところで，私が ABC Tech 株式会社を気に入っているもう 1 つの理由は，カリフォルニア，上海，東京にオフィスがあるからです。国際的な会社ですよね。)

B: Yes. As for me, I don't want to be transferred, and I want to stay at one place. That's another reason I prefer Globe Manufacturing Company. There aren't any offices other than in Sydney, it seems.(はい。私としては，転勤したくないですし，1 か所にい続けたいです。それがグローブ・マニュファクチャリング社の方がより好ましいもう 1 つの理由です。シドニー以外にはオフィスはないようですし。)

A: Now, what do you think about the employees' comments? I'm interested in Cathy's comment. She says she has the opportunity to take business trips overseas and use other languages. That sounds very attractive because I want to travel all around the world in the future.
(さて，従業員のコメントについてはどう思いますか。私はキャシーのコメントに興味があります。彼女は海外に出張したり他の言語を使ったりする機会があると言っています。私は将来世界中を旅行したいので，それはとても魅力的に聞こえます。)

B: Business trips are for business, not for fun. Don't mix work with private matters. For Globe Manufacturing Company, Joe says it takes a lot of time to produce a product, giving some specific examples. I think it's a challenging job.
(出張は仕事のためで，楽しみのためではないですよ。公私混同しないように。グローブ・マニュファクチャリング社について，ジョーは具体例を挙げながら，製品を作るのに多くの時間を要すると言っています。私はやりがいのある仕事だと思います。)

A: Cathy also says their work usually finishes at 6 p.m. and that she has a good time with her colleagues after work. I need some private time after work, so I want to work at ABC Tech Co., Ltd.

(キャシーはまた，仕事はたいてい午後6時に終わり，仕事の後は同僚と楽しい時間を過ごしていると言っています。私は仕事の後にプライベートな時間が必要ですから，ABC Tech 株式会社で働きたいと思います。)

B: They say it is difficult to achieve a balance between work and personal life, but I suppose it is important. Joe also says that they sometimes work until midnight, but that they feel they're contributing something useful to society. It's necessary for workers to be proud of and be satisfied with their own jobs.

(仕事と私生活のバランスをとるのは難しいと言われていますが，大切なことだと思います。ジョーはまた，時に深夜まで働くことがありますが，社会に何か役立つことで貢献していると感じていると言っています。労働者は自分自身の仕事を誇りに思い満足することが必要です。)

A: Yes, but I don't think I want to work until midnight.

(はい，でも私は深夜まで働きたいとは思いません。)

B: Oh, compare the average salaries between two companies. A big difference! The more work you do, the more money you can earn.

(ああ，2つの会社の平均給与を比べてみて。大きな違いですよ！　仕事をたくさんすればするほど，ますます多くのお金を稼ぐことができます。)

A: You're correct. Maybe, we should work a lot to have a full personal life.

(その通りですね。おそらく私たちは充実した私生活を送るにはたくさん仕事をすべきなのかもしれません。)

B: Taking everything into consideration, don't you think Globe Manufacturing Company is the better company?(すべてを考慮に入れた上で，グローブ・マニュファクチャリング社の方がよりよい会社だと思いませんか。)

A: Yes, I do.(はい，思います。)

[!ヒント]
・自分の選んだ会社のよい点を強調するような発言をする。
・最終的によりよい会社を選ぶために，それぞれの会社のよい点と悪い点を詳しく述べる。

[記入例]

ABC Tech Co., Ltd.		Globe Manufacturing Company	
Attractive	**Unattractive**	**Attractive**	**Unattractive**
・small	・new	・old	・big
・male/female	・offices	・average age	・male/female
・6 p.m.	・average salary	・average salary	・until midnight

→ We decided the better company is <u>Globe Manufacturing Company</u>.

Activity 5 ❭ Research

▌Situation▐

歴史の授業で，あなたは私たちの生活を向上させている科学技術の進歩について話し合っています。

▌Target▐

☐少なくとも6つの進歩を挙げて，興味を持った1つを決めなさい。

☐科学技術がいかにして社会を変えてきているのかという例を3つ挙げなさい。

☐その科学技術がなければ世界がどのようになっているのかという例を3つ挙げなさい。

Conditions:（条件）

Presenters（発表者）

第1段階：インターネットや本で情報を見つけなさい。あなたが興味を持っている科学技術の進歩を挙げなさい。

第2段階：1つの進歩を選んで，調査をしなさい。そして，それがなければ世界がどのようになっているのか想像しなさい。

第3段階：スピーチの原稿を作りなさい。導入，その科学技術の影響，それがなければ世界がどのようになっているかという例を含めなさい。

- -

Audience（聴衆）

・スピーチの間にメモをとって，それらをフィードバックとして発表者に伝えなさい。

Words & Expressions

Speaker（発表者）	**Audience**（聴衆）
・Today I'd like to talk about ... （今日は…について話したいと思います。）	・Thank you for your presentation. （プレゼンテーションをありがとうございました。）
・What do you think about ...? （あなたは…についてどう思いますか。）	・Let me ask you a question. （私に質問させてください。）
・To start with, please take a look at this graph. （まず最初に，このグラフを見てください。）	・In the presentation, you said that ... （プレゼンテーションで，あなたは…と言いました。）
・This graph shows that ... （このグラフは…ということを示しています。）	・Why do you think ...? （あなたはなぜ…と思うのですか。）
・First/Second/Third ... （第1に／第2に／第3に…。）	・Is it true that ...? （…というのは本当ですか。）
・I'd like to emphasize that ... （私は…ということを強調したいです。）	・Thank you for your explanation(s). （ご説明をありがとうございました。）

・To summarize, ... (要するに, …。)
・Thank you very much for your attention.
（ご清聴ありがとうございました。）
・Does anyone have any questions or comments?
（どなたか質問やコメントはありますか。）
・That's a good question. I think ...
（それはよい質問です。私は…と思います。）

Goal

☐ I can look for historical information and create a speech which includes hypothetical situations.
（歴史的な情報を探して, 仮定の状況を含むスピーチを作ることができる。）

（記入例）

STAGE 1: Choose technological advances.（科学技術の進歩を選びなさい。）

telephones, light bulbs, television, personal computers, digital cameras, the internet
（電話, 電球, テレビ, パソコン, デジタルカメラ, インターネット）

STAGE 2: Do research.（調査をしなさい。）

Technology（科学技術）：the internet（インターネット）

Inventor（発明者）：Computer scientists Vinton Cerf and Robert Kahn are credited with inventing the internet communication protocols we use today and the system referred to as the internet.
（コンピューター科学者のヴィントン・サーフとロバート・カーンが私たちが現在使っているインターネット通信プロトコルとインターネットと呼ばれるシステムを発明したと考えられています。）

（出典：https://www.britannica.com/story/who-invented-the-internet）

Time of invention（発明の時期）：1980（1980 年）

How has the technology influenced the world?
（その科学技術はどのように世界に影響を与えてきたか。）

What would the world be like without the technology?
（その科学技術がなければ世界はどのようになっているか。）

STAGE 3: Make a draft.（原稿を作りなさい。）

(Introduction)（導入）

(Influence of the technology)（その科学技術の影響）

(Without the technology)（その科学技術がなかったら）

(スピーチ例)

A lot of technological advances have improved our lives; for example, telephones, light bulbs, television, personal computers, digital cameras and the internet. Above all, the internet has had a huge impact on our lifestyles. Today, I'd like to talk about the internet. First, I'm going to talk about how the internet has influenced our lives. Second, I'd like to give you some examples of what the world would be like without it.

To start with, I'd like to tell you three things about how the internet has influenced our lives. First, the internet has become our primary source of information. Today, information is freely available at the click of a button. Thanks to the smartphone, we can get any information anytime, anywhere. Second, as a means of communication, we have moved on to social networks and online communities from phone calls and letters. Thanks to the internet, we are able to communicate with total strangers today. Third, the internet has changed the way entertainment, such as movies, television, and performances, is viewed and received. Now, we are able to watch things live anywhere, and also watch replays of entertainment anytime, thanks to the internet. It is amazing that we have everything we want to enjoy in one place!

Next, I will give you three examples of what the world would be like without the internet. First, in order to search for information, we would have to turn to our own books, our friends or the local library. For news, we would rely on TV programs or newspapers without the internet. Also, if we got lost on the way, all we could do would be ask people or go to the nearby police box. We couldn't use Google Maps! Second, without the internet, we would communicate with our friends face-to-face or by phone. For our far-away friends, we would need to send letters or pay a lot for long distance calls. If we had some small things to confirm or if we were running late for an appointment, it couldn't be so easy to contact the other person. If it were not for the internet, distance would be a barrier for a relationship and we could not build networks with ease. Third, entertainment would need to be chiefly enjoyed in real time without the internet. It would be necessary for us to visit theaters, sites of concerts, and stadiums, and so on, in some cases. Thus, many things for entertainment would be unavailable or limited.

So far, I have talked in terms of (1) how to search for information, (2) how to communicate with others, and (3) how to enjoy entertainment. Our lives have been heavily influenced by the internet in many ways. It is true that the internet has made our lives better, but we have to make good use of it.

Thank you very much for your attention.

(多くの科学技術の進歩が私たちの生活を向上させてきました。例えば，電話，電球，テレビ，パソコン，デジタルカメラ，インターネットです。とりわけ，インターネットは私

たちの生活様式に大きな影響を与えてきました。今日はインターネットについて話したい
と思います。第1に，インターネットがどのように私たちの生活に影響を与えてきたか
について話します。第2に，もしそれがなければ世界はどのようになっているかについ
ていくつか例を挙げたいと思います。

　まず最初に，インターネットがどのように私たちの生活に影響を与えてきたかについて
3つのことを話したいと思います。第1に，インターネットは私たちの主要な情報源になっ
てきています。今日，情報はボタンをクリックするだけで自由に手に入ります。スマート
フォンのおかげで，私たちはいつでもどこでもどんな情報も手に入れられます。第2に，
コミュニケーションの手段として，電話や手紙からソーシャルネットワークやオンライン
コミュニティに移行しています。インターネットのおかげで，私たちは今日全く知らない
人とコミュニケーションをとることができます。第3に，インターネットは映画，テレビ，
公演といったエンターテインメントを視聴したり受信したりする方法を変えてきました。
今や，インターネットのおかげで，私たちはどこででも生放送で見ることができて，いつ
でもエンターテインメントのリプレーを見ることもできます。私たちが楽しみたいすべて
のものが1か所にあるとは驚きですね！

　次に，インターネットがなければ世界はどのようになっているかについて3つの例を
挙げます。第1に，情報を探すために，私たちは本，友達，地元の図書館に向かわわ
なければならないでしょう。ニュースに関して，インターネットがなければ私たちはテレ
ビ番組や新聞に頼るでしょう。また，途中で道に迷ったら，私たちができることは人に
尋ねるか近くの交番に行くことだけでしょう。グーグルマップは使えませんから！　第
2に，インターネットがなければ，私たちは友達と対面または電話でコミュニケーション
をとるでしょう。遠くの友達に関して，私たちは手紙を送ったり長距離電話に多くの支払
いをしなければならないでしょう。もし私たちが確認したいちょっとしたことがあったり，
約束に遅れそうだとしても，相手に連絡するのはあまり簡単ではないでしょう。もしイン
ターネットがなければ，距離は人間関係に支障をきたし，簡単にネットワークを築けなく
なるでしょう。第3に，インターネットがなければ，エンターテインメントは主にリア
ルタイムで楽しむ必要があるでしょう。場合によっては，私たちは劇場，コンサート会場，
スタジアムなどに行く必要があるでしょう。このように，エンターテインメントのための
多くのことが利用できなくなったり限定されることになるでしょう。

　これまで，私は(1)情報の探し方，(2)他者とのコミュニケーションのとり方，(3)エン
ターテインメントの楽しみ方という観点から話してきました。私たちの生活は多くの点で
インターネットによって大きく影響を受けてきました。インターネットが私たちの生活を
よりよくしてきたのは確かですが，私たちはそれを上手に利用しなければなりません。

　ご清聴ありがとうございました。）

（質疑応答例）

（Speaker: A, Audience: B）

（発表者：A　聴衆：B）

A: Does anyone have any questions or comments?

　（どなたか質問やコメントはありますか。）

・・・・・・・・・

B: Thank you for your speech. Let me ask you a question.

　（スピーチをありがとうございました。私に質問させてください。）

A: Certainly.（もちろんです。）

B: In the speech, you talked about three things about how the internet has influenced our lives. Could you give us another example?

　（スピーチで，あなたはインターネットがどのように私たちの生活に影響を与えてきたかについて３つのことを話しました。もう１つ例を挙げていただけますか。）

A: OK. I think the internet has also changed the way we travel. Is the essence of travel still discovery? Today, we can find out many things about a place we visit and make enough plans before leaving home. Also, even when we are there, mobile internet technology is there for us.

　（はい。インターネットはまた私たちの旅行の仕方を変えてきたと思います。今でも旅の本質は発見でしょうか。今日，私たちは出発する前に訪れる場所について多くのことを見つけて十分な計画を立てることができます。また，そこに行ってからも，モバイルインターネットの技術が私たちを助けてくれます。）

B: Thank you for the explanation.（ご説明をありがとうございました。）

（！ヒント）

「序論→本論（ここでは２つ）→結論」というスピーチの典型的な構成をしっかりとおさえる。

Activity 6 ‹ Planning

Situation
あなたは食品製造会社の従業員です。次の会議で，あなたのチームは同僚に新しい健康食品を提案する必要があります。その製品はスーパーで販売される予定です。

Target
第1段階□他のメンバーのアイデアについて3つの質問をしなさい。
第2段階□1分以内であなたのアイデアをチームのメンバーと共有しなさい。
第3段階□望ましい側面ごとに少なくとも1つの裏付けとなる情報を加えなさい。

Conditions:（条件）

Presenters（発表者）
第1段階/第2段階：
・調査のためにインターネットや本で情報を見つけなさい。
・どのような食べ物がすばらしいか考えなさい。あなたのチームのメンバーとブレーンストーミングを行って，右側のページにメモをとりなさい。
第3段階：
・チームのメンバーと話し合って，1つのプレゼンテーションの原稿を書きなさい。
・必ずあなたの主張を裏付けるのに十分な根拠を持つようにしなさい。

Audience（聴衆）
・プレゼンテーションの間に，メモをとりなさい。そして，彼らに質問をしなさい。

Words & Expressions

STAGE 1/STAGE 2	STAGE 3
・What kind of new food product should we produce? （私たちはどのような新しい食品を生産するべきですか。） ・I think we should produce ... because ... （…なので，私たちは…を生産するべきだと思います。） ・Who will be the target? （誰が対象でしょうか。） ・OK, then what can the main ingredients be? （わかりました，では主要原材料は何になるでしょうか。） ・How about the price/appeal points? （価格/アピールポイントについてはどうですか。）	・How should we start our presentation? （私たちはどのようにプレゼンテーションを始めるべきでしょうか。） ・I think we should use the word "convenient" here. （私たちはここで「便利な」という語を使うべきだと思います。） ・We should emphasize the main ingredients more. （私たちはもっと主要原材料を強調するべきです。）

■ **Goal** ■

☐ I can discuss the best way to make a suggestion and develop an effective presentation.

(提案をする最善の方法を話し合って, 効果的なプレゼンテーションに発展させることができる。)

(記入例)

STAGE 1: Brainstorming Memo(ブレーンストーミングメモ)

■ **Types of products:** Snacks / Sweets / Canned food / Frozen food / Beverage / Others(製品の種類：スナック／菓子／缶詰食品／冷凍食品／飲料／その他)

■ **Possible Target:** Children / Teenagers / Adults / Over 50s / Others(可能性のある対象：子ども／10代の若者／大人／50代以上／その他)

■ **Main Ingredients**(主要原材料)：coconut water(ココナッツウォーター)

■ **Health benefits**(健康上の利点)：

Coconut water：keep children hydrated, boost energy, promote digestion, develop strong bones(ココナッツウォーター：子どもたちの体に潤いを与える, 活力を与える, 消化を促進する, 骨を強くする)

STAGE 2: Design the product.(製品をデザインしなさい。)

■ **Name of the Product**(製品の名前)：CoCoWater(ココウォーター)

■ **Ingredients**(原材料)：coconut water, orange and lemon juice, mineral water (ココナッツウォーター, オレンジジュース, レモンジュース, ミネラルウォーター)

■ **Price:**150 yen(価格：150 円)

■ **Appealing aspects**(アピールする点)：

1. The product can make children and teenagers more active at school.

(この製品は子どもと10代の若者を学校でより活動的にすることができます。)

2. It can keep them healthy in many ways.

(それはさまざまな方法で彼らの健康を維持することができます。)

3. It is not harmful to children and teenagers.

(それは子どもと10代の若者にとって有害ではありません。)

STAGE 3: Write a draft of your presentation.(プレゼンテーションの原稿を書きなさい。)

(Introduction)(導入)

(Desirable Aspects)(望ましい点)

(Conclusion)(結論)　　　　　　　　　　　　　　(※ pp.188-189 参照)

STAGE 4: Make a presentation.(プレゼンテーションをしなさい。)

(対話例 STAGE 1/STAGE 2)

A: I think we should produce a new healthy beverage.

(私たちは新しい健康飲料を生産するべきだと思います。)

B: Who will be the target?(誰が対象でしょうか。)

A: It will be targeted at children and teenagers.

(子どもと10代の若者が対象になるでしょう。)

B: OK, then what can the main ingredient be?
   (わかりました，では主要原材料は何になるでしょうか。)
A: It can be coconut water.(ココナッツウォーターになるでしょう。)
B: How about the appeal points?(アピールポイントについてはどうですか。)
A: Coconut water contains various nutrients. Also, the product is made with all natural ingredients, by blending orange and lemon flavors with coconut water for a better taste.(ココナッツウォーターにはさまざまな栄養素が含まれています。さらに，この製品は，すべて天然原材料で作られていて，オレンジ・レモンフレーバーをココナッツウォーターと混ぜ合わせることで，よりおいしく飲めるようにしています。)

(対話例 STAGE 3)

A: How should we start our presentation?
   (私たちはどのようにプレゼンテーションを始めるべきでしょうか。)
B: I think we should talk about the name of the product, its possible target, and its ingredients in the introduction.(私たちは導入で製品の名前，可能性のある対象，原材料について話すべきだと思います。)
A: I think we should use the word "energetic" here.
   (私たちはここで「エネルギッシュな」という語を使うべきだと思います。)
B: That's an appropriate word.(それは適切な語ですね。)
A: We should emphasize the main ingredients more.
   (私たちはもっと主要原材料を強調するべきです。)
B: That's right. We should focus more on the nutrients coconut water has.(そのとおりです。私たちはココナッツウォーターが持つ栄養素にもっと注目するべきです。)

(プレゼンテーション例)

  Hello, everybody. Today, we'd like to suggest a new healthy beverage product. Its name is 'CoCoWater,' which is targeted at children and teenagers. Also, we'd like to set the price of 150 yen on this product. As you can imagine from the name, its ingredients are coconut water, orange and lemon juice, and mineral water.

  Now, we'd like to tell you three desirable aspects of 'CoCoWater.' First, it can make children and teenagers more active at school. Coconut water hydrates their bodies better than any other energy drink because it contains a higher amount of potassium, sodium, and natural sugar. As for potassium, coconut water is known to have nearly twice the potassium content of bananas. It is said that a lack of potassium can lead to anxiety-related issues, so consuming coconut water may help prevent anxiety. In addition, coconut water contains various nutrients, so it can refresh children and teenagers and make them feel more energetic. Second, 'CoCoWater' can keep children and teenagers healthy in many ways. Let me give you some examples. Coconut water can promote digestion because it contains a high concentration of fiber. It can also develop strong bones because it contains a high amount of calcium. In addition, it can strengthen the immune system because of its antiviral properties. Third, most importantly, 'CoCoWater' doesn't contain anything harmful to children and teenagers. Coconut water is not thought to cause any harmful effects on children. The product is made with all natural ingredients, by blending orange and lemon flavors with coconut water for a better taste. What is more, coconut water is entirely natural, with no added sugar, and is low in calories.

To conclude, coconut water, the main ingredient, will make this product one of the healthiest beverages for children and teenagers on the market. We are confident that 'CoCoWater' will sell quite well. Thank you.

（こんにちは，みなさん。今日は，私たちは新しい健康飲料製品を提案したいと思います。その名前は「ココウォーター」で，子どもと10代の若者を対象にしています。また，私たちはこの製品の価格を150円に設定したいと思います。名前から想像できるかもしれませんが，その原材料はココナッツウォーター，オレンジジュース，レモンジュース，ミネラルウォーターです。

さて，私たちは「ココウォーター」の3つの望ましい点を述べたいと思います。第1に，それは子どもと10代の若者を学校でより活動的にすることができます。ココナッツウォーターはカリウム，ナトリウム，天然糖を多く含むので，他のどんなエナジードリンクよりも体に潤いを与えます。カリウムに関しては，ココナッツウォーターはバナナの約2倍のカリウム含有量があると知られています。カリウムが不足すると不安になりやすいと言われているので，ココナッツウォーターを飲むことは不安の予防につながるかもしれません。さらに，ココナッツウォーターはさまざまな栄養素を含んでいるので，子どもや10代の若者をリフレッシュさせて，より元気にさせることができます。第2に，「ココウォーター」はさまざまな方法で子どもと10代の若者の健康を維持することができます。いくつか例を挙げます。ココナッツウォーターには食物繊維が多く含まれているので，消化を促進することができます。それはまた豊富な量のカルシウムを含んでいるので，骨を強くします。さらに，その抗ウイルス性の特性ゆえに，免疫システムを強化することができます。第3に，もっとも重要なことですが，「ココウォーター」は子どもと10代の若者にとって有害なものを全く含んでいません。ココナッツウォーターは子どもに有害な影響を引き起こさないと考えられています。この製品はすべて天然原材料で作られていて，オレンジ・レモンフレーバーをココナッツウォーターと混ぜ合わせることで，よりおいしく飲めるようにしています。さらに，ココナッツウォーターは，完全に天然のものであり，砂糖不使用で，カロリーが低いです。

結論として，主要原材料であるココナッツウォーターがこの製品を，市場で子どもと10代の若者向けのもっとも健康的な飲料の1つにするでしょう。私たちは「ココウォーター」がかなりよく売れるだろうと確信しています。ありがとうございました。）

（！ヒント）
これまで学習してきたことの総まとめとして，チームのメンバーと話し合って，1つのプレゼンテーション原稿を書く。

練習問題・補充問題 解答

Lesson 1

(練習問題①) (p.9)

1. Airplanes have enabled us to travel
2. The purpose of learning a foreign language is to
3. making mistakes is the first step

(補充問題) (p.14)

1

1. They sell many[various] kinds of vegetables at that supermarket.
2. The snow prevented our train from arriving on time.
3. His gray hair makes him look older than he really is.
4. It is almost impossible to walk from here to the beach in an hour.
5. Is it true that Tom is leaving the club?

2

1. church has a large bell
2. rained a lot in Europe this summer
3. Shinkansen enables us to move very quickly
4. abroad can give[offer] us a lot of experience / abroad enables us to get a lot of experience

3

(例)I want to be an animation cartoonist. Japanese animation is world-famous for its high quality, and many people all over the world admire it. I study drawing animation at an animation school on weekends and practice it every day at home, too. Someday I want to be a great animation cartoonist Japanese people can be proud of, and to send messages through animation.(63 words)

Lesson 2

(練習問題①) (pp.20-21)

1. ×　　2. ×　　3. at　　4. up
5. ×　　6. to

(補充問題) (p.25)

1

1. discussed　　2. handed[turned] in
3. happen[occur]　　4. look after
5. look up

2

1. Please call me as soon as you reach [arrive at / get to] the station.
2. He left Canada for Japan yesterday.
3. I'm looking forward to visiting Taiwan.
4. The soccer game was put off [postponed] until[till] next Saturday.
5. We should pay attention to what our teacher says.

3

(例)I was in the tennis club during my junior high school days, so I decided to join the tennis club when I entered this high school. I like tennis very much, and I have found some good friends who like tennis as I do. I can talk with them about what we have experienced as tennis players.(57 words)

Build Up 1
補充問題 (p.29)
1

1. pair, glasses　　2. The, the
3. water, the　　4. baggage[luggage]
5. a glass, water

2

1. Oliver found several pieces of nice furniture on the internet.
2. Karina has a lot of homework to do after dinner tonight.
3. Sam gave me some good advice on how to learn a foreign language [foreign languages].
4. Mary had two slices of bread for breakfast, watching the news on TV.
5. Look at the woman playing the piano there.

3

1. do you like better, chicken or pork
2. We were in the same class
3. Mary put too much salt[put salt too much] into[in]
4. Tom spends a lot of[much] money on books

Lesson 3
練習問題① (p.35)

1. was watching　　2. has been
3. will have won　　4. had been

補充問題 (p.40)
1

1. My grandmother belongs to a local volunteer club
2. He was taking pictures when I saw him in the park
3. I realized that I had left my cell phone in my room
4. The meeting is going to start at three o'clock
5. I will be playing the guitar on the stage this time

2

1. I always go to bed (early) and get up early.
2. Five years have passed since I first met Mary.
3. He has been working at[for] this company for ten years.
4. When I arrived at the station, the train had already left.

3

(例)Now I know you've already decided on places to visit. I'm afraid you missed Nara, which is a place like Kyoto. For example, Todai-ji is a Buddhist temple listed as one of the UNESCO World Heritage Sites, together with seven other sites in Nara. You said you like visiting historic places, so I'll show you around Nara. I'm looking forward to seeing you.(63 words)

Lesson 4
練習問題① (p.46)

1. should have　　2. might have
3. must not　　4. could
5. had better[should]
6. should[had better]

補充問題 (p.52)
1

1. don't have[need] to take off
2. had better[should] not tell this information

3. He can't[cannot / couldn't] be in

4. must have missed the train

2

1. We had to wait for the bus for one[an] hour.

2. You may[might] be right, but I have a different opinion.

3. An accident can[could] happen at any time[anytime], so you should be careful.

4. I may[might] have written the[a] wrong answer.

5. The game has already started. You should have left home earlier.

3

(例)In Japan, we celebrate Children's Day on May 5. It has been a national holiday since 1948. It is a day when we respect children's personalities and wish for their happiness. This day is also known as *tango-no-sekku* and was originally for boys. However, it is now for all children, including girls. We put up carp streamers outside, display samurai dolls, and eat *chimaki*.(64 words)

Build Up 2

練習問題① (p.55)

1. had called　　2. is　　3. stayed

4. sets　　5. was

補充問題 (p.56)

1

1. shows, has　　2. was, homework

3. or, am　　4. had been

5. said, takes

2

1. are ⇒ is　　2. was ⇒ is

3. will ⇒ would　　4. has ⇒ have

3

1. Some of the letters in this box are written in English.

2. He said (that) he was going to see[meet] Satoshi (on) that afternoon.

3. The boy knew (that) Jupiter is the largest planet in the solar system.

Lesson 5

補充問題 (p.67)

1

1. from the burning house

2. The man lying on

3. some pictures painted by

4. woman with long hair

2

1. I needed someone[a person] to help me understand

2. city has a lot of[many] places to see

3. is a lot of[much] work to be done today

4. He has something to talk about

5. I may[might] not have a chance to see him again

3

(例)Riding a bike is a lot of fun. First, it is nice to feel the wind and sunshine. Also, if you are exposed to sunlight and some mild wind, you can get a good night's sleep. Second, bikes do not make any sounds or pollute the air. As they do not use fuel, bikes are environmentally friendly. Cycling is a great experience.(62 words)

Lesson 6

練習問題① (p.73)

1. who[that]　2. why　3. which
4. what

補充問題 (p.78)

1

1. the horses which[that] are running in the field
2. The house which[that] has a red roof / The house whose roof is red
3. What[The thing which[that]] is important
4. which surprised us

2

1. The young man who[that] gave his seat to my grandmother was very tall.
2. He was sorry for what[the thing which[that]] he had said to her.
3. The hotel where we are staying has a good view of the sea.
4. I will never forget the day when we first met.
5. Please tell me the reason why he was absent from school yesterday.

3

(例)We can sit in priority seats but should give it up if there is a person who needs it. It is a simple priority seat rule. Most of us must have seen someone sitting in a priority seat in a train or a bus even though an elderly person is standing. Although there are often announcements asking passengers to give seats to elderly or physically challenged people, some people don't seem to pay attention to them at all.

Also, I rarely notice people in need asking if someone could give up a seat for them, so I think it is important for us to actively offer our seat to those people.(111 words)

Build Up 3

補充問題 (p.82)

1

1. She is our music teacher.
2. a lot of fun[very interesting] to play *shogi*
3. turn off the light in[for] the kitchen
4. I moved here last March.

2

1. (例)(It) was about a cute girl named Sarah Smith(.) / (It) was so interesting that I saw it twice(.)
2. (例)(It) is the highest mountain in Japan (.) / (It) is visited by many climbers every year(.)
3. (例)(I found it interesting to) learn how to use a computer(.) / (I found it interesting to) play video games(.)
4. (例)(It is difficult for me to) speak English fluently (.) / (It is difficult for me to) swim a long distance(.)
5. (例)(It is strange that) Aki is late for the meeting time (.) / (It is strange that) Taro didn't know the fact(.)

3

1. She took off her coat[took her coat off] and threw it on the sofa.
2. I will call on Miki after school and tell her about the change of schedule.
3. It is a miracle (that) he survived [come back safely] such a terrible accident.

4. Judy thought it strange that her credit card would[did] not work.
5. Jack found it exciting to read mystery novels. / Jack learned (that) it was exciting to read mystery novels.

Lesson 7
練習問題① (p.88)
1. Written　　2. Walking
3. Although　　4. to
5. Unfortunately　　6. folded

練習問題② (pp.88-89)
1. went upstairs to do her homework
2. breathing hard
3. The road hidden by
4. with his legs crossed

補充問題 (p.93)
1
1. to find himself famous
2. with his hands in his pockets
3. talking about our future plans
4. Seen from a distance

2
1. He went to bed early last night (in order[so as]) to take[catch] the first bus
2. We were pleased[glad, happy]to hear (that) she would come to Japan again
3. Surprisingly[To my surprise], he appeared[showed up, turned up] on time
4. That[The] box was so heavy that I couldn't lift it
5. Although[Though] we have used this oven for ten years

3
(例)Recently there have been lots of natural disasters in many parts of Japan. A newspaper said that a lot of young people were joining in volunteer work. For example, they were helping to clean the bathrooms of the evacuation centers or clear debris. Some were talking to the elders or playing with the children. Living far from those areas, I couldn't join in any actual work. Instead, with some of my friends, I stood by the school entrance to collect donations from the students and sent the money raised to local governments. I just thought I had to do something to help those affected by the disasters.(107 words)

Lesson 8
練習問題① (p.99)
1. said　　2. asked　　3. told
4. asked　　5. advised

補充問題 (p.105)
1
1. told me that he had seen me
2. told them not to take photos
3. asked him to close the door
4. suggested to her that she ask

2
1. (a) The girl said, "I will go out tonight[this evening]."
　(b) The girl said (that) she would go out that night[evening].
2. (a) He said to me, "What time is it now?"
　(b) He asked me what time it was then.

3. The teacher advised her to go home

4. According to a survey, about 90 percent of high school students use a smartphone[smartphones]. / A survey shows (that) about 90 percent of high school students use a smartphone [smartphones].

5. It is said that women usually live longer than men.

3

(例)I think cars are one of the most convenient inventions in human history. For example, they take you to the places where you cannot reach by public transportation, and they can be used for numerous beneficial ends such as taking sick people to hospitals or carrying large cargo. However, it is not always the case that cars are used in those ways. In reality, cars are often used to take just a single person to work or shopping for a short distance from their houses. This is a great waste of energy. In urban areas, people should make the best use of buses, trains, or bikes.(106 words)

Build Up 4
補充問題 (p.109)
1
1. regard to　　2. In spite of
3. Thanks to　　4. looking into
5. over　　6. across

2
1. for　　2. in, of　　3. in
4. for　　5. until[till]　　6. on

3
1. Nami looks[will look, is going to look] after her sister until[till] seven (o'clock).

2. Where do you want to go during your stay in Tokyo?[while you are staying in Tokyo]

3. Jack is going to[will] take his car to a repair shop this weekend.

4. He worked from morning to[until] night for the sake of his family.

Lesson 9
練習問題① (p.115)
1. change
2. were, go[had been, have gone]
3. have made　　4. not have won

補充問題 (p.120)
1
1. If you need more information
2. If I were in your place[position]
3. If I had more money
4. I could have caught the train
5. If she were to refuse[decline]

2
1. If you had not called me this morning, I would still be in bed[sleeping].
2. I wish I could speak English as fluently as Ken.
3. She acted[behaved] as if[though] she had not done anything[she had done nothing].
4. Without[But for, If it had not been for] your advice, he would[could] not have succeeded in his business.

3

(例)(If I were invisible,) I would be excited to do things that could not otherwise be done. For example, I would walk on the street naked to feel my body being free. However, I wouldn't do nasty things like reading other people's diaries or stealing things from the stores. Such behavior would make me feel really bad. Taking advantage of being invisible, I would also want to do the right things. For example, if somebody took out some trash from his[her] bag and threw it on the street, I would put it back into the bag to teach him[her] a lesson. (97 words)

Lesson 10

練習問題① (p.126)

1. A　　2. deal　　3. few
4. all workers　　5. room

補充問題 (p.131)

1

1. There is <u>little</u> room for doubt
2. I'll be back in a <u>few</u> minutes
3. There are <u>a</u> number of traffic accidents in this area
4. Large amounts <u>of</u> money are still needed for
5. <u>The</u> amount of carbon dioxide has been increasing

2

1. Almost all the leaves on the tree have fallen.
2. She did a great deal of work, but she was not tired at all.
3. The ratio of boys to girls in this class is two to one.
4. The number of foreign tourists visiting the town[who visit the town] has been decreasing recently.

3

(例)Nobody can deny the value of the internet. It is almost essential to our daily life. However, the internet involves some problems. Firstly, it does not always provide us with precise information, which could lead us to misunderstandings. So, we should be very careful about what sites to look up on the internet. Not everything online is true. We have to remember that there are not so many reliable sources. Secondly, the internet very often reveals our personal data to other people. We should not fill out an online form with our personal information or click pop-up menus on the screen.(101 words)

Build Up 5

補充問題 (p.135)

1

1. Please say it again.
2. Why don't you ask him for help? / I'd suggest that you (should) ask him for help. / It would be better for you to ask him for help.
3. I'd like you to come with me.
4. I'm afraid I don't agree with your complaint. / I see your point, but I don't entirely agree with your complaint.
5. Could I take my sister to your party? / Would it be all right if I took my sister to your party?

2

1. see[understand], point
2. or something
3. a bit[little]
4. may[might], true
5. sorry, trouble[bother]
6. would be

3

1. Could you spare me a few minutes [a few minutes for me]? — I'm sorry, but I'm very busy now.
2. I'd appreciate it if you could recommend some books on this theme.
3. Your story is interesting, but maybe it is a bit too long.

Lesson 11

(練習問題①) (p.141)

1. is much healthier than pizza
2. should exercise as much as possible
3. the most important for us to be
4. has a higher temperature than

(補充問題) (p.147)

1

1. about ten times as large as that of
2. seen a more beautiful sight than this
3. much more often than before
4. chose the least expensive dress

2

1. Eating properly is as important for your health as getting[doing, taking] regular exercise.
2. As many as five thousand people took part[participated] in the campaign.
3. The more you read the book, the less you will understand it.
4. This castle is one of the oldest buildings (that) I've ever visited.
5. ・Mt. Fuji is higher than any other mountain in Japan.
   ・No (other) mountain in Japan is higher than Mt. Fuji.

3

(例)I am against wearing school uniforms. First, a group of students wearing school uniforms reminds me of an army. I have a rather frightening image when I see many people wearing the same clothes. This makes me feel as if I were forced to obey, although I don't mind wearing sports uniforms because it seems to unite the team. The second reason is simpler than the first. I do not like wearing the same clothes every day. I want to wear what I want to wear and to decide what to wear by myself. We are "individuals" before we are "people." For these reasons, I am against school uniforms.(109 words)

Lesson 12

(練習問題①) (p.153)

1. few   2. no   3. None
4. hardly

(補充問題) (p.158)

1

1. so firm that no one could stop him
2. none of the students were late for school
3. a man is not always what he seems to be
4. so very few people recognized her at

2

1. I had no regret(s) about[for] what I had done.
2. Science cannot answer all our questions.

3. I haven't read both (of) the novels.

4. I had little time to prepare for the speech.

5. I can hardly hear you. Could you speak louder[speak up a bit](, please)?

3

(例) Cell phones are so handy and convenient that almost nobody can do without them. We can call and answer the phone wherever and whenever we are. For example, you can make an emergency call from remote places such as mountains, or you can contact someone when you are running late for an appointment. When we call someone, we call the person, not a place. That means we do not have to talk to the person's family members or co-workers. You can talk to your boyfriend or girlfriend without saying hello to their parents. Cell phones changed the way we communicate with each other. (103 words)

Build Up 6
補充問題 (p.163)

1

1. What

2. on

3. for

4. don't you think

2

1. what I am trying to say

2. Am I right in thinking that

3. Could you explain a little more

4. Can you tell me why you

3

1. Do you know[understand] what I

mean?

2. Sorry, I didn't catch that. Could you say that again?

3. What do you mean by "quest"? / What does "quest" mean?

4. What do you call karaoke in English?